Découvrez l'histoire par les archives de presse

RETRONEWS

Le site de presse de la BnF

www.retronews.fr

Bulletin mensuel

DE LA

SOCIÉTÉ D'ARCHÉOLOGIE LORRAINE

ET DU

MUSÉE HISTORIQUE LORRAIN

14e ANNÉE. — Nos 1-2. — JANVIER-FÉVRIER 1914.

Procès-verbal de la séance du vendredi 12 décembre 1913.

Présidence de M. Pierre Boyé, président.

Le procès-verbal de la dernière séance est lu et adopté.

Communications.

Mme Gustave Gaujot, MM. Louis Bertrand, le docteur A. Donnadieu et Paul Jarry ont adressé des lettres de remerciements à l'occasion de leur admission comme membres titulaires.

Nécrologie.

Il est donné avis du décès de M. Charles Georges, receveur de l'enregistrement à Vézelise, mort dans cette ville, le 12 novembre dernier, à l'âge de 50 ans ; de celui du général comte de La Rochethulon, ancien conseiller général de Meurthe-et-Moselle, mort en décembre 1913, au château de Clémery.

M. Émile Travers, directeur honoraire de la Société française d'archéologie, est mort à Caen, le 28 novembre, dans sa 73ᵉ année.

Distinction honorifique.

La Médaille militaire vient d'être décernée à M. le général Pau, notre éminent confrère.

Admissions.

MM^{mes} la comtesse Maurice de Pange et la marquise d'Imécourt, MM. Louis Albertus et Marcel Grosdidier de Matons sont admis comme membres titulaires.

Présentations.

Sont présentés en la même qualité : les **Archives départementales des Vosges,** à Épinal, par MM. Émile Duvernoy, Pierre Boyé et Justin Favier ; MM. Charles **Bruneau,** maître de conférences de langue et littérature romanes à la Faculté des lettres, 71, rue de la Ravinelle, par MM. Robert Parisot, Georges Pariset et Paul Perdrizet ; René **Lepage,** à Arnaville, par MM. Émile Duvernoy, Alfred Crépin-Leblond et Robert Parisot.

Ouvrages offerts à la Société.

Recueil de filiations (1610-1910). — Descendance de Dominique Richard de Clévant, par le marquis DE LÀ FITE DE PELLEPORT. Nevers, 1913, in-fol. oblong, 46 tableaux, avec frontispice en couleurs.

Encore du vieux Nancy, par René WIENER. Nancy, 1913, recueil de 11 pl. à l'eau-forte, tiré à 25 ex.

Le Bois Chenu de Domremy-la-Pucelle, par Edmond STOFFLET. Nancy, 1913, in-8° de 19 p.

Le monument de Bosserville et le procès du Souvenir

alsacien-lorrain à Metz. — *Ma déposition,* par Émile BADEL. Malzéville-Nancy, 1913, in-8º de 28 p.

Le moyen de parvenir à Villers-Ernay, par A. PHILIPPO-TEAUX *(Revue historique ardennaise,* janvier-février 1913).

La Colline inspirée ; un peu d'histoire à propos d'un roman, par M. le chanoine Eugène MANGENOT. Paris, s. d., in-8º de 86 p.

Lectures.

M. Edmond des Robert achève la lecture du travail de M. Louis Bossu sur *Le poète Jean-François de Saint-Lambert et sa famille.* La Société en vote l'impression dans ses *Mémoires* et nomme pour former la Commission de revision : MM. Léon Germain de Maidy, Robert Parisot et Edmond des Robert.

M. Pierre Boyé lit le commencement de l'étude de M. Amédée CAGNAT sur *Le premier siège de La Mothe (1634).*

Procès-verbal de la séance du vendredi 9 janvier 1914.

Présidence de M. Pierre BOYÉ, président.

Le procès-verbal de la dernière séance est lu et adopté.

Communications.

Mmes la comtesse Maurice de Pange et la marquise d'Imécourt, MM. Eugène Berger et Marcel Grosdidier de Matons ont adressé des lettres de remerciements à l'occasion de leur admission comme membres titulaires.

M. le Président donne lecture des vœux en vers latins qu'envoie, comme tous les ans, la Société archéologique de Tarn-et-Garonne, à Montauban ; M. Alexandre de Roche du Teilloy veut bien se charger d'y répondre.

M. le Président fait savoir que la grève des typographes cause de sérieuses perturbations dans nos publications.

Nécrologie.

Il est donné avis du décès de M. Roger Marx, inspecteur général des Beaux-Arts, né à Nancy le 28 août 1859, mort à Paris le 13 décembre 1913 ; de celui de M. Jules Claretie, de l'Académie française, administrateur honoraire de la Comédie française, mort à Paris le 23 décembre 1913, dans sa 73e année.

M. Ludovic Beauchet, professeur honoraire à la Faculté de droit, correspondant de l'Institut, ancien maire de Nancy, est décédé à Nancy le 7 janvier 1914, dans sa 59e année. La mention au procès-verbal des regrets causés par sa mort est un hommage de reconnaissance pour l'intérêt qu'il ne cessa de porter à notre Société durant sa magistrature.

Distinction honorifique.

La Société royale d'archéologie de Bruxelles a décerné à M. Louis Schaudel le titre de membre correspondant.

Admissions.

Les Archives départementales des Vosges, MM. Charles Bruneau et René Lepage sont admis comme membres titulaires.

Présentation.

Est présenté en la même qualité : M. François **Michel**, à Ugny, par MM. Léon Germain de Maidy, Ferdinand de Spinette et Lucien Hubert.

Ouvrages offerts à la Société.

Autour d'un foyer lorrain. La famille de Saint-Lambert (1596-1795), par Georges Mangeot. Paris, 1913, in-8 de 134 p., avec 5 pl.

Wywod przodkow Maryi Leszczynskiej, par Otto
Forst-Battaglia. Lwow (Lemberg), 1913, in-8 de 78 p.

Église Notre-Dame de Mirecourt, par le chanoine Ch.
Chapelier. Saint-Dié, 1913, in-8 de 55 p.

*Catalogue de la collection des sceaux-matrices, cachets
et timbres de la Bibliothèque de Reims,* dressé par le
docteur Pol Gosset. Reims, 1913, in-8 de 54 p., avec 5 pl.
et 10 fig.

*L'origine et la signification des pierres à cupules,
écuelles ou bassins,* par L. Schaudel. S. l. n. d., in-8
de 15 p.

Un poète de l'île Maurice. Léoville L'Homme, par le
prince de Bauffremont. Paris, 1913, in-8 de 29 p.

Monnaies de Neufchâteau, par F. de Liocourt. Neufchâteau, 1906, in-8 de 25 p., avec 41 fig.

*Réponse du Président de l'Académie de Stanislas aux
récipiendaires : MM. R. Parisot, L. Michon et L. Ambroise,* par l'abbé L. Jérôme. Nancy, 1913, in-8 de 25 p.

*Inventaire analytique de quelques documents déposés
aux archives du château de Bettembourg,* par Émile
Diderrich. Arlon, 1913, gr. in-8 de 16 p.

Commissions.

Les commissions annuelles seront ainsi composées
pour 1914.

Commission des excursions. — Les membres du Bureau de la Société ; MM. P. de Beaumont, Henri Bernard,
Victor George, Léon Lallement et René Martz.

Commission des fouilles. — Les membres du Bureau
de la Société et les conservateurs au Musée ; MM. Henri
Bernard, Charles Bussienne, Paul Charbonnier, Paul
Chenut, Charles Drouet, Albert Grenier, Paul Laprevote,
Jean Noël, Auguste Poirot et Louis Schaudel.

Lectures.

M. le docteur Paul BRIQUEL lit une *Introduction à l'étude des monnaies lorraines*. La Société en vote l'impression dans ses *Mémoires*, et nomme pour former la Commission de revision : MM. René Martz, François de Liocourt et Émile George.

M. Georges Hottenger commence la lecture de son étude sur *Les remembrements en Lorraine au XVIIIᵉ siècle*.

MÉMOIRES

Le pays des Baronnies.

1re PARTIE. — LA SEIGNEURIE DE TURQUESTEIN.

I. — *Turquestein et les évêques de Metz.*

Turquestein, entre la Sarre et la Vesouze, est peut-être de toutes les roches du versant lorrain des Vosges, la moins visitée par les touristes, la moins connue des chercheurs. Cependant le château qui la couronne a été la demeure des d'Haussonville, des Nettancourt, des du Châtelet, des Beauvau. Il est peu d'hôtes plus illustres ; mais le pays ne conserve d'eux aucun souvenir, et presque aucune trace. Aux abords du vieux donjon, un bois feuillu, la *Forêt des Baronnies* rappelle les titres féodaux de ces seigneurs disparus. Ses hêtres font bientôt place à l'immense sapinière de près de 10.000 hectares, au fond de laquelle une maison solitaire, la *Ferme de Thons*, et une scierie, le *Marquis*, évoquent le souvenir de la famille du Châtelet (1). Ces noms n'éveillent plus ni curiosité ni intérêt, et les gens du pays pensent qu'on ne saura jamais ce qui s'est passé dans les ruines.

Cependant, par de laborieuses recherches, dont la Société d'archéologie lorraine a eu la primeur en 1886, Henri Lepage (2) a réussi à jeter la lumière sur ce passé, et à fixer les grandes lignes de son histoire, au moins jusqu'au xvie siècle. Je voudrais essayer, à l'aide de quelques documents postérieurs, de la poursuivre jusqu'à la Révolution de 1789; après avoir résumé, à la suite de Lepage, ce qui concerne les premiers temps.

La roche de Turquestein termine brusquement, à 460 mètres d'altitude, la crête boisée qui sépare la vallée de la Sarre de celle de la Vesouze. C'est un étroit plateau, inaccessible de toutes parts, sauf à l'Ouest, où s'ouvre la porte du vieux château, ménagée dans une haute muraille si solidement construite qu'elle subsiste seule, très imposante encore sous son manteau de lierre au milieu des ruines de tout le reste.

Par delà la forêt, Turquestein domine à droite la vallée de la Sarre, et à gauche, une plaine coupée d'étangs à travers laquelle court la limite invisible mais séculaire des pays de langue française et de langue allemande : Bertrambois, Hattigny, Saint-Georges, au couchant ; Aspach, Niederhof, Fraquelfing, au levant. La ligne arbitraire des bornes blanches imposées en 1871, coupe également, et sans souci des conditions géographiques, ce territoire autrefois réuni sous la juridiction féodale des tours de Turquestein.

Toute cette contrée appartenait aux évêques de Metz de

(1) Branche de cette famille qui prenait le titre de marquis des Thons, village de leurs possessions anciennes, Vosges, arr. Neufchâteau, cant. Lamarche.

(2) *Les seigneurs, le château, la châtellenie et le village de Turquestein*, dans les *M. S. A. L.*, 1886, p. 109-195.

temps immémorial, comme dépendance à la fois de leur diocèse et de leur temporel (1) ; la forêt qui la couvre depuis Turquestein jusqu'au Donon séparait ce diocèse de celui de Toul. Dès avant l'occupation romaine, elle séparait déjà le territoire des Messins de celui des Leuques.

Mais jamais aucune ligne précise n'avait été tracée au travers de ce massif profond, âpre, de difficile accès, et pour cette raison à peu près inexploré. Sur ses rives s'étaient installés de rares habitants, qui vivaient de la forêt, qui en brûlaient des cantons entiers quand ils voulaient étendre leurs pâtures (2), mais qui n'y pénétraient guère. C'était un territoire sans maître, ou du moins indivis entre ceux qui en possédaient les lisières. Or cette indivision a duré jusqu'au xive siècle, source éternelle de conflits et de ravages. En effet, c'est en 1306 seulement que fut tenté pour la première fois un partage du massif forestier ; et c'est en 1314 que l'évêque de Metz et le comte de Blâmont réussirent à réaliser cet accord. L'évêque eut sa part séparée de celle du comte « à plus près de Turkstein » et le comte la sienne « à plus près de Blâmont ».

(1) Les comtes impériaux institués à côté des évêques de Metz dès le ixe siècle, s'étaient, selon l'usage du temps, fait concéder des terres pour prix de leurs services. C'est à ce titre qu'ils occupèrent toute la haute vallée de la Sarre, c'est-à-dire les 4 seigneuries de Sarralbe, Sarrebourg, Arenstein et Turquestein *(Gest. episc. Mett.*, dans Calmet, *Hist. de Lorr.*, 1re édition, t. I, preuves, col. 68-69). Cet apanage des comtes de Metz était, au xe siècle, fixé à titre à peu près héréditaire dans la famille des comtes de Dabo. A défaut de mâles, il était dévolu au mari d'une des filles. C'est ainsi qu'il échut à cinq générations de comtes de Lunéville, tous du nom de Folmar, puis au duc Thiébaut de Lorraine comme époux de Gertrude, dernière comtesse de Dabo. En 1224, il s'éteignit avec elle et fit retour à l'évêché. Calmet, *ibid.*, t. IV, preuves, col. 306-320, 321 ; *Hist. de Metz* par les bénédictins, t. II, p. 318, 320 ; Beaulieu, *Notice sur Dagsbourg*, p. 32 ; Léon Germain, dans *J. S. A. L.*, 1896, p. 128-129 (*Notes sur Folmar, comte de Metz*).

(2) Voir *infra* le partage de la seigneurie de Turquestein en 1567.

La limite adoptée fut, d'une façon générale, la Vesouze. L'évêque eut tous les bois entre cette rivière et la Sarre ; le comte eut les bois « par deçà la Vesouze et ceux du ban de Bonmoutier vers l'abbaye de Saint-Sauveur ». Mais ce partage, en dépit des bornes qui furent alors plantées, devait être impuissant à prévenir les contestations (1). On plaida jusqu'au XVIIIe siècle, et même au XIXe, sur les anciennes limites de la Lorraine et de la France en ces parages (2).

A Turquestein s'était fixée une famille dont l'origine n'est pas connue, mais qui se reliait étroitement à celle non moins ancienne des seigneurs de Blâmont. Dès l'année 1002, l'évêque Berthold met l'abbaye de Saint-Sauveur sous la protection d'un *voué*, Ulrich de Turquestein, dénommé seigneur de Blâmont. Son fils Gérard est connu par la Chronique de Senones, pour ses sévices envers l'abbaye. Il y pénétrait avec sa femme et ses chiens. Au XIIe siècle, Bencelin de Turquestein et sa fille Havide, épouse de Conrard de Langstein (Pierre-Percée), figurent au nombre des fondateurs de l'abbaye de Haute-Seille. Au XIIIe, on trouve encore des seigneurs particuliers de Turquestein du nom de Hartung, Hanus et Viry, qui sont hommes liges du comte de Blâmont ; puis au XIVe, Martin et Guelchoy, enfin Geoffroy, le plus connu, que dom Calmet représente comme un seigneur puissant, et qui, d'après les titres découverts par Henri Lepage, aurait été plutôt turbulent, batailleur, et fort chargé de dettes. Lorsqu'il mourut, en 1490, beaucoup de ses terres et sa maison de Blâmont étaient aux mains de ses créanciers. Geoffroy est le dernier seigneur du nom de Turquestein qui soit mentionné aux archives. Son blason portait une étoile à six rays. L'un de ses héritiers fut Wary de Lutzelbourg,

(1) Arch. M.-et-M., B. 574, n° 96 ; DE MARTIMPREY, *Les sires et comtes de Blâmont*, dans *M. S. A. L.*, 1890, p. 125.

(2) *Le procès des Baronnies* dans *Mém. Acad. Stanislas*, 1912.

seigneur de Fléville, qui conserva quelques intérêts dans la vallée de la Vesouze, comme seigneur de Parux (1).

En somme, cette famille, bien que fort ancienne, resta assez obscure. C'est bien plutôt par les suzerains dont elle dépendait, c'est-à-dire les comtes de Dabo, les évèques de Metz et les comtes de Blâmont, que la seigneurie de Turquestein prend une place dans l'histoire du pays lorrain.

Le premier document qui nous renseigne sur l'étendue de la châtellenie de Turquestein est un acte que Lepage a analysé, par lequel l'évêque de Metz Adémare de Montil en fait la cession à titre de gagère au duc Raoul de Lorraine en 1344 (2). L'évêque y énumère 19 localités dont plusieurs ont disparu, ou n'ont pu être identifiées à des villages ou hameaux actuellement subsistants (3).

(1) H. Lepage, *Les seigneurs.... de Turquestein*, dans *M. S. A. L.*, 1886, p. 122 ; *Documents rares et inédits de l'hist. des Vosges*, t. V, p. 48 ; Calmet, *Notice*, t. I, col. 128 ; Benoit-Picart, *Hist. de Toul*, p. 40 ; De Martimprey, *Les sires et comtes de Blâmont*, dans *M. S. A. L.*, 1890, p. 82-85 et 1891, p. 120-122 ; Lepage, *Com. de la Meurthe*, t. II, p. 131, v° Turquestein.

(2) Arch. M.-et-M., B. 424, f° 104, v° 105, v° id. 346, f° 72.

(3) Ce sont : Durkestein, *Turquestein*. Meurthe annexée, arr. Sarrebourg, cant. Lorquin. — Boinmoutier *(Bodonis monasterium)*, portion principale du village actuel de *Val-et-Châtillon*, arr. Lunéville, cant. Cirey. — Bartrimont, *Bertrimont, Betimont, B'ttmont ;* on écrit à tort *Petitmont*, idem. — Vallois, *Vala*, partie du village actuel de Val-et-Châtillon, arr. Lunéville, cant. Cirey. — Ménilz ou *Ménil-de-lès-Hallouville*, partie de ce village qui dépendait de l'évêché, le reste était lorrain. Arr. Lunéville, cant. Blâmont. — Cireis, *Cirey*, arr. Lunéville et chef-lieu de canton depuis 1870, auparavant : arr. Sarrebourg, cant. Lorquin. — Sainct-Curien, *Saint-Quirin*, Meurthe annexée, arr. Sarrebourg, cant. Lorquin, siège d'un important prieuré. — Hatigney, *Hattigny*, Meurthe annexée, arr. Sarrebourg, cant. Lorquin. — Warcoville, localité détruite entre Bertrambois et Niederhoff. — Nidrehowe, *Niederhoff*, Meurthe annexée, arr. Sarrebourg, cant. Lorquin. — Landenges, *Landange*, idem. — Lorchanges, *Lorquin*, Meurthe annexée, chef-lieu de cant., arr. Sarrebourg. — Anspach, *Aspach*, id., cant. Lorquin. — Giversin, Rammerspach, Vilre, localités inconnues, Vilre est peut-être *Vasperviller*. — Schwaikesenges, *Xouaxange*, Meurthe annexée, arr. Sarrebourg,

Mais cette énumération doit être corrigée au moyen d'autres actes, qui prouvent que dans plusieurs des localités de la châtellenie, notamment à Cirey, Hattigny, Niderhof, Bonmoutier, Bertimont et Vala, les seigneurs de Turquestein ne possédaient que des droits mêlés et confondus avec ceux des sires de Blâmont.

Dans un partage de 1311, le comte Henri Ier de Blâmont énumère comme dépendances de son domaine, ces mêmes localités de Hattigny, Niderhof, Cirey ; il parle de *ce qu'il a* à Vala, Bonmoutier et Bertimont (1). Il y avait donc dans ces hameaux ou villages, non moins que dans les forêts, partage de seigneurie, indivision, et par conséquent conflits incessants.

De là, les différents traités *d'entrecours*, découverts aussi par Henri Lepage, et qui, en 1306, 1314, 1390 et 1408, tendirent soit à supprimer, soit à régulariser le passage des manants d'une seigneurie dans l'autre, tant de village à village, que dans l'intérieur d'une même localité (2).

Les voies de communication qui traversaient cette con-

cant. Lorquin. — HAILLÈ, *Heille,* hameau des *Métairies de Saint-Quirin,* Meurthe annexée, id. — HERMELINGUE, *Hermelange,* id. Ce village était lorrain, du bailliage de Lixheim, et non messin. — Lepage a publié à l'appui de son travail *(M. S. A. L., 1886)* la carte de la seigneurie de Turquestein d'après l'atlas de Cassini.

(1) DE MARTIMPREY, *Sires et comtes de Blâmont,* dans *M. S. A. L.,* 1896, p. 111.

(2) En voici quelques extraits : « Voulons et octroyons (dit l'évêque en 1306) que les hommes et les femmes qui étaient partis des terres de Blâmont et venus sur les nôtres, aient congé de nous et *r'allent* en arrière dessous le seigneur de Blâmont ; et semblablement que ceux qui sont partis de notre évêché pour aller sous le seigneur de Blâmont, *reviennent arrière* dessous nous » (Arch. M.-et-M., lay.Blâmont, B. 346 ; LEPAGE, *Turquestein,* dans *M. S. A. L.,* 1886, p. 130).

« Sitôt qu'il vienne à notre connaissance, dit la charte de 1408, que quelqu'un de nos sujets de morte-main et de serve condition aura fait *contremand,* celui dont il aura quitté la seigneurie pourra le faire prendre en quelque lieu qu'il soit trouvé, sauf dans les forteresses, et le faire ramener au lieu d'où il était parti ; et ceux qui se

trée, étaient à l'origine à peu près nulles, et elles furent toujours rares.

Un document du début du xviie siècle en donne une énumération qui est certainement complète, car elle a été dressée dans le but d'obtenir de l'Empereur le droit de frapper d'une taxe toutes les bêtes de somme et de trait qui traverseraient la seigneurie.

Elle mentionne uniquement un chemin menant aux villages de Landange, Saint-Georges et Neufmoulin, depuis Blâmont ; un chemin de Cirey à Niderhoff prolongé d'une part vers Badonviller et de l'autre vers Phalsbourg, et enfin trois sentiers, appelés *sentiers des Bouteillers*, l'un qui côtoye la forteresse de Turquestein, le second qui traverse Saint-Quirin, et descend en plaine par les *Harcholins*, et le troisième qui franchit la *Chette* et entre dans le comté de Dabo (1).

La condition des habitants n'était pas moins confuse au point de vue religieux. Ils s'étaient groupés autour de quelques églises, que desservaient presque exclusivement des religieux ou des vicaires dépendant des trois grands établissements monastiques qui se partageaient les dîmes de la contrée : l'abbaye de Saint-Sauveur, celle de Haute-Seille et le prieuré de Saint-Quirin. Mais la limite des diocèses était vague, comme celle des seigneuries ; d'autant plus que ces abbayes vosgiennes, prétendaient à une juridiction spéciale, indépendante, et quasi-épiscopale. Ce n'est guère qu'au xviiie siècle, lorsque la France eut imposé partout son autorité sans réplique, que Saint-Sauveur et Haute-Seille durent, après une résistance opi-

---

réfugieraient dans les forteresses, nous ne les soutiendrons pas, mais *incontinent les boutterons hors de nos forteresses et maisons...* (Arch. M.-et-M., cartulaire Blâmont-domaine, B. 346 ; LEPAGE, *Turquestein*, dans *M. S. A. L.*, 1886, p. 138.)

(1) Requête en latin adressée à l'empereur par François de Vaudémont, en 1613. — Voir appendice.

niâtre, accepter l'incorporation des cures dont elles avaient la collation, à l'un ou l'autre des diocèses de Metz et de Toul. Cependant cette curieuse confusion s'y maintint avec tant de persistance, que la description du *Département de Metz*, publiée par Stemer en 1756, place encore dans le diocèse de Metz les paroisses d'Angomont, Bionville, Bréménil, Buriville, Cirey, Fréménil, Halloville, Harbouey, Mignéville, Neuviller, Petitmont et le Val de Bon-Moutier, qui sont du diocèse de Toul (1).

On voit quelle singulière équivoque a plané sur cette région, presque jusqu'au jour où ses parties lorraines et ses parties messines ont été indistinctement incorporées au département et diocèse de la Meurthe en 1790.

II. — *Comtes de Blâmont et barons d'Haussonville (1344-1567).*

L'évêque de Metz, Jean de Lorraine, avait, en 1252, fait réparer le château de Turquestein (2). Mais cette forteresse éveillait les convoitises des comtes de Blâmont, déjà maîtres de la presque totalité de la vallée de la Vesouze. L'un d'eux, Thiébaut Ier, sut habilement profiter des dissensions qui troublaient les rapports de la Lorraine et de l'Évêché. Il s'interposa à la suite d'une guerre dans laquelle l'évêque avait été vaincu, et détermina le duc Raoul à se contenter de prendre à titre de *gagère* la seigneurie de Turquestein. Le duc, en reconnaissance de ses bons offices, la lui céda en 1344 (3).

(1) STEMER, *Le département de Metz*, p. 135 ; abbé MARTIN, *Hist. des diocèses de Toul...* t. II, p. 304 et la note ; Cf. *Pouillé dioc. Toul*, dans *Doct. de l'hist. de Lorr.*, 1863.

(2) MEURISSE, *Hist. des évêques de Metz*, p. 463 et *Hist. de Metz* par les bénédictins, t. III, p. 443.

(3) *M. S. A. L.*, 1890, p. 164.

Outre que cette acquisition reculait jusqu'à la Sarre les limites du comté de Blàmont, elle devait, semble-t-il, entraîner comme conséquence la fin de l'indivision qui pesait d'une façon si lourde sur la condition des habitants de cette contrée, puisque le comte de Blàmont réunissait ainsi à ses possessions héréditaires, les parts qui dépendaient de Turquestein.

Il n'en fut rien. Peu d'années auparavant, lors d'un partage des terres de Blàmont entre les enfants du comte Henri Ier, la plupart de ces villages, tombés dans le lot de l'une de ses filles, Marguerite, étaient passés par mariage dans la maison de Vergy. C'est ce qui explique comment la pratique des *entrecours* et des *contremands*, continua de s'exercer entre les deux domaines, et donna lieu entre les sires de Vergy et ceux de Blàmont aux conventions, dont nous avons rapporté les clauses les plus curieuses (1).

Devenus possesseurs de Turquestein, mais exposés à s'en voir évincés au cas où quelque évêque de Metz en opérerait le rachat, les comtes de Blàmont s'y comportèrent comme en pays conquis. Nous avons cité ailleurs les textes qui conservent le souvenir de leurs brigandages (2). Ces souvenirs paraissent avoir frappé l'imagination populaire, et autour des ruines de Turquestein flottaient de sombres légendes qui, en 1791, déterminèrent une agitation et presque un soulèvement (3).

L'administration des comtes de Blàmont fut donc funeste au pays déjà éprouvé par les *guerres, pestilences et mortalité*. Aussi, lorsqu'en 1433, l'évêque Conrad de Bàyer, songeant à racheter ce domaine engagé depuis 90 ans,

---

(1) Arch. de M.-et-M., B. 346, fol. 83 ; LEPAGE, *Les seigneurs de Turquestein*, dans *M. S. A. L.*, 1886, p. 138.

(2) *Les vieux châteaux de la Vesouze*, dans *Le Pays lorrain*, 1909. Voir aussi LEPAGE, *Communes de la Meurthe*, t. I, p. 70.

(3) LEPAGE, *Les seigneurs de Turquestein*, dans *M. S. A. L.*, 1886, p. 163.

en fit faire la visite, on constata (1) qu'il ne valait plus
que 100 livres de censive et de droits annuels au lieu de
400 ou 500 qu'il rapportait autrefois. Les localités de Turquestein, Lorquin, Landange, Aspach, Warcoville, Niderhoff, Vasperviller, Hermelange, Xouaxange, étaient tota-
lement désertes, il n'y avait « point d'espérance que au
temps advenir y doive venir demeurer personne ; pourquoi sont déserts les champs, prés, terres arables, qui
sont converties en bois et haies. Le maisonnement et
les murs du château avaient été petitement entretenus
en édifice... » et pour les remettre en état, il eût fallu
plus de 6.200 florins du Rhin. L'évêque n'était point en
état d'engager une pareille dépense, mais des offres lui
furent faites de rembourser à sa place les seigneurs de
Blâmont, et de réparer le château, avec promesse d'en
laisser toujours l'entrée libre aux évêques ses suzerains.
Conrad de Bayer accueillit ces offres, retira la châtellenie
de Turquestein des mains des sires de Blâmont, et en
investit le nouveau venu. C'était Jean d'Haussonville, seigneur en partie de Châtillon-en-Vôge.

Les barons d'Haussonville dont Lepage constate l'existence dès 1176 (2), ont été mêlés d'assez bonne heure aux
affaires de la contrée de la Vesouze, puisque en 1389,
Jean I emprunte 15 florins à Henri de Blâmont, et lui
assigne en garantie Deneuvre et au besoin le revenu de
tous ses autres domaines (3); que la même année, Henri IV,

(1) Lettre de l'évêque Conrad, du 10 nov. 1433 (Arch. M.-et-M..
B. 889, n° 9.)

(2) LEPAGE, *Statistique de la Meurthe*, v° Haussonville, cite en 1176.
Varin, puis en 1239, René, en 1261, Gauthier, enfin en 1266, Rénier,
qui est le premier cité par le P. HUGO (*Hist. de la maison des
Salles*); LEPAGE, *Communes de la Meurthe*, t. I, p. 95-97, 303, voir aussi
t. II, p. 556 et 683.

(3) DE MARTIMPREY, *Les sires de Blâmont*, dans *M. S. A. L.*, 1890,
p. 116 et 1891, p. 60; LEPAGE, *Turquestein*, dans *M. S. A. L.*, 1886, p. 139.
J. S. A. L., 1899, p. 81; LEPAGE, *Communes*, t. I, p. 67 et 169, t. II, p. 70.

fait prisonnier à Cirey, donne comme caution de sa ran-
çon Constantin d'Haussonville (1), et qu'en 1427, il passe
avec Jean un traité d'*accompagnement*, c'est-à-dire de
mise en commun de leurs sujets respectifs à Hattigny.

Jean I vivait encore en 1432. C'est son fils Jean II qui,
déjà seigneur en partie de Châtillon, acquit Turquestein,
en remboursant au comte Ferry de Blàmont et à ses frères, enfants de Thiébaut et de Marguerite de Lorraine, les
sommes dues depuis si longtemps par l'évèque de
Metz (2).

Il semble bien toutefois qu'une partie des villages compris dans la gagère de 1344, ne sont pas passés à Jean
d'Haussonville, mais ont fait retour à l'évêché. Ce sont
Heille, Wasperviller, Xouaxange, Hermelange, Wilre et
Giversin, dont il ne sera plus question dans les partages
subséquents de Turquestein. Ces localités sont toutes sur
la rive droite de la Sarre, qui devint dès lors la limite
orientale de la seigneurie.

Jean II d'Haussonville, comme sénéchal de Lorraine,
commanda l'avant-garde à la bataille de Bulgnéville (1431)
avec le seigneur d'Autel son beau-père.

Dom Calmet rapporte que les chroniques contempo-

(1) Calmet, *Hist. Lorr.*, t. II, col. 723.

(2) De Martimprey, *Les sires de Blàmont*, dans *M. S. A. L.*, 1891,
p. 60 ; Lepage, *Turquestein*, dans *M. S. A. L.*, 1886, p. 139, et *Communes*, t. I, p. 469. — Lepage, *M. S. A. L.*, 1886, p. 141, donne pour
femme à Jean d'Haussonville, Irmengarde d'Elter, nom qui ne se
trouve pas dans la généalogie du P. Hugo. D'après cet historien.
Jean II eut successivement pour femmes Catherine de Châtel-sur-
Moselle et *Ermenson d'Autel* (à la rigueur il y a une certaine similitude entre les deux noms). De Catherine de Châtel, Jean eut pour
enfants *Jacques*, qui mourut sans postérité en 1455, et *Marguerite*,
qui fut mariée à Jacques de Savigny. Or, H. Lepage nous apprend
que le 24 août 1433, Jean d'Haussonville fit ratifier le traité qu'il
venait de passer avec le comte de Blàmont, par son fils *Jacques*, et
Jacques de Savigny, mari de sa fille. Il en résulte que c'est bien
Jean II qui a signé le contrat définitif de cession.

raines lui reprochèrent d'être du nombre des seigneurs
lorrains qui lâchèrent pied dès le début de l'action et
« qui en rallont en leurs hôtels » (1). Il fut pendant la captivité du duc René l'un des régents du duché, qu'il défen-
dit contre les bandes *d'écorcheurs*. Enfin en 1438 il essaya
de prendre sa revanche sur le parti bourguignon en atta-
quant à l'improviste le château de Vaudémont. Il échoua
et « huit jours après vint le comte de Vaudémont boutter
les feux sur la terre.... d'Haussonville ».

Les seigneurs d'Haussonville, déjà possesseurs de Châtillon, ajoutèrent à leurs titres celui de barons de Turquestein, dès qu'ils eurent acquis ce nouveau domaine.
Le premier d'entre eux qui l'ait porté, semble-t-il, est
Balthasar, premier du nom, fils de Jean II, auquel l'histoire lorraine reproche à juste titre d'avoir accepté les
faveurs du Téméraire (2). Cette défaillance ne fut d'ailleurs
que passagère, car on retrouve Balthasar avec son fils
Jean, à la bataille de Nancy aux côtés du duc René.

Le duc fit même d'un autre de ses fils, Gaspard, le premier gouverneur lorrain de la ville et du comté de Blâmont, réunis au domaine en 1506.

En joignant ainsi à sa seigneurie de Turquestein-Châ-
tillon, le gouvernement de Blâmont, la famille d'Haussonville devenait sur la Sarre et la Vesouze, aussi puissante
que les anciens comtes de Blâmont. Elle eut, dès les premiers
jours du règne du duc Antoine, à s'y défendre contre la
menace d'une invasion de hobereaux allemands, qui
apparaît comme le prélude des déprédations du célèbre
aventurier Franz de Sickingen, vers 1516, et de celles des
paysans alsaciens en 1524.

Cette agression, dont on ne trouve le récit ni dans l'*His-*

____

(1) CALMET, *Hist. Lorr.*, t. II, col. 772-822, et preuves, t. IV, *Chronique
du doyen de Saint-Thiébaut*, col. 231.

(2) *M. S. A. L.*, 1859, p. 306-328.

toire de dom Calmet, ni dans la *Chronique de Lorraine*, se produisit en 1507 et 1508. Les comptes des châtelains de Blâmont comme ceux du bailliage d'Allemagne, lui donnent le nom de *Guerre des Schencks de Brisac*, et témoignent des vives alarmes qu'elle jeta dans le pays. Pour la prévenir ou la repousser, on dut convoquer la noblesse, la rassembler à Saint-Dié, lancer dans tout le pays des émissaires pour surveiller la marche de l'ennemi, mettre en état de défense Vaudrevange, Sierck, Sarreguemines, Sarrebourg, garnir d'artillerie le château de Schaumbourg, enfin lever en masse les gens de Blâmont pour dresser des barricades dans les bois de Hattigny (1). Pendant toute la première moitié du xvie siècle, le pays resta sous la menace de pareilles invasions.

Balthasar d'Haussonville eut trois fils : Gaspard, Simon et Jean. Simon est le seul qui ait laissé une descendance masculine, en la personne d'African, premier du nom, qui est le plus connu des membres de cette famille (2).

African d'Haussonville avait délaissé le vieux château de Turquestein et établi sa résidence dans une contrée moins âpre, au château de *Zufall* (le Hasard), près de Lorquin (3), localité qui prit dès lors de l'importance comme chef-lieu de la seigneurie, grâce à la suppression de la mainmorte et à quelques franchises que lui avaient accordées, en 1499, les trois frères Gaspard, Simon et Jean (4).

African ajouta à ses titres celui de baron de Saint-Georges, à raison d'une seigneurie toute voisine de ses domaines qu'il acquit, et par laquelle il devint maître des

---

(1) Arch. M.-et-M., B. 1956, 1957, 3235, 8420, 8422, 9162.

(2) African est le petit-fils de Simon par Claude, son père, qui épousa en 1541 Jeanne, fille d'African de Mailly.

(3) Meurthe annexée, chef-lieu cant. de l'arr. de Sarrebourg.

(4) LEPAGE, *Communes*, t. 1, p. 615, v° Lorquin.

villages d'Ibigny et de Richeval, avec l'important hameau de Hablutz (1).

Conseiller très écouté du duc Charles III, maréchal du Barrois, gouverneur de Verdun, c'est lui qui, après avoir représenté son maître aux conférences relatives à la mouvance du duché de Bar (1562), reçut en 1587 la mission d'arrêter l'armée des reîtres qui pénétrait en Lorraine par le col de Saverne, pour se joindre aux Huguenots de France (2). C'est son domaine de Turquestein qu'il eut donc à défendre avant que l'ennemi n'eût pénétré par Blàmont dans la Lorraine proprement dite.

Entre les mains des d'Haussonville, cette seigneurie avait prospéré. Elle était devenue un très important domaine forestier relié aux possessions patrimoniales de leur famille à Tonnoy et Haussonville, sur la Moselle, par une ingénieuse combinaison. Par l'acquisition d'une partie du village de Domjevin, sur la Vesouze, à six lieues de Cirey, à sept lieues d'Haussonville, une sorte d'étape, un relai, avait été établi entre les deux régions. Les habitants de Cirey étaient obligés de charroyer jusque là les bois tirés de la forêt vosgienne, nécessaires aux réfections du château de Tonnoy, moyennant une allocation de dix gros par char ; les sujets de Domjevin les prenaient de leurs mains pour les conduire à destination « moyennant leur nourriture comme aux charois de grains ». Une partie du village de Domjevin s'appelle encore la *rue d'Haussonville* (3).

---

(1) Saint-Georges, Ibigny, Richeval, Hablutz, Meurthe annexée, arr. Sarrebourg, cant. Lorquin.

(2) CALMET, *Hist. Lorr.*, t. II, col. 1458, et abbé CHATTON, *Itinéraire et ravages des reîtres* dans *J. S. A. L.*, 1911, p. 192 et suiv.

(3) Arch. M.-et-M., B. 1510. Comptes du dom. de Turquestein.

Turquestein, bien que délaissé, n'était point encore complètement abandonné, puisque, en 1535, l'un des fils de Balthasar, Jean, et Catherine de Heu sa femme (1), après y avoir bâti une chapelle, la dotèrent, et y assurèrent la perpétuité des offices religieux, par une donation à l'abbaye de Haute-Seille, à charge d'y envoyer un moine aux jours indiqués. L'acte de fondation qui nous est parvenu (2) est intéressant par la saveur de son préambule, où Jean d'Haussonville considère « que la présente vie humaine est transitoire, *que se passe comme l'ombraige*, et que par la loi divine et de nature est établi à tous humains de payer soit tôt ou tard le tribut de la mort ».

Mais l'indivision du domaine de Turquestein, après avoir duré 134 ans, entre les descendants de Jean II, dut céder devant la nécessité d'un partage en 1567 : en effet, Gaspard, Simon et Jean, tous trois fils de Balthasar, et investis tous également du titre de barons de Turquestein, étaient demeurés dans la contrée, mais y avaient pris des résidences différentes.

En France, leur titre de baron ne se fût transmis qu'à l'aîné. Mais la seigneurie de Turquestein, vassale de Metz et terre d'Empire, relevait du statut nobiliaire allemand, qui admet la transmission du titre à tous les mâles. C'est ainsi que dès 1499, à Châtillon, à Lorquin, à Saint-Georges, chacun des enfants de Balthasar d'Haussonville put prendre le titre de baron et l'attacher à la terre où il s'était fixé (3). Telle est l'origine des premières baronnies démembrées de Turquestein.

Gaspard et Jean n'avaient, nous l'avons dit, laissé que des filles. Jean, il est vrai, avait eu pour fils Balthasar, deuxième du nom, qui avait été, comme gouverneur de

---

(1) Leurs tombeaux sont en l'église d'Essey-lès-Nancy (*M. S. A. L.*, 1868, p. 300).

(2) *M. S. A. L.*, 1886, p. 188.

(3) LEPAGE, *Communes*, t. I, p. 614.

Nancy et grand maître de l'hôtel, l'un des personnages marquants de la Cour du duc Charles III (1). Mais il était mort sans postérité. Ses sœurs, Claude et Jeanne, en épousant, la première Gaspard de Marcoussey, et la seconde Jean de Savigny, introduisirent ces deux familles lorraines au nombre des copartageants du domaine de Turquestein.

Il en fut de même des trois filles de Gaspard. Jeanne, l'aînée, épousait en 1539 Georges de Nettancourt. Marguerite entrait dans la famille du Châtelet, en devenant la femme de Jean II, chef de la branche de cette grande maison qui prenait le titre de marquis des Thons. La troisième fille de Gaspard, Renée, épouse de Philippe des Salles, seigneur de Gombervaux, figure encore en 1541 au nombre des copropriétaires de Turquestein. Mais on n'y trouve plus son fils Jean, celui qui fut assassiné par Jean IX de Salm. Sa mort éteignit la succession masculine de cette branche, qui paraît d'ailleurs avoir été tenue à l'écart, sans doute à cause de son adhésion aux doctrines luthériennes (2).

C'est ainsi que dans les partages de Turquestein qui s'imposent en 1567 après une indivision de plus d'un siècle, et qui s'élaborent au château de Zufall, nous allons voir intervenir à côté d'African d'Haussonville, les noms de Marcoussey, Savigny, Nettancourt et du Châtelet.

(Voir tableau généalogique.)

---

(1) LEPAGE, dans *M. S. A. L.*, 1886, p. 145. — Sa veuve, Anne de Salm, se remaria le 27 août 1564 avec François de Coligny, comte de Montfort, seigneur d'Andelot, frère de l'amiral. Cf. DIGOT, *Hist. de Lorr.*, t. IV, p. 192.

(2) LEPAGE, dans *M. S. A. L.*, 1886, p. 144. — La veuve de Jean des Salles obtint du meurtrier de son mari, par sentence de Charles III, une indemnité de 10.000 livres. Elle était protestante de même que Guillemette, autre enfant de Renée d'Haussonville. Arch, M.-et-M., B, 463, nᵒˢ 22 et suiv.

Partage, en 1567, de la seigneurie de Turquestein entre les membres de la famille d'Haussonville.

Ve DEGRÉ

Jean II d'Haussonville, vivait en 1409, ép. 1° Catherine de Châtel-sur-Moselle ; 2° 1439, Ermenson d'Autel.

1433. Déjà seigneur de Chatillon en partie, il rachète au comte de Blàmont la seign. de Turquestein, engagée par l'évêque de Metz en 1344.

VIe DEGRÉ

5 enfants, dont Balthasar d'Haussonville, vivait en 1488, ép. Anne d'Anglure, passe à Charles le Téméraire.

VIIe DEGRÉ

Gaspard d'Haussonville, gouverneur de Blàmont en 1510, ép. Eve de Lignéville, d'où 3 filles dont

Simon d'Haussonville, + 1526, baron d'Ornes et Turquestein.

Jean d'Haussonville, seign. d'Essey, bailly de Metz, + 1548, ép. Catherine de Heu, fondateurs de la chapelle de Turquestein.

VIIIe DEGRÉ

Anne d'Haussonville, ép. en 1539 Georges de Nettancourt, *baron de Chatillon*, prop. par indivis de Turq. en 1541.

Marguerite d'Haussonville, vivait en 1539, ép. 1° vers 1541, Claude de Beauvau + 1544. 2° Jean II du Chatelet (xe degré), gouverneur de Langres, seigneur de *Thons*, qui devient en 1567 baron de *Chatillon*.

Claude d'Haussonville, *baron de Turquestein*, ép. 1541 Jeanne de Mailly, d'où trois enfants, dont

Balthasar d'Haussonville, baron d'Essey, gouverneur de Nancy, grand-maître de l'hôtel de Charles III, ép. Anne de Salm. Mort sans postérité.

Claude d'Haussonville, ép. Gaspard de Marcoussey, seigneur d'Estoges.

Jeanne d'Haussonville, ép. en 1546 Jean de Savigny, seigneur de Rosnes.

IXe DEGRÉ

Lot dit de Chatillon subdivisé en 1611.

I. African d'Haussonville, baron de *Saint-Georges et Turquestein*, maréchal de Lorraine, gouverneur de Verdun, ép. 1° 1556 Marguerite de Choiseul. 2° Bonne de Gournay. Vivait à Zufall en 1594, a fait le partage de 1567.

II. Nicole d'Haussonville, ép. Georges de *Savigny*.

Lot dit de Marcoussey ou Lorquin, acheté par François de Vaudémont en 1601.

Lot dit d'Haussonville ou Saint-Georges, échangé avec François de Vaudémont en 1608.

Chrétien de Savigny, bénéficiaire du partage de 1567 (suivant Lepage, Turquestein dans *M. S. A. L.*, 1886, p. 145, vend Landange et Aspach).

III. — *Partages et démembrements (1567-1607).*

Le partage de la seigneurie de Turquestein en 1567, paraît bien n'avoir été consenti qu'à contre-cœur par African d'Haussonville, seul représentant mâle de la famille, et les descendants de son oncle Jean.

En effet, bien que ce partage intéressât les descendants des trois frères, Jean, Simon et Gaspard, on ne fit que deux lots des forêts. L'un, double de l'autre en étendue, devait rester indivis entre les descendants de Simon et de Jean. Seuls les héritiers de Gaspard devaient recevoir une part déterminée. Ce fut le lot dit *de Chatillon*. Il remplit de leurs droits dans l'ensemble du domaine Jean de Châtelet et Georges de Nettancourt, époux des deux filles survivantes de Gaspard (1).

Ce partage, dont les archives conservent une copie authentique (2), est intéressant à divers titres. Il nous renseigne sur la situation et l'énorme étendue des forêts qui constituaient le domaine de Turquestein. Peu ou point exploitées autrefois, elles commençaient à acquérir au XVI° siècle une valeur déjà considérable, et qui devait croître de siècle en siècle.

Le lotissement comprenait tout d'abord les forêts les plus voisines des deux châteaux. Elles sont dénommées : *Marches de Turquestein* et *Marches de Châtillon* ; puis

(1) Il convient de rétablir ainsi qu'il suit cette phrase du travail d'Henri Lepage évidemment tronquée par suite d'une erreur typographique. (*M. S. A. L.*, 1886, p. 144). « En 1541 le domaine de Turquestein et Chatillon appartenait à Jean d'Haussonville, à Claude d'Haussonville (fils de Simon), à Philippe des Salles à cause de Renée d'Haussonville, à Georges de Nettancourt à cause d'Anne d'Haussonville, et à Jean du Chatelet à cause de Marguerite d'Haussonville, ces trois dames héritières de Gaspard. » En 1567 Jean était représenté par Claude de Marcoussey et Jean de Savigny, Claude par African, seul héritier mâle et ses sœurs.

(2) Arch. de M.-et-M., H. 1415.

les *Forêts des montagnes*, c'est-à-dire le massif jadis indivis avec les comtes de Blâmont, qui s'étendait jusqu'au Donon ; enfin les *Forêts de la plaine* qui se prolongeaient jusqu'aux abords d'Ibigny, Richeval d'une part, Barbas, Nonhigny et Montreux d'autre part (1), mais n'avaient qu'une moindre valeur « par suite de la funeste coutume de mettre le feu aux forêts pour faire venir la pâture, cause d'énormes et exorbitants dommages ».

Les *Marches* à elles seules comprenaient 28.500 jours ou arpents de Lorraine, soit plus de 5.600 hectares ; la Montagne 6.500 jours, soit 1.300 hectares, la Plaine 10.200 jours, soit 2.000 hectares ; au total 45.200 jours ou 8.900 hectares.

Des bornes aux initiales D. C. (du Châtelet) furent plantées pour cantonner le lot de Châtillon. Mais elles n'empêchèrent pas les discussions et les procès qui passionnèrent ses possesseurs et leurs voisins au cours du xviiie siècle.

Après les forêts il fallait partager les villages. L'acte de 1567 n'en parle pas, et nous ne connaissons la composition des lots que par un document postérieur de 22 ans (1589) relatif aux droits de sauvegarde que le duc de Lorraine, devenu acquéreur de la principauté de Phalsbourg, prétendit exercer sur tous les villages des baronnies comme successeur des comtes palatins (2).

L'origine exacte de ces droits est difficile à préciser. Cependant le comte palatin Georges-Jean qui, pressé d'argent, céda Phalsbourg et les droits inhérents à cette principauté au duc Charles III en 1583, réunissait en sa personne et par suite d'une longue succession d'alliances, les droits des comtes de Deux-Ponts, de Veldenz et de Linange. Rodolphe, comte de Linange et Réchicourt qui

(1) Barbas, Nonhigny, Montreux, M.-et-M., arr. Lunéville, cant. Blâmont. Ces 3 villages étaient lorrains.

(2) Arch. M.-et-M., B. 8073, fol. 56.

vivait en 1455 (1) avait épousé Agnès, comtesse de Deux-
Ponts. Il n'est pas étonnant que les comtes de Linange-
Réchicourt dont les terres confinaient à celles de Turquestein aient acquis sur cette baronnie certains droits qui
seraient passés ensuite aux comtes palatins, et devenus
l'origine des droits de sauvegarde que les ducs de Lorraine
y perçurent dès la fin du xvi⁰ siècle. Dans son *Démembrement de la Lorraine*, Thierry Alix les qualifie « droits et
sauvegardes sur..... les villages et terres de Turquestein et
Chatillon », et les comprend dans les terres et seigneuries
qui ne sont de bailliage (2).

La baronnie de Châtillon comprit dès lors : Cirey, Bonmoutier, Petitmont, Harbouey, Ibigny (3). Le lot d'Haussonville proprement dit : Hattigny, Saint-Georges, Landange, Hablutz, Rogern (sans doute Richeval), Bertrambois et Laforêt.

Enfin celui dit de Marcoussey, c'est-à-dire le lot des
héritiers de Jean d'Haussonville : Lorquin, Fraquelfing,
Niderhof, Laneuveville, Neufmoulin, La Frimbolle (4).

On remarquera que dans cette énumération ne figurent
plus ni le village, ni le château de Turquestein. Il est
certain qu'après ces partages définitifs, le vieux *burg*, de
plus en plus abandonné, ne fut conservé qu'à titre de sou-

---

(1) Lepage, *Communes*, t. I, p. 404.

(2) *Recueil de doc. sur l'hist. de Lorr.*, t. XV (1870), p. 115.

(3) Ibigny n'est pas resté dans le domaine de Châtillon. Il fait partie
du comté de Réchicourt au xviii⁰ siècle, soit que la comtesse de
Linange après avoir acheté Châtillon en 1669 pour le revendre à la
famille Regneault ait conservé ce village qui confinait à ses terres,
soit que Charles IV ou Léopold l'aient aliéné depuis. (Voir Arch.
M.-et-M., B. 127 et H. 1415.)

(4) La Frimbolle ou Laxenborn, localité très ancienne de l'évêché
de Metz, ancienne Meurthe, arr. Sarrebourg, cant. Lorquin. Bertrambois et Laforêt en avaient été détachés et ont formé un gros village
aujourd'hui M.-et-M., cant. Cirey. Laneuveville et Neufmoulin, localités nouvelles près de Lorquin.

venir historique commun à toutes les branches de la
famille, et que du démembrement de l'ancien domaine,
s'étaient formées les trois baronnies de Saint-Georges
pour African d'Haussonville, de Châtillon pour du Châtelet et Nettancourt, de Lorquin pour Marcoussey et
Savigny.

Le lot d'Haussonville, bien qu'il fût celui auquel restait
attaché le nom de la famille, subit bientôt comme les
autres la loi des partages.

African d'Haussonville avait une sœur, Nicole, mariée
elle aussi à un membre de la famille de Savigny. Il fallut
lui faire sa part, et l'on voit qu'en 1575 et 1586, Chrétien
de Savigny aliène déjà des gagnages à Landange, à
Aspach et même à Turquestein (1).

C'est ainsi que démembrée et amoindrie, la seigneurie
de Turquestein arriva aux mains du dernier des Haussonville, Jean IV, fils d'African, qui, sans omettre son titre
de baron de Turquestein, porta plutôt celui de Saint-
Georges, devenu le centre de son domaine.

Jean IV, comme ses ancêtres, occupa des situations
importantes auprès de nos ducs. Il recevait de Charles III
une pension de 6 000 livres, et sa femme, Chrétienne du
Châtelet, fut, croyons-nous, gouvernante de la princesse
de Lorraine, charge qui lui valait une pension de
1 500 livres (2).

Jean IV n'ayant point d'enfants fit, en 1605, un testament au profit de l'un de ses neveux, Nicolas de Nettancourt, puis mourut en 1607.

Ce petit-neveu que le dernier des d'Haussonville choisit
comme héritier de ses biens et de ses titres, lui était en

(1) Arch. M.-et-M., B. 8073, fol. 56 ; et H. 579 ; Lepage, *Turquestein*,
dans *M. S. A. L.*, 1886, p. 146.

(2) Arch. M.-et-M., B. 1261.

effet doublement cher. Il était le petit-fils de sa sœur consanguine Ursule, devenue en 1573 épouse de son cousin Jean de Nettancourt, fils lui-même d'Anne d'Haussonville, fille aînée de Gaspard et de Georges de Nettancourt.

Il résultait de ses alliances que l'enfant qui devenait ainsi, par l'effet du testament de son oncle maternel, seul attributaire de la baronnie de Saint-Georges, avait aussi du chef de ses aïeux paternels descendants de Gaspard d'Haussonville, des droits sur celle de Chatillon dont la plus grande partie, comme nous le verrons, eut une destinée différente de celle des autres baronnies démembrées de Turquestein (1).

Les baronnies de Saint-Georges et de Lorquin, au contraire, étaient destinées à demeurer unies, et à passer au bout de peu d'années dans le domaine ducal.

(A suivre.) É. AMBROISE.

---

(1) Balthasar d'Haussonville, a 3 fils, dont :

Gaspard d'Haussonville.
|
Anne d'Haussonville, ép. 1529 Georges de Nettancourt.
|
Jean IV de Nettancourt, ép. Ursule d'Haussonville (ci-contre).
|
Jean V de Nettancourt, ép. Cath. de Savigny.
|
Nicolas de Nettancourt, légataire de Jean IV d'Haussonville, son oncle.

Simon d'Haussonville.
|
Claude d'Haussonville, ép. Jeanne de Mailly (1541).
|
African d'Haussonville.
|
Ép. 1e Marguerite de Choiseul. — 2e Bonne de Gournay.
| |
Jean IV d'Haussonville, + 1609.   Ursule, mariée à Jean IV de Nettancourt (ci-contre).

Saint Amédée de Clermont, évêque de Lausanne, et la consécration de la cathédrale de Toul.

M. Léon Germain de Maidy retrouvait récemment, dans ses papiers, cet article du barón de Braux, notre oncle par alliance, décédé le 23 janvier 1903. Il nous le remit aimablement, et, après quelques retouches, des adjonctions assez importantes et une mise au point, nous sommes heureux de pouvoir publier une des dernières études du fervent lotharingiste qu'était notre regretté confrère et parent.

****

La présence du pape Eugène III (1) dans notre région a été l'objet de plusieurs études qui ont établi son passage à Lion-devant-Dun (2) en novembre 1147 et combattu l'opinion suivant laquelle la consécration de Notre-Dame-la-Ronde, à Metz, aurait été faite en 1148 par ce pontife, assisté de nombreux prélats (3).

Sa présence à Toul nous paraît certaine ; elle est constatée dans un passage de l'histoire de Toul du P. Benoît Picart (4), le montrant accompagné de dix-huit cardinaux

---

(1) Pierre-Bernard, natif de Pise, religieux cistercien, disciple de saint Bernard, fut d'abord abbé de Saint-Anastase-aux-Trois-Fontaines sous les murs de Rome. Élu pape en 1145, il fut contraint en 1147 à passer en France par suite de démêlés avec les Romains ; ce n'est qu'en 1148, à la fin de l'année, qu'il rentra en Italie. Il mourut à Tivoli le 8 juillet 1152.

(2) Meuse, arr. Montmédy, cant. Dun.

(3) Voir : P. Hippolyte GOFFINET, *L'ancienne abbaye de Clairefontaine (Annales de l'Inst. arch. du Luxembourg*, Arlon, 1884). — L. GERMAIN, *Le passage du pape Eugène III à Lion-devant-Dun*, Nancy, 1884; *Le pape Eugène III en Lorraine (J. S. A. L.*, 1887, p. 138). — Auguste PROST, *La cathédrale de Metz*, Metz, 1885, p. 57.

(4) Le P. Benoît (PICART), *Histoire ecclésiastique et politique de la ville et du diocèse de Toul.* Toul, A. Laurent, 1707, in-4, p. 417 : (L'é-

et de nombreux prélats qui prirent part à la consécration
de la cathédrale de Toul, faite à la prière de saint Bernard.
La date nous semble indiquée par la fête annuelle de la
dédicace au 3 octobre de chaque année (1).

Les documents sur la dédicace de la cathédrale de Toul
sont rares (2). Saint Gérard avait jeté les fondations de
l'édifice et, dit Benoit-Picart, « en voulut faire la dédicace » (3). L'historien de l'église de Toul rapporte bien
que Gérard invita Thierry, évêque de Metz, pour rehaus-
ser l'éclat de la cérémonie, que ce dernier ne pouvant
venir, saint Gérard lui demanda un fragment d'un des
cailloux du martyre de saint Etienne et alla lui-même
chercher cette relique à Metz ; mais la date n'est point
indiquée. M. l'abbé Martin est plus explicite et fait judi-

vêque de Toul, Henri de Lorraine, était encore en Terre sainte sous
la bannière de Louis VII, roi de France), « lorsqu'Eugène III,
qui avoit tenu un concile à Trèves, passa par la ville de Toul, où il
consacra l'église catédrale, à la prière et sollicitude de saint Bernard.
Ce souverain pontife avoit 18 cardinaux à sa suite. Albéron, archevêque de Trèves, Albéron de Verdun, Amédée de Lausanne et Hartuin
de Genève l'assistèrent dans cette cérémonie ».

(1) Abbé MOREL, *Monographie ou notice sur la cathédrale de Toul*.
Toul, 1841, in-8, p. 7. — Abbé BALTHASAR, *Notice historique et des-
criptive sur la cathédrale de Toul*. Paris, 1848, in-8. — A.-L. THIERY,
Histoire de la ville de Toul et de ses évêques. Paris, Nancy, Toul,
1841, 2 in-8, 2 plans et 14 litho. Voir t. I, p. 188.

Cet article avait été rédigé avant l'apparition de *l'Histoire des
diocèses de Toul, de Nancy et de Saint-Dié*, de l'abbé Eugène MARTIN
(Nancy, 1900-1903, 3 in-8) ; le baron de Braux, dans une note que nous
avons supprimée, exprimait l'espoir de voir le fait important de la
dédicace mis en lumière par ce dernier historien. Mais, si nous nous
reportons au t. I, p. 256 de l'ouvrage en question, nous n'y voyons
que ceci : « La cérémonie, si elle a eu lieu, a dû se faire au retour de
Trèves, au commencement de 1148 ou de Reims, vers Pâques de cette
même année ».

(2) M. l'abbé Clanché, curé de Dieulouard, qui s'est particulièrement intéressé à l'histoire de la cathédrale de Toul et auquel nous
avions communiqué cette notice, a bien voulu nous faire parvenir
toutes les remarques qui vont suivre sur la dédicace ; qu'il en reçoive
ici nos sincères remerciements.

(3) P. Benoit (PICART), *loc. cit.*, p. 317.

cieusement remarquer que « longtemps le saint évêque passa pour le fondateur de l'église actuelle, mais ceci ne peut se soutenir : l'édifice du xe siècle a pu servir de point de départ pour les travaux postérieurs, mais un examen, même superficiel, atteste qu'il a complètement disparu. Gérard orna sa nouvelle cathédrale de peintures et de sculptures ; il l'enrichit d'objets précieux et il eut la consolation d'en faire la consécration dès l'an 981 » (1). Nous allons voir qu'il faut distinguer entre la dédicace des tours construites par Pibon (2) et celle que nous appellerons la consécration solennelle et dont nous nous occupons spécialement dans cette notice.

La cathédrale de Pibon avait deux petites tours de chaque côté du chœur sur les absidioles, un clocher en bois recouvert de plomb, sur le croisillon du transept, la grosse tour sur le côté occidental du portail, au-dessus de la deuxième entrée du cloître et de l'autel de sainte Madeleine. De la tribune actuelle de l'orgue, qui date du xviiie siècle on remarque, derrière le buffet d'orgue, sur le portail, sous la grande rose, l'ancienne tribune où fut transféré son autel. Il y a également un massif d'autel au premier étage de la tribune, sous la tour Saint-Pierre, contre la sacristie actuelle.

Revenons aux constructions de Pibon. Dans les *Epitaphia episcoporum tullensium* nous lisons :

« ... Turrim hujus ecclesie cum gemellis campanaribus primus construxit ».

Dans la *Gallia christiana* (3) :

« Eodem anno (1094) turrim jussit ædificari in cathedrali

(1) Abbé MARTIN, *loc. cit.*, t. I, p. 165. La source où cette date de 981 a été puisée n'est pas indiquée.

(2) Pibon, saxon d'origine, ancien chancelier de l'Empire, eut un épiscopat agité, de 1070 à 1107.

(3) *Gallia christiana*, édit. de dom Piolin, t. XIII, col. 994.

ecclesia in qua duas suspendit campanas, triaque erexit altaria ».

Enfin nous aurons des détails beaucoup plus complets dans les *Gesta episcoporum tullensium* :

« Turrim cum gemellibus campanaribus sub qua præsul idem juxta aram Sanctæ Mariæ Magdalenæ honorifice sepultus requiescit a fundementis construxit sed nec minus altitudine ejusdem media tria altaria medium quidem glorosiæ Dei genitricis Mariæ, dextrum vero Apostolis omnibus, tertium, a sinistris martyribus sanctis sedet pigneribus multis reliquiarum impositis devotus consecravit... Tribus similiter altaribus in turre consecratis, idem benignissimus pater de propriis redditibus, videlicet de theloneo trigenti solidos eo tenore concessit quod singulis annis pro dedicationis celebritate ex his decim solidi fratribus deservirent, alios autem vingiti solidos quilibet frater haberet qui inibi sedulo serviens nocturnum lumen cum lineis velamentis altaribus semper subministret et ad supradictum canonicorum servitium medietatem vini quod dicebatur de taberna episcopi cujus summa quadraginti modiis constat (non nimis contradidit) ».

Si nous consultons les *Statuta insignis ecclesie tullensis* de Nicolas Le Sane (1497), au chapitre XXI :

« De servitio dedicationis : « Bone memorie Dominus Pibo.... etiam edificavit majorem turrim quam numivit duabus grossis campanis quod seu quas nostro tempore fecimus reparari. ordinavit post illius turris dedicationem quolibet, anno celebrari in altera turrium servitium dedicationis ecclesie in crastino festi translationis beati Gerardi mense octobris ita quod ex tunc consuevimus omnes conventualiter transire ad ipsam turrim ubi capella erat beati Michaelis, nunc autem (1497) idem facturi sumus ad memoriam benefactorum dicti boni patris in loco seu medio novarum turrium supra majus portale navis ubi dicta capella extitit translata, et ibi cantare omnes horas...»

Autrefois même les jeunes chanoines et les clercs mineurs, en signe de récréation et de joie, allaient y prendre leurs repas pendant que l'un d'entre eux faisait quelque lecture. De plus on venait en pèlerinage, et de la ville et de loin, pour vénérer les reliques et gagner des indulgences.

Le pèlerinage tomba en désuétude lors de la démolition des tours et de la chapelle à la fin du xve siècle, ce qui explique les actes capitulaires qui suivent. Le premier en date du samedi 25 octobre 1511 :

« La dedicace muée (1). Fuit conclusum quod deinceps dedicatio turrium hujus ecclesie fiat in choro, et dicatur una missa alta post matutinas ut fit in altarium capellaniarum dicte ecclesie » (2).

Ce texte montre bien que jusqu'à ce jour la dédicace avait simplement lieu dans le clocher de Pibon, à l'entrée de la cathédrale. En effet nous venons de voir que Pibon avait institué à perpétuité, au 22 octobre, l'anniversaire de la dédicace de sa tour, et, chaque année, au jour fixé, le chapitre s'y réunissait, y chantait l'office à l'autel de saint Michel (3), puis cédant la place à de pieux pèlerins, célébrait de fraternelles agapes (4).

Un autre texte, au même registre (5), montre mieux encore que, jusqu'à cette époque, se fit seule la dédicace des tours ; le lundi 25 octobre 1512 fut inscrit :

« Dedicace changer (6). Quia per martyrologium (7) hujus

(1) Ce titre en marge du registre.

(2) Archives de M.-et-M., G. 75, fol. 133 v°.

(3) M. Léon GERMAIN DE MAIDY, dans une étude parue dans les *M. S. A. L.*, 1886, p. 98 à 102, à la suite de plusieurs auteurs qu'il mentionne, attire l'attention sur l'usage de consacrer à saint Michel un autel, soit au-dessus du portail, soit dans une des tours voisines.

(4) Abbé MARTIN, *loc. cit.*, t. I, p. 232.

(5) Fol. 139.

(6) Aussi en marge.

(7) M. l'abbé Demange, curé de Lagney, possède le texte du martyrologe.

ecclesie compertum est dedicationem hujus ecclesie Tullensis
sub tertie die octobris quæ tamen non fiebat sed solum dedicatio altarium turrium ipsius ecclesie quod indecens videbatur
videlicet dedicatione turrium omittere dedicationem ecclesie
quod de jure est una de majoribus et solennioribus festi anni.
Idcirco ordinatum est in hoc capitulo quod deinceps dicta dedicatione ipsius ecclesie dic:a die tertia octobris sub officio duplici
ut de festio apostolorum fieri solet, et pro memorio dedicationis
dictarum turrium in crastino translationis sancti Gerardi dicatur una missa alta ad altare sancti Michaelis inter turres.. sicut
fieri solet in altaribus capellaniarum dicte ecclesie quas spalarius (1) qui erit pro tempore solvet supra reddita obituum. »

Ainsi, en 1511, on fait au chœur la dédicace des tours,
puis on chante une messe haute à l'autel des clochers. En
1512, on remarque au martyrologe la dédicace de l'église
au 3 octobre, laquelle ne se fait pas, mais seulement celle
des autels des tours. Dès lors on rétablit le droit.

Puis, en 1513, se fit pour la première fois l'anniversaire
de la véritable consécration, au moment où l'on démolis-
sait le clocher de Pibon pour agrandir l'église et parfaire
le clocher actuel.

Dans un autre registre capitulaire (2), au :

« Mecredi xxii fevrier 1547 (3)... se lit : Dedicace solennizée (4).
Doresenavant, à la louenge de Dieu et décoration de l'église
sera célébrée solennellement la dédicace de céans avec couronne (5) et sonnerie des grosses cloches. »

(1) L'épaulier, nom que portait l'économe de l'Église de Toul. Voir
Du Cange, *Glossarium mediæ et infimæ latinitatis*, édition Firmin
Didot, t. VI, p. 311, à l'article *Spalarius*.

(2) G. 77, fol. 183 vᵒ.

(3) 1548 *n. st.*

(4) Aussi en marge.

(5) Dans les cérémonies importantes, on allumait la couronne que
Pibon avait fait forger pour éclairer le chœur et qui portait 96
clerges.

Enfin le 2 des ides de mars 1568 (1) eut lieu la consécration de la nouvelle cathédrale et du cloître par Clément, suffragant, ainsi que la dédicace du grand autel, de celui de la Vierge au pied d'argent (au fond du chœur), des deux collatéraux, des trois autels du jubé (2).

D'une part, comme cette date du 3 octobre nous paraît bien établie et d'autre part que le passage du pape aurait eu lieu à la fin de 1147, ce serait le 3 octobre 1147 qu'il conviendrait de prendre comme jour de la consécration solennelle de la cathédrale de Toul.

Le fait de la survivance de la dédicace de Pibon au lieu de celle d'Eugène III s'explique par le fait des réjouissances de fondation, des indulgences et du pèlerinage. La dédicace papale dut paraître un *confirmatur*.

Nous voudrions faire connaître brièvement l'un des prélats consécrateurs dont le souvenir ne s'est pas conservé dans les annales de l'église de Toul. Il s'agit pourtant d'un saint, honoré d'un culte reconnu par l'Église, dans les diocèses de Grenoble et de Lausanne.

Il sortait, comme saint Bernard et le pape Eugène III lui-même, de l'ordre de Cîteaux, et leur était uni par d'étroits liens d'amitié (3). Sa présence à Toul n'est pas rappelée dans les nombreux travaux que nous avons pu consulter. A ce double point de vue, il nous paraît utile de faire connaître ce saint personnage.

Saint Amédée de Clermont de Hauterive, deuxième du nom, naquit le 21 janvier 1110, au château de Chatte (4),

(1) Le 14 mars 1569, *n. st.*

(2) D'après des notes inédites de M. l'abbé Clanché.

(3) Saint Bernard écrivit une lettre à l'abbé de Hautecombe. Voir dans MIGNE, *Patrologie latine*, t. 182, *S. Bernardus, abbas Clarde-Vallensis*, col. 640, *Epistola* CDXLII *ad Amedeum Altœ-Cumbœ abbatem*.

(4) Isère, arr. et cant. Saint-Marcellin.

près de Saint-Antoine, en Dauphiné. Son père, Amédée de Clermont, seigneur de Hauterive, parent des empereurs, était un brave et illustre chevalier appartenant à une des plus grandes maisons du Dauphiné (1). Sa mère, Pétronille, disent certains historiens, était sœur de Guignes VII, dauphin du Viennois. La noblesse de son origine semblait devoir faire d'Amédée un chevalier, comme l'étaient ses aïeux, et pourtant on vit un jour le père et le fils quitter leur donjon féodal pour aller frapper à la porte de l'abbaye de Bonnevaux (2), accompagnés de seize gentilshommes de la noblesse de leurs terres qui voulaient, comme eux, troquer la brillante armure du chevalier contre la bure du moine (3). Notre jeune seigneur n'avait que neuf ans ; malgré son jeune âge, il fut admis et s'appliqua à l'étude des lettres. Environ deux ans plus tard son père prononça ses vœux solennels et quitta Bonnevaux pour entrer à l'abbaye de Cluny (1121). Les savants

(1) Amédée de Clermont, Ier du nom, seigneur de Hauterive, était fils de Sibaud, seigneur de Clermont et de Saint-Jean. La branche de Hauterive portait les armoiries de Clermont : *De gueules à deux clés d'argent passées en sautoir, brisées d'une fleur de lys d'or en chef.* Certains placèrent cette fleur de lys de brisure sur un écusson d'azur. Leur cri était : *Chaste !*

La maison de Clermont existe encore et son chef est revêtu de la dignité ducale. Une branche se fixa en Lorraine, au xviiⁱ siècle, en la personne de François-Joseph, marquis de Clermont-Tonnerre, maréchal de camp, premier gentilhomme de la chambre du roi de Pologne. L'arrière-petite-fille de ce dernier, Marie-Louise de Clermont-Tonnerre, possède à Boucq, près de Toul, la propriété du baron de Braux, son aïeul maternel. Sur cette maison on peut consulter, entre autres ouvrages: Le P. Anselme, *Histoire généal. et chronol. de la maison royale de France, des pairs, grands officiers de la couronne... et des anciens barons du royaume..* 3e éd., t. VIII, p. 906-13.— R. Lewyt, *Table généalogique des seigneurs de la maison de Clermont en Dauphiné, comtes de Tonnerre*, Troyes, s. d., in-8, etc.

(2) Haute-Savoie, arr. Thonon, cant. Abondance.

(3) Qualifié de bienheureux, il mourut à Bonnevaux aux environs du 14 janvier 1150. Consulter sur lui : U. Chevalier, *Inventaire des Archives Dauphinoises de M. H. Morin-Pons* (1878), t. I, p. 280. — (Cousin), *Hist. saints Tonnerre et Clermont* (1698). — Daunou, dans *Hist. litt. France* t. XIII (1814) p. 597. — Rochas, *Biog. Dauphiné*

bénédictins de Cluny conseillèrent au nouveau venu
d'envoyer le jeune Amédée auprès de l'Empereur, alors
Henri V, qui le traita comme un membre de sa famille.
A la mort de l'Empereur, il dut quitter la cour (1125).
Instruit dans les lettres divines et humaines, il voulut
entrer en religion comme son père et se présenta à l'abbaye de Clairvaux, récemment fondée par saint Bernard.
Apprécié par le grand réformateur, il fut appelé en 1139
à la direction de l'abbaye de Hautecombe (1). Il créa et
enrichit son abbaye située dans les montagnes infertiles
de la Savoie. Son père, effrayé des difficultés matérielles
dont il le voyait entouré, lui conseillait d'abandonner un
endroit où l'inclémence de la nature s'unissait à la rapa-
cité des hommes pour lui en rendre le séjour insupporta-
ble. « Si on nous enlève les biens matériels, ajoutait
Amédée, nul ne pourra nous ravir les biens éternels, seul
but de notre vie. » Cependant le *sage de la Savoie*,
comme on nommait le noble abbé, fut bientôt appelé à
une dignité plus éminente. En 1144, Guy de Marlanie,
évêque de Lausanne, dut résigner l'épiscopat. Clergé et
fidèles réclamèrent Amédée. Il refusa d'abord de quitter
sa chère solitude ; le pape intervint et, le 21 janvier, anniversaire de sa naissance et fête de sainte Agnès, qu'il
vénérait d'un culte particulier, l'abbé de Hautecombe fut
sacré évêque de Lausanne. Prudent et actif, il sut conserver les vertus de l'ordre de Cîteaux, maintenir ses droits
de seigneur temporel, et triompher dans sa lutte avec
Amédée, comte de Génevois, avoué de Lausanne. Pieux

(1) Savoie, arr. Chambéry, cant. Ruffieux, com. Saint-Pierre-de-
Curtille. Devenue le Saint-Denis de la maison de Savoie, cette abbaye
cistercienne a été gouvernée pendant plus de quinze ans par un lorrain : dom Symphorien Gaillemin, alors abbé titulaire de Grandsilve
et prieur de Hautecombe, natif de Corniéville (Meuse), maintenant
retiré « à l'abbaye de Lérins (Cannes), où il est depuis bientôt trois
ans, estimé de tous, aimé de tous, écrivant toujours...», suivant les
termes de la lettre que voulait bien nous adresser tout récemment
son vénérable successeur.

descendant d'une lignée de chevaliers, il fit de son évêché l'alleu de la Vierge Marie.

Prédicateur distingué, il évangélisait ses diocésains ; il a laissé des homélies latines sur la Sainte Vierge qui eurent un grand succès au moyen âge. Ses homélies furent souvent publiées depuis le xvıe siècle et ont même été traduites, il y a plusieurs années (1).

Une gracieuse légende rapporte que la sœur de saint Amédée, religieuse, voulant connaître ses homélies, s'exposa d'abord à un refus ou plutôt son frère y mit comme condition qu'il recevrait en échange un objet ayant appartenu à la Vierge Marie.

La religieuse vit là que le saint évêque était informé d'une faveur insigne dont elle avait été l'objet. Elle lui fit parvenir un gant de laine blanche donné à elle par la Sainte Vierge et reçut en échange communication du manuscrit des Homélies. Ce gant fut longtemps conservé dans le trésor de la cathédrale de Lausanne et aurait été l'instrument de nombreux miracles.

D'autres rapportent que saint Amédée lui-même aurait reçu directement ce témoignage de gratitude céleste.

C'est pour rappeler cette légende, ou pour marquer la vénération particulière du pieux prélat, qu'il est souvent représenté tenant un gant blanc ou agenouillé devant l'image de la Mère de Dieu.

Le P. Ch. Cahier, dans son ouvrage sur *Les caractéristiques des saints* (2), d'où sont tirés ces détails, nomme par erreur l'évêque de Lausanne, Amédée de Savoie au lieu d'Amédée de Clermont.

Tant de qualités expliquent l'amitié que lui témoignèrent les plus grands personnages de son époque. Eugène III, cistercien comme lui, monta sur la chaire de saint Pierre l'année même de son élévation à l'épiscopat. Ce pontife

(1) Voir note 2 de la p. 41.
(2) Paris, 1864, 2, in-4.

l'honora toujours d'une confiance particulière et le char-
gea de traiter d'importantes affaires avec Conrad III, roi
des Romains. Le pape le qualifie *d'homme discret, sage
et versé de longue date dans la connaissance des règles
de la discipline ecclésiastique.*

L'amitié des deux saints personnages se montra quand
le pape, fatigué des séditions des Romains, s'éloigna pour
un temps de la Ville éternelle. Il emmena Amédée, à sa
suite, dans son voyage en France, en 1147. Si la date du
3 octobre, fête de la dédicace de la cathédrale de Toul, est
anniversaire, la consécration aurait eu lieu en 1147 (et
non en 1148 comme le dit Benoit Picard), avant le voyage
du pape à Trèves (1148) et à Reims. Le pape arriva à Lausanne en mai 1148, après avoir séjourné à Besançon. De
Lausanne, il passa à l'abbaye de Saint-Maurice, où l'on
croit qu'il consacra l'église de l'abbaye.

Saint Amédée ne fut pas moins considéré par Conrad III,
qui lui rendit les terres aliénées par ses prédécesseurs.
Frédéric Barberousse le nomma chancelier de Bourgogne
et vicaire impérial. A Hautecombe, il s'était concilié l'amitié du comte de Savoie, Amédée III, qui lui confia la tutelle
de son fils Humbert pendant la croisade. Le comte
Humbert, touché des vertus de son tuteur, entra en religion à Hautecombe où il mourut en odeur de sainteté
(1188) ; en 1838. le pape Grégoire XIII le déclara bienheureux.

Amédée de Clermont mourut le 27 août 1159 et fut
enterré dans son église cathédrale. Inscrit au catalogue
des saints de l'ordre de Cîteaux, il est vénéré dans les
diocèses de Lausanne et de Grenoble à la date du
28 janvier.

Des fouilles exécutées en mars 1912 dans la cathédrale
de Lausanne, occupée maintenant par les protestants,
amenèrent la découverte du corps d'Amédée.

Vers le même temps, un de nos compatriotes, saint

Guérin ou Garin (1), natif de Pont-à-Mousson, était évêque de Sion en Valais. Cistercien comme l'évêque de Lausanne, il n'est guère plus connu en Lorraine que le saint évêque dont nous avons essayé d'esquisser la vie (2).

Baron de BRAUX et Edmond des ROBERT.

(1) D'après *Le répertoire des sources historiques du moyen âge* d'Ulysse Chevalier, *Bio-bibliographie*, t. I, col. 1909, voici quelques références sur ce personnage : Guérin (saint), de Pont-à-Mousson, cistercien, abbé d'Aulps, 1113, évêque de Sion, élu 1138, v. mars 8, † 1150 jan. 6.

Acta ss. Bolland. (1643), jan. I, 347-8. — Burgener, *Helvet. sancta* (1860), t. I, p. 255-6, p. 285-91. — Digot (Aug.), dans *J. S. A. L.* (1862), p. 118-126. — Gallizia, *Santi di Savoia* (175), t. IV, p. 141-57. — Gonthier (J.-F.), *Vie de St G-n, évêque de Sion* (1065-1150) ; Annecy, 1896, 18°, x-110 p., pl. (*Anal. Boll.* XVII, 256). — Grillet, *Dict. hist. Savoie* (1807), t. I, p. 355-6. — *Mém. acad. Savoie* (1843), A., XI, p. 268-9. — Ruffin, *Vie de St G-n, abbé d'Aulps, évêque de Sion (Valais), son culte et ses reliques;* Annecy, 1872, 12°, xix-416 p.

Voir aussi : abbé Martin, *loc. cit.*, t. I, p. 225-226.

(2) Voici, extraites de l'ouvrage précité, les indications concernant saint Amédée : *Acta ss. Bolland.* (1760), sept. VII, 377 (2 a, 352). — Bourgain, *Chaire franç.* xii° s. (1879), p. 44-6. — Burgener, *Helvet. sancta* (1860), t. I, p. 30-3. — Cave, *Scriptores ecclesiastici* (1745), t. II, p. 222. — Ceillier, *Histoire des auteurs ecclésiastiques* (1763), t. XXIII, p. 142-3 (2 a, xiv, 623-4). — (Comte), *Vie de St A-e, évêque de Lausanne, né à Chatte en 1110 ;* Grenoble, 1877, 12°, xv-96 p. — (Cousin), *op. cit.*, lxxxv, flg.; p. 1-128. — Daunou, *l. c.* — Dupin, *Bibliothèque des auteurs ecclésiastiques* (1599), t. XII, ii, p. 617. — Fabricius, *Bibliotheca mediæ ætati* (1734), t. I, p. 205-6 (2 a, 77). — Forel, *Rég. Suisse rom.* (1862), p. 514-89. — Gallizia, *Santi di Savoia* (1757), t. IV, p. 210-23. — Gremaud (J.), dans *Mémor. de Fribourg* (1854), t. I, p. 126-40 et 168-86 (*Patrol. lat.*, clxxxviii, 1277-98) ; - *Homélies de St A-e* (1866), p. 1-84. — Grillet, *Dict. hist. Savoie* (1807), t. II, p. 322-5. — Haller, *Bibl. Schweiz* (1786), t. III, p. 1061-2, 1519. — *Hist. litt. France* (1763), t. XII, p. 575-81. — Liron, *Singul. histor.* (1740), t. iv, p. 12-4. — Miraeus, *Scriptores ecclesiastici*, p. 384. — Morel-Fatio (A.), dans *Rev. numism. belge* (1870), E, III, p. 164-8. — Oudin, *Scriptores ecclesiastici* (1722), t. II, p. 1432-4 ; *Suppl. Bell.* (1728), p. 392. — *Rev. du Dauph.* (1838), t. IV, p. 259. — Rochas, *op. cit.* t. I, p. 255. — Schmidt, *Mém. his. dioc. Laus.* (1858), t. I (= *Mém. de Frib.*, t. V.) p. 396-420. — Visch, *Bibl. Cisterc.* (1649), p. 17-8 (2 a, 19-20).

A cette liste déjà longue nous ajouterons : *Annales cisterciennes*, t. I, p. 377. — R. P. Cahier, *Caractéristiques des saints, loc. cit.* p. 59, 445, 446, 484. — *Gallia christiana*, édit. Piolin, t. XV, col. 346. — Abbé Genoud, curé d'Yverdon, *Saints de la Suisse française*. Bar-le-Duc, 1884, 2 vol. in-8

Jean de Montécler, dit le Lorrain, canonnier au siège d'Orléans (1429).

Le château de Montécler, construit à la fin du xvie siècle, terminé en 1610, est, paraît-il, l'un des plus importants du Maine. La famille de ce nom portait : *de gueules au lion couronné d'or*. M. Maurice Passe vient de consacrer à ce lieu et à ses seigneurs un intéressant travail, où il dit que leur famille était originaire de la « prévôté de Monteclère (qui) relevait du bailliage de Chaumont en Champagne... En 1293, Renaud de Monteclère et Martine sa femme étaient fixés en Anjou et paroissiens du Bourg-d'Iré (1). En 1419, Jean de Montécler est fait chevalier et commande une compagnie de deux chevaliers, quinze écuyers, vingt archers, tous de l'Anjou. C'est à ce seigneur, dont les ancêtres avaient résidé au pays de Jeanne d'Arc, qu'était réservé l'honneur de combattre aux côtés de l'héroïne. — Jehan de Montécler, « canonnier demourant à Angers », fut mandé par le roi pour aller au siège d'Orléans ; il y parut avec éclat en 1429 et la grosse couleuvrine dont il dirigeait les coups causa beaucoup de dommages aux Anglais... » (2).

Après lecture de ce passage, il m'est revenu en mémoire ceci : le canonnier qui semble être identifié ici avec noble Jean de Montécler, Angevin, était surnommé *le Lorrain* ; Siméon Luce le croyait originaire de Montéclerc, près d'Andelot ; mais feu le comte Maurice de Pange a protesté contre cette opinion et affirmé qu'il s'agit de Montcler, près de Sierck, en Lorraine.

(1) Bourg d'Iré, Maine-et-Loire, arr. et canton Segré.

(2) Maurice Passe, *Le château de Montécler et ses seigneurs*, dans la *Revue hist. et archéol. du Maine*, t. LXII, 1er sem. 1910, p. 91. — L'auteur dit en note, p. 100 : « M. A. France, dans sa *Vie de Jeanne d'Arc*, t. I, p. 164, signale particulièrement le rôle de Jean de Montéclerc au siège d'Orléans. »

Voici ce qu'il a écrit à ce sujet :

« Pour montrer le danger auquel la critique historique s'expose en persistant à voir dans les Lorrains autre chose que des Français, il suffira de signaler l'erreur dans laquelle est tombé le dernier historien de Jeanne d'Arc, en parlant de Jean de Montecler, *le Lorrain*, qui, pendant le siège d'Orléans, donna, ainsi que son compatriote le bâtard de Bar, de si curieux exemples de la vieille gaîté française. « Ainsi que la plupart des gradués », dit M. Luce (*Jeanne d'Arc à Domremy*, CLXXXVI), « maître « Jean tirait probablement son nom de la paroisse de « Montécler, près Andelot, d'où il était originaire et qui « qui lui a valu ce sobriquet de Lorrain, quoiqu'il fût en « réalité comme Jeanne elle-même, surnommée également « la Lorraine, natif du Bassigny champenois (1). Il en faut « conclure qu'au XVᵉ siècle, le mot Lorraine avait conser- « vé dans l'usage populaire, grâce à la vogue persistante « des chansons de gestes, son acception primitive et « carolingienne ». Il serait bien surprenant que la vogue persistante des chansons de geste ait pu produire sur les usages populaires de semblables effets. — Il faudrait prêter aux gens du XVᵉ siècle une érudition à la fois peu commune et peu clairvoyante pour admettre qu'ils aient donné le surnom de Lorrain à un Champenois de Montéclerc. Ils n'ont pas cherché si loin ce « sobriquet », car il y avait en Lorraine un château de Montcler ; ce château appelé Montcler ou Moncler, en latin « de Monteclaro », célèbre dans l'histoire militaire de la Lorraine et duquel Jean de Montécler, le Lorrain, tirait son nom, était situé aux dernières limites de la Lorraine dite allemande (Durival, *Description de la Lorraine*). Jean de

(1) Siméon Luce me paraît s'être trompé lourdement en disant que Jeanne d'Arc était champenoise : Domremy n'a jamais fait partie de la Champagne (*Belgica secunda*), mais a toujours appartenu au pays de Lorraine, diocèse de Toul (*Belgica prima*).

Montécler, comme Jeanne d'Arc, était surnommé le Lorrain, parce qu'il était réellement lorrain. Les seigneurs de Sierck et de Montcler se distinguèrent, du temps de Jeanne d'Arc, par leur dévouement à René d'Anjou. Dès l'arrivée de ce prince en Lorraine, ils devinrent les chefs du parti angevin, ce qui explique la présence à Angers, en 1428, de maître Jean de Montcler le Lorrain. Les Sierck-Montclerc et leurs parents furent décimés à la bataille de Bulgnéville, livrée aux Anglo-Bourguignons en 1431. La seigneurie de Montcler, comme celle de Domremy, compte les Joinville parmi ses possesseurs » (1).

Ainsi, les historiens de Jeanne d'Arc et de la Lorraine paraissent d'accord pour considérer Jean de Montéclerc comme un maître canonnier roturier, et non comme un gentilhomme, chevalier, commandant d'une compagnie de gens d'armes à cheval.

Quant à son origine topographique, trois systèmes sont en présence : Siméon Luce et d'autres historiens le croient natif de Montéclerc, près d'Andelot, en Champagne ; M. Passe dit que sa famille provenait de ce lieu, mais était installée en Anjou dès le xiiie siècle ; enfin, le comte Maurice de Pange déclare que ce brave soldat était de Montcler, près de Sierck, et qu'à la suite des seigneurs de ce château, dévoués au roi René, il se trouvait à Angers en 1428.

Je veux me borner ici à exposer la question. Sincèrement, il me paraît que, s'il se rapporte au lieu d'origine, le surnom de *Lorrain*, donné au canonnier Jean, indique non pas Montéclerc, en Champagne, mais plutôt Montcler, au pays de Lorraine.

L. GERMAIN de MAIDY.

(1) Comte Maurice de Pange, *Le Patriotisme français en Lorraine, avant Jeanne d'Arc*, page 74, note.

Épitaphes à Vaudeville et à Vaudigny.

Vaudeville et Vaudigny sont deux villages du canton d'Haroué, bàtis sur la rive droite du Madon et à une demi-lieue l'un de l'autre. Dans leurs églises, sont diverses épitaphes qui paraissent dignes d'être publiées ; Étienne Olry, qui a décrit très sommairement les églises de ces villages (1), indique seulement les deux plus anciennes de ces épitaphes, et ne donne le texte d'aucune. Nous commençons par Vaudeville :

A l'extérieur de l'église, sur une pierre faisant partie de la façade, à côté de la porte d'entrée, est gravé en lettres capitales :

CY DEVANT REPOSE
SOUS CETTE TO-
MBE LE CORPS D'HO-
NNORABLE MESSIRE
FRANÇOIS-HILAIRE
CUNY, NATIF DU PON-
T-St-VINCENT, DE SON
VIVANT PRÊTRE ET
CURÉ DE VAUDEVILLE
ET VAUDIGNY, QUI DÉ-
CÉDA LE 14 NOVEMB-
RE 1718. PRIEZ DIEU
POUR SON AME.

A côté de cette même porte, mais sur une pierre rapportée qui a été scellée contre le mur de façade, est une autre épitaphe, aussi en lettres capitales :

(1) *Répertoire archéologique des cantons de Haroué et Vézelise,* dans les *M. S. A. L.,* 1866, 2e partie, p. 138,139.

D. O. M.

ICY REPOSE LE CORPS

DU SIEUR LOUIS LERVAT,

CY DEVAND CURÉ DE

CETTE PAROISSE,

DÉCÉDÉ LE 19 DÉCEMBRE

1780, AGÉ DE 53 ANS.

PRIÉS DIEU POUR

SON AME. REQUIES-

CAT IN PACE.

Les actes de décès de ces deux curés se lisent encore dans l'état civil de la paroisse de Vaudeville, mais ne nous apprennent sur eux rien de plus que leurs épitaphes (1).

Entrons maintenant dans l'église, et tout en haut de la nef, du côté épitre, nous verrons une plaque de marbre noir, en forme d'octogone irrégulier, scellée dans le mur ; au-dessus, sur une pierre également scellée, est gravé un écu chargé de quatre roses et surmonté d'un casque avec lambrequins. Sur la plaque de marbre noir est gravé en capitales dorées :

AU PIED DE L'AUTEL DU St ROSAIRE

REPOSE LE CORPS DU SIEUR JEAN DE

BEUVILLER, ESCUYER, VIVANT DEMEURANT A VAUDEVILLE,

QUI DÉCÉDA LE 13 DÉCE^{re} 1632, AYANT FONDÉ

POUR LE REPOS DE SON AME ET CELLE DE DAM^{le} BARBE

JACQUET, SON ESPOUSF, UN OBIIT D'UNE MESSE

PAR SEPMAINE A PERPÉTUITÉ, QUI SE DOIT DIRE LE

LUNDY, JOUR DE SON DÉCÈS ; ET AU BOUT DE CHASQUE

ANNÉE, UN SERVICE HAULT AVEC VIGILES, AINSI

QU'IL EST ESCRIT SUR LE LIVRE DES OBIIT

DE CETTE ESGLISE.

PRIEZ DIEU POUR EUX.

(1) Cf. *Invent. somm. des Arch. de M.-et-M.*, E. Suppl., 3211, 3216.

Nous n'avons pas l'acte de décès de Jean de Beuviller : l'état civil de Vaudeville commence bien en 1624, mais pendant les premières années, il ne donne que les actes de baptêmes.

**

A Vaudigny, il n'y a qu'une seule épitaphe. La très petite église de ce village s'ouvre au dehors par deux portes consécutives ; l'espace entre ces deux portes forme une sorte de vestibule où sont les bénitiers et les cordes des cloches ; dans le pavé est placée une pierre tombale avec effigie au trait entourée sur tous les côtés d'une inscription en lettres gothiques, fort endommagée, puisqu'on y marche continuellement, et dont nous avons pu lire ceci :

ICY JEHAN DE VAUDIGNEY, FONDATEUR

DE CESTE CHAPPELLE, QUI | TRESPASSA

LE JOUR DE S. | BENOIT, XXI DE MARS

MILLE V^e XXV. PRIÉS DIEU POUR LUY |

Le quatrième côté de l'épitaphe est malheureusement tout à fait effacé.

E. DUVERNOY.

CHRONIQUE

Vœux de nouvelle année.

C'est certainement avec plaisir que les lecteurs du *Bulletin* prendront connaissance des deux pièces de vers latins qui suivent. Une fois de plus, en effet, la Société archéologique de Tarn-et-Garonne, à Montauban, et notre délicat interprète, M. Alexandre de Roche du Teilloy, ont rivalisé de talent et d'esprit pour donner à cet échange de souhaits un tour heureux et imprévu.

1914

Nil patria tellure tibi sit carius unquam :
Illa fuit lacrimis aspersa et sanguine patrum.
Majorum turres castellaque servat amanter ;
Servat item ingenuas musarum et Apollinis artes
Si « Juvat immites ventos audire cubantem »,
Ut dixit quondam Romæ citharœdus amœnus,
Plus mentem doctam delectat murmur avorum
Qui trans funereos lapides tumulosque loquuntur.
Has voces audi, soror alma, et scribe quod audis :
Sic eris historiæ famula et devota ministra,
Et meriti venient tibi posteritatis honores,
Talia pro nobis novus annus vota secundet !

La Société archéologique de Tarn-et-Garonne.

EXCUSES ET REMERCIEMENTS DE LA SOCIÉTÉ D'ARCHÉOLOGIE LORRAINE
A LA SOCIÉTÉ ARCHÉOLOGIQUE DE TARN-ET-GARONNE

Nuper grata tibi cupiebam mittere vota
Carminibusque tuis tandem præcurrere, verum,
Frigentem fugiens regionem semper, Apollo
Surdus erat precibus ; Parnassum ascendere mecum
Pegasus, impatiens vocis lorique, nequibat.
« O fortunatas urbes, conclavimus, almas
Quarum alacres animi fecundo sole fruuntur !
Sponte novi vena exsiliunt e divite versus !
Languida sed nobis torpescunt corda veterno,
Congelat et tellus septem subjecta trioni. »
Cum nunc invadant Albanum frigora Montem,
Cum parilis gelidæ sit facta Garumna Mosellæ,
Dulcia Virgilii poteris meminisse benigni
Verba, quibus Dido profugis promittit amorem :
« Non ignara mali, miseris succurrere disco »,
Ut nostræ statuas clemens ignoscere culpæ.
Firmet amicitiam similis fortuna futuram !

Dum mentis redeant solis mihi munere vires,
Annua, tarda licet, feliciter accipe vota !

Nancy, Janvier-Février 1914.

Pour la Commission de rédaction, le Président : PIERRE BOYÉ.

L'imprimeur-gérant : A. CRÉPIN-LEBLOND, 21, rue Saint-Dizier, Nancy.

Bulletin mensuel

DE LA

SOCIÉTÉ D'ARCHÉOLOGIE LORRAINE

ET DU

MUSÉE HISTORIQUE LORRAIN

14ᵉ ANNÉE. — Nᵒ 3. — MARS 1914.

Procès-verbal de la séance du vendredi 13 février 1914.

Présidence de M. Pierre BOYÉ, président.

Le procès-verbal de la dernière séance est lu et adopté.

Communications.

M. le Président a reçu une lettre de remerciements de
M. Charles Bruneau à l'occasion de son admission comme membre titulaire.

La Société vote l'échange de ses publications avec celles de l'Institut impérial d'archéologie (section romano-
germanique), à Francfort-sur-le-Main.

L'Académie de Stanislas communique à la Société le
programme de ses concours.

Nécrologie.

Il est donné avis du décès de M. Phasmann, maire de Saint-Mihiel, conseiller général de la Meuse, mort à Saint-Mihiel le 10 janvier ; et de celui de M. Achille Giron, ancien adjoint au maire de Nancy, mort à Nancy le 10 février, dans sa 72e année.

Distinctions honorifiques.

M. le général René de Morlaincourt a été promu commandeur de la Légion d'honneur, et M. Phasmann, officier. MM. Joseph Laurent, maire de Nancy, Désiré Bourgon et Léon Pignot ont été nommés chevaliers du même Ordre.

MM. Antonin Daum, Victor George et François Villain viennent d'être promus officiers de l'Instruction publique. MM. Georges Biet, Robert Deubel, Joseph Matray et Alfred Thomas ont été nommés officiers d'Académie.

Admission.

M. François Michel est admis comme membre titulaire.

Présentations.

Sont présentés en la même qualité : MM. Edmond **Mangeard**, licencié ès lettres, 56, rue du Grand-Verger, par MM. Jean Bohin, Charles Sadoul et Pierre Boyé ; Léon **Thiriet**, pharmacien, 28, rue des Ponts, par MM. Charles Sadoul, Pierre Boyé et Émile Duvernoy ; le docteur F. **Vallon**, 7, rue Marguerin, Paris, par MM. Pierre Boyé, Émile Duvernoy et Edmond des Robert.

Ouvrages offerts à la Société.

Histoire des seigneurs et de la seigneurie de La Grange,
par Charles KOHN. Luxembourg, 1899, 2 vol. in-4 de
II-354 et 229 p. (Don de M. L. Schaudel.)

Éphémérides de la Révolution à Saint-Dié, par Albert
OHL. Épinal, 1913, in-8 de 52 p.

Les anciennes bornes, par Émile DIDERRICH. Luxembourg, 1914, petit in-8 de 12 p.

*Feldzeugmeister Adam Sigmund von Thüngen, Militär-
gouverneur von Luxemburg,* par le même. Luxembourg,
1914, in-8 de 5 p.

*Jeanne d'Arc a-t-elle abjuré. Étude critique précédée de
Jeanne d'Arc et ses voix, et Jeanne d'Arc et les Fées,* par
Marcel HÉBERT. Paris, 1914, in-8 de 153 p.

Mengeatte, roman, par Raymond SCHWAB. Paris,
1914, in-8 de 298 p.

*Répertoire archéologique du canton de Fresnes-en-
Woëvre,* par Henri THOHION et Jean BOHIN. Nancy, 1914,
in-8 de 29 p.

Lectures.

M. Alexandre DE ROCHE DU TEILLOY communique la
réponse qu'il a bien voulu faire aux vœux exprimés par
la Société archéologique de Tarn-et-Garonne.

M. Edmond DES ROBERT lit une note : *A propos du
trône d'Albanie. Un comte de Wied vassal de Lorraine.*

M. Georges HOTTENGER continue la lecture de son travail sur *Les remembrements en Lorraine au XVIIIe siècle.*

M. Pierre Boyé donne lecture de la suite de l'étude de
M. Amédée CAGNAT sur *Le premier siège de La Mothe
(1634).*

MÉMOIRES

Un comte de Wied vassal de Lorraine.

Au moment où paraît cette notice, l'entrée du prince de Wied à Duzazzo est un fait accompli. La tâche du nouveau souverain de cet état turbulent, où fermentent races, religions et nationalités, promet d'être assez ingrate. C'est dans une paisible résidence, sur les bords du Rhin, à l'embouchure de la Wied, affluent du grand fleuve, au nord de Coblence, que les puissances de la Triple Alliance sont allées quérir un prince allemand pour le placer sur le trône hasardeux d'Albanie.

Sans entrer dans des considérations de politique extérieure, nous pensons pouvoir intéresser nos confrères en leur donnant quelques détails sur la famille de Wied et en rappelant les lointains rapports qu'un seigneur de cette maison des pays rhénans eut avec notre duché.

La nouvelle dynastie d'Albanie tire son origine, quant aux mâles, des anciens seigneurs de Runkel (1), lesquels avaient une commune extraction avec les comtes de Leinigen-Westerbourg qui subsistent encore.

Thierry IV de Runkel, mort en 1460, épousa Anastasie, fille et héritière de Jean II comte de Wied, de la maison d'Isembourg (2) dans laquelle s'était fondue autrefois la

(1) Runkel : *D'argent à deux pals de gueules, au canton d'azur.*
De Raadt, dans *Les sceaux armoriés des Pays-Bas*, mentionne plusieurs sceaux de cette maison sur laquelle se voient *trois* pals.

(2) Isembourg : *D'argent à deux fasces de gueules.*
Ce sont les armes de la branche dite de Bas-Isembourg, par opposition avec celle de Haut-Isembourg, dont plusieurs rameaux furent élevés plus tard à la dignité princière et dont les armoiries sont : *d'argent à deux fasces de sable.*

première race des comtes de Wied (1) par le mariage de la fille et héritière de Lothaire de Wied avec Brunon Ier d'Isembourg.

Le fils aîné de Thierry IV de Runkel et d'Anastasie de Wied fut le premier comte de Wied de la maison de Runkel et épousa lui-même Agnès, fille de Philippe comte de Vernenbourg (2).

Par suite de cette filiation, les comtes de Wied portaient comme armoiries : *Écartelé, aux 1 et 4, d'or à quatre bandes de gueules, au paon au naturel, brochant sur le tout* (Wied); *au 3, d'argent à deux fasces de gueules* (Isembourg) ; *au 2, d'argent à deux pals de gueules, au canton d'azur* (Runkel). Ils appartenaient au ban de Wéttéravie, puis à celui de Wesphalie, depuis la création de ce dernier à la diète de Ratisbonne en 1654.

Au xviie siècle, la troisième maison comtale de Wied se divisa en deux branches : celle dite de Runkel et celle de Neuwied, toutes deux élevées à la dignité princière ; la première, qui s'éteignit peu après, en 1791, la seconde qui reçut son titre de l'empereur Joseph II le 13 juin 1784. Depuis cette époque les armoiries des princes de Wied sont : *Parti de deux traits, coupé de deux autres qui font douze quartiers. Aux 1 et 12, d'or à quatre bandes de gueules, au paon au naturel, brochant sur les bandes* (Wied) ; *au 2, d'azur à une tour d'argent, ajourée de gueules ; aux 3 et 10, d'argent à deux pals de gueules et au canton d'azur* (Runkel) ; *aux 4 et 9, d'argent à deux*

(1) Wied : *D'or à quatre bandes de gueules ; au paon au naturel, brochant sur le tout.*

Ce sont sans doute ces armes simples qui chargeront en cœur l'aigle éployée, aux deux têtes couronnées, qui, sur champ de gueules, deviendra le blason officiel du nouveau royaume. Nous nous sommes renseignés à la rédaction de l'Almanach de Gotha pour avoir une description officielle, mais il nous fut répondu, d'ailleurs fort aimablement, que rien de définitif n'avait encore été communiqué.

(2) Vernenbourg : *D'or à sept losanges de gueules, quatre et trois.*

fasces de gueules (Isembourg) ; *au 5, en forme de surtout,
d'or au paon rouant au naturel ; au 6, de gueules au léopard lionné d'or* (Sayn) ; *au 7, d'argent à la croix de sable*
(Altwied et Neuerbourg) ; *chargée d'un écusson de gueules
surchargé d'un château d'argent soutenu d'un rocher du
même* (Hombourg), *au 8, d'argent à trois pals de sable*
(comté de Kirchberg) ; *au 11, d'argent au lion de sable,
armé et lampassé de gueules, couronné d'or* (burgraviat
de Kirchberg).

Guillaume-Frédéric-Hermann-Otton-Charles, sixième
prince de Wied, né à Neuwied, le 27 juin 1872, fils de Guillaume, cinquième prince de Wied, et de Marie, princesse
des Pays-Bas, membre héréditaire de la Chambre des Seigneurs de Prusse, lieutenant-colonel prussien et wurtem-
bergeois, chevalier d'honneur de l'Ordre de Saint-Jean, a
épousé, à Stuttgart, le 29 octobre 1898, Pauline, princesse
de Wurtemberg. Ce prince vient donc de quitter la tran-
quille résidence de Neuwied, bâtie au bord du Rhin et le
paisible château de Monrepos, caché au milieu d'une forêt
de hêtres, chantée par Carmen Sylva, la reine de Rouma-
nie, née Élisabeth, princesse de Wied, sa propre tante,
pour aller régner sur les tribus remuantes de l'Albanie.

* *

Frédéric de Runkel devenu comte de Wied, comme héritier de Guillaume, dernier comte de Wied, de la maison
d'Isembourg, oncle de sa mère, épousa Agnès de Vernenbourg : il en eut plusieurs enfants. Son fils aîné, Guillaume, fut possessionné en Lorraine comme nous allons le
voir, et le cadet, Jean, continua la lignée masculine à
laquelle appartient le souverain du nouveau royaume créé
par la diplomatie européenne (1). Les renseignements gé-

(1) Se reporter au tableau généalogique ci-contre extrait des *Généa-
logische Tabellen... zur Erlaueterung der politischen Historie,* de
Johan HUBNER (Leipzig, 1725, in-f⁰ oblong en 4 parties) aux tableaux
401-402-403, rectifiés par l'*Almanach de Gotha* de 1836.

néalogiques que nous venons de fournir établissent qu'il ne s'agit pas tout à fait d'un parvenu.

Guillaume, comte de Wied, épousa Marguerite, fille de Ferry, comte de Mœurs (1), et d'Élisabeth de Rodemach (2); Marguerite, par suite du décès sans alliance de Bernard, comte de Mœurs, son frère, apporta à son mari le comté de Mœurs et ses droits sur Boulay (3).

L'origine de ces droits était la suivante : Élisabeth de Rodemach avait reçu une constitution de dot sur la seigneurie de Boulay ; elle était fille de Gérard de Rodemach (4), seigneur de Boulay et de Marguerite de Nassau (5). Elle épousa, comme nous venons de le dire, Ferry, comte de Mœurs et en eut deux enfants : Bernard, qui mourut dernier comte de Mœurs, et Marguerite, qui devint la femme de Guillaume, comte de Wied. Élisabeth de Rodemach, devenue veuve, se remaria avec Thiébaut, baron de Géroltzeck (6), dont elle eut aussi postérité. Bien

(1) Mœurs : *D'or à la fasce de sable.*

(2) Rodemach : *Fascé d'or et d'azur de six pièces.*

(3) Boulay, en allemand : Bolchen, en patois : Bolà, chef-lieu de canton de l'ancien arrondissement de Metz, ancienne Moselle, fut d'abord le siège d'une prévôté dépendant du Barrois et eut autrefois ses seigneurs particuliers. Achetée par le duc Antoine, comme nous allons le rappeler sommairement, il fut fait en 1541 un inventaire du château de cette seigneurie (*Doc. hist. Lorr.*, 1891, p. 63). On y voit mentionnée « une colleverine de fonte à crochet, là où sont les armes des sieurs de Boullay et Rodemach » (Boulay : *D'or à la croix ancrée de gueules ;* Rodemach, comme ci-dessus). On peut consulter une esquisse généalogique des seigneurs de Boulay dans l'*Histoire des seigneurs et de la seigneurie de Lagrange,* par Kohn, Luxembourg, 1899, 2 vol. in-4 ; à la p. 33 du t. I, on verra que les droits des Rodemack sur Boulay venaient du mariage de Jean de Rodemack avec Irmegarde de Boulay.

(4) Contrat de mariage, aux Arch. de M.-&-M., B. 584, n° 90.

(5) Nassau : *D'azur semé de billettes d'or, au lion du même brochant sur le tout.* Les différentes branches de la maison de Nassau portèrent de nombreux écartèlements dans le détail desquels nous n'avons pas à entrer ici.

(6) Géroltzeck : *D'or à la fasce de gueules.* Il ne faut pas confondre cette maison avec celle de Géroldseck-en-Vosges, qui portait : *D'argent semé de billettes d'azur, au lion de gueules, brochant sur le*

qu'ayant donné déjà une partie de Boulay à sa fille Élisabeth, Gérard de Rodemach, à l'occasion du mariage de sa
petite-fille, Marguerite de Mœurs, lui avait constitué en
dot 10.000 florins d'or du Rhin, assignés pour 3.000 florins
sur Boulay et pour les 7.000 florins restant sur ses autres
seigneuries, à la condition que ladite Marguerite renonçât
à la succession de sa mère, Élisabeth ; ceci n'eut pas trop
d'importance en ce qui concerne Boulay, car Élisabeth
vendit à René II, en 1503, sa part de Boulay. Mais Gérard
de Rodemach avait légué à son petit-fils, Bernard, dernier comté de Mœurs, la seigneurie de Boulay, ou plus
exactement ce qui pouvait en rester, car il avait fait déjà
bien des donations sur cette dite seigneurie. Bernard vint
à mourir sans alliance et c'est sa sœur, Marguerite de
Mœurs, comtesse de Wied, qui recueillit ses droits sur
Boulay ; il ne devait plus en rester grand'chose, d'autant
plus qu'en 1492, son mari et elle avaient cédé au duc de Lorraine, pour 10.000 florins, la part qu'ils avaient alors sur
Boulay. Comme ils cherchèrent à exercer la faculté de
rachat, il résulta de tout cet enchevêtrement de droits un
conflit dont trace a été conservée aux Archives de
Meurthe-et-Moselle (1) mais nous ferons grâce à nos lecteurs
de toutes les phases de la contestation. Enfin, en 1530,
Guillaume, comte de Wied, Anne, sa fille, comtesse de
Neuenahr (2) et Guillaume, comte de Neuenahr, son gendre, vendirent au duc Antoine tout ce qu'ils possédaient
en la seigneurie de Boulay qui entra alors complètement
dans le domaine ducal. Boulay n'en sortit que plus tard
quand le duc Henri II en fit don au bâtard de Guise,

(1) B. 585, n° 107. Pour plus de détails on peut consulter, toujours
aux Arch. de M.-et-M., les documents suivants : B. 584, n°⁹ 35, 38, 30, 41,
57, 74, 75 ; B. 585, n°⁹ 102, 107, 108, 109, 110, 111, 112, 113, 114, 115 ;
B. 586, n°⁹ 9, 15, 16, 17.

(2) Neuenahr : *D'or à l'aigle de sable.*

Louis de Lorraine, prince de Phalsbourg, baron d'Ancer-
ville, qui joignit aussi à ces titres celui de comte de Boulay.

On pourra voir, sur le tableau ci-annexé, que, du
mariage conclu entre Guillaume, comte de Wied, et Marguerite de Mœurs, ne naquit qu'une fille, Anne, mariée à
Guillaume, comte de Neuenahr, auquel elle apporta en
dot le comté de Mœurs. Deux enfants naquirent de cette
union : Hermann, comte de Neuenahr et de Mœurs, marié
à Madeleine de Nassau dont il n'eut pas de postérité, et
Emilie-Walpurgis, mariée d'abord à Philippe, comte de
Horn (1), puis à Adolphe, comte de Neuenahr, son cousin,
sans postérité des deux lits. Émilie-Walpurgis laissa le
comté de Mœurs, dont elle avait hérité au décès de son
frère, Hermann, à Maurice, comte de Nassau-Orange. A sa
mort s'éteignit la descendance de Guillaume, comte de
Wied.

Terminons cette notice par quelques détails sur les
sceaux aux armes de Wied.

Le sceau de Guillaume, qui se qualifie, comte de Wied
et de Mœurs, seigneur de Runkel et d'Isembourg, a environ 32 millimètres ; il porte un écu de style Renaissance
aux armoiries décrites plus haut, mais rangées dans l'ordre suivant : *Écartelé, aux 1 et 4* de Wied ; *au 2* d'Isembourg ; *au 3* de Runkel (2). Un casque grillagé surmonte
l'écu ; il est cimé d'un paon de face, faisant la roue, des
lambrequins partent du cimier et garnissent le champ du
sceau. Une banderole porte, en minuscules gothiques :...
ys.... graf von... yde.... (3).

---

(1) Horn : *D'argent à un ours rampant de gueules, colleté d'or.*

(2) Ici aussi il paraît bien y avoir *trois* pals ; voir l'observation déjà
faite à la note 1 de la p. 52.

(3) Voir aux Arch. de M.-et-M. : B. 584, nᵒˢ 38, 41 ; B. 585, nᵒˢ 109, 110 et
112 ; B. 586, nᵒ 17.

Le sceau d'Anne de Wied, fille du précédent et comtesse de Neuenahr, est rond ; il a environ 42 millimètres de diamètre. Il porte un écu parti, à dextre : *une aigle* (Neuenahr), à senestre : *Écartelé, aux 1 et 4, une fasce* (Mœurs) ; *aux 2 et 3, un fascé de six pièces* (Rodemach) *et, sur le tout,* de Wied. Sur le pourtour se lit l'inscription suivante, en petites capitales de la Renaissance : ANNA DE WEDA COMITIZ DE NIWENAR... DE MORS... ...TIS DE RODEMACH (1). Il est assez curieux de noter les armoiries qu'elle portait personnellement ; ce n'est plus l'écartelé de Wied, avec les quartiers de Runkel et d'Isembourg, mais un écartelé aux armoiries de ses grand-père et grand'mère maternels, avec le blason de son père en abîme.

Son fils, Hermann de Neuenahr, comte de Mœurs, porta aussi un écu composé d'après les mêmes principes, car nous voyons sur son sceau un écartelé : *aux 1 et 4,* Neuenahr ; *aux 2 et 3,* Mœurs *et, sur le tout,* Rodemach (2).

Pour terminer, nous ferons savoir qu'il existe encore une famille du nom de Widt, se disant originaire de Sainte-Croix-aux-Mines, fixée depuis longtemps en Allemagne, dont les armoiries sont : *Coupé d'azur et d'or, l'azur chargé d'un croissant figuré montant et l'or d'un mont à trois coupeaux, de l'un en l'autre.* Mais s'il existe une certaine analogie dans la forme des noms de Wied et de Widt, il ne semble y avoir rien de commun entre ces deux familles.

EDMOND DES ROBERT.

(1) *Ibid.*, B. 585, nᵒ 111.
(2) *Ibid.*, B. 585, nᵒ 110.

Tableau généalogique des trois maisons des comtes de Wied.

Première race des comtes de WIED WIED.	Deuxième race des comtes de WIED ISEMBOURG.	Troisième race des comtes, maintenant princes de WIED RUNKEL.

Maufroy vivait en 1093.

Lothaire, dernier comte de WIED, laissa :

N. . . . . . . qui épousa Brunon, seigneur d'ISEMBOURG, qui devint comte de WIED de ce chef.

Hesse, mort en 1140.

Siegfried, seigneur de RUNKEL.

Jean II, comte de WIED, sgr d'ISEMBOURG, laissa :

Anastasie, mariée à Thierry IV, seigneur de RUNKEL.

Frédéric, comte de WIED, seigneur de RUNKEL, épousa Agnès, fille de Philippe, comte de VERNENBOURG.

Guillaume, comte de WIED, sgr d'ISEMBOURG et de RUNKEL, marié à Marguerite, fille de Ferry, comte de MŒURS, et d'Élisabeth de RODEMACH ; il devint comte de MŒURS et co-seigneur de BOULAY du chef de sa femme.

Anne, femme de Gérard III, comte de SAYN.

Jean, comte de WIED, marié à Élisabeth de NASSAU-DIETZ.

Dont descend la maison princière de WIED.

Thierry, qui fut archevêque de Cologne et évêque de Paderborn.

Frédéric, qui fut évêque de Munster.

Anne, mariée à Guillaume, comte de NEUENAHR, auquel elle apporta le comté de MŒURS.

Hermann, comte de NEUENAHR et de MŒURS, marié à Madeleine de NASSAU, sans postérité.

Émilie-Walpurgis, mariée à Philippe, comte de HORN, puis à Adolphe de NEUENAHR, son cousin ; elle laissa le comté de MŒURS, à elle obvenu, à Maurice, comte de NASSAU-ORANGE.

Une dévotion en Lorraine à Notre-Dame de Montaigu.

Nous sommes heureux de publier l'article suivant, que M. Émile Van Heurck, d'Anvers, a bien voulu nous adresser. Nul n'était mieux qualifié pour l'écrire que le savant auteur de l'*Histoire de l'imagerie populaire flamande*, qui s'est occupé spécialement des pèlerinages de Belgique et a été un des organisateurs de l'intéressant Musée de folk-lore d'Anvers.

M. Charles Sadoul, conservateur au Musée historique lorrain de Nancy, nous a demandé récemment quelques éclaircissements sur une petite image de pèlerinage qui porte dans son champ deux croix de Lorraine, accostées de deux C entrelacés, un blason : d'argent à trois chevrons de gueules, et au bas de la planche la mention : *Nostre Dame de Montaigu*, etc. L'image a été reproduite et décrite ici même (1).

Comme l'image concerne une Notre-Dame de Montaigu honorée autre part qu'à Montaigu (Belgique), il est nécessaire pour l'intelligence de ce qui suivra, de rappeler brièvement les origines de la célèbre Vierge miraculeuse belge.

Au commencement du xive siècle, un chêne dont le feuillage, de forme transversale, imitait assez bien une croix, s'élevait entre Sichem et Diest, au pays de Brabant. Dans leur crédulité naïve, une foule de malades et d'estropiés venaient suspendre à ses branches leurs panetières. Une main pieuse fixa à son tronc une statue de la Vierge. Un miracle, survenu en 1514, accrut encore parmi les fidèles le renom du pèlerinage. Un berger ayant dérobé

---

(1) *B. S. A. L.*, 1912, p. 196. Nous croyons utile de la donner de nouveau, pour faciliter la lecture de la présente étude, surtout à ceux qui, entrés depuis peu dans notre Société, n'auraient pas entre les mains le *Bulletin* de 1912.

la statue, fut frappé de paralysie et ne recouvra ses facul-
tés qu'après que la sainte Vierge eût été replacée sur son
chêne préféré. Le pèlerinage de Montaigu est devenu le

plus populaire des pèlerinages belges, sa gloire a également franchi les frontières et des malades de tous pays
viennent demander à Notre-Dame de Montaigu leur gué-

rison ou tout au moins un soulagement à leurs souffran-
ces. Le chêne séculaire, ayant été réduit à un état fort
précaire par la piété des pèlerins qui aimaient à en em-
porter quelques fragments, fut déraciné vers 1602. Une
partie considérable de son bois fut offerte aux archiducs
Albert et Isabelle, et de ce qui resta on sculpta un grand
nombre de statuettes de Marie, qui furent vendues aux
pèlerins.

Si un grand nombre de ces statuettes taillées dans le
bois du chêne de Montaigu furent vendues aux pèlerins,
d'autres furent offertes aux personnes de condition qui
vinrent prier aux pieds de la Vierge miraculeuse. Ces statuettes, emportées ou envoyées par leurs possesseurs à
l'étranger, furent offertes par ceux-ci à leurs églises de
prédilection et des autels leur y furent réservés. On éleva
même en divers lieux des chapelles en l'honneur de Notre-
Dame de Montaigu. La France, écrit Mgr van Weddingen (1), possédait une assez grande quantité de ces statuettes. A Douai, notamment, il s'en trouvait dans les églises
de la Vierge, de Saint-Pierre et des Pères jésuites ; à Lyon,
chez les Pères jésuites ; à Belfontaine, en Bourgogne ; à
Dole, à Chambéry, à Besançon. La paroisse de Bargemon,
au diocèse de Fréjus, honorait une de ces images de la
Vierge de Montaigu, qui devint l'objet d'une dévotion
extraordinaire. Le concours des pèlerins persista jusqu'à
la fin du xviiie siècle. Le plus connu des pèlerinages français de Notre-Dame de Montaigu était celui de Tournon,
dans le Languedoc ; une de ces statuettes y fut envoyée
en 1614. Un Père de la maison de Tournon écrivit en 1615
une « Histoire des Miracles de Notre-Dame du Chêne de
Montaigu en Brabant ».

Dans l'église du Noviciat des Jésuites de Nancy, écrit

(1) Mgr A. van WEDDINGEN, *Notre-Dame de Montaigu*, Bruxelles,
1890, p. 47.

Hamon, était une magnifique chapelle de Notre-Dame de Foy, bâtie par Antoinette de Lorraine, en souvenir de la guérison miraculeuse du cardinal son frère, après un pèlerinage à Notre-Dame de Foy (Belgique). Heureuse du rétablissement d'une santé si précieuse, Isabelle, infante d'Espagne, ayant envoyé alors à la princesse Antoinette une Vierge faite du bois du chêne miraculeux de Montaigu, la princesse éleva cette chapelle pour recevoir la sainte image ; le cardinal y fit percer une niche, orna la tête de la Vierge et celle de l'Enfant de couronnes d'or très fin, et voulut qu'après sa mort son cœur y reposât sous l'autel. Toute la ville de Nancy prit cette chapelle en grande vénération. Les princes de Lorraine voulurent, comme le cardinal, qu'après leur mort leur cœur y reposât aux pieds de Marie, en témoignage de confiance et d'amour. C'est là, en effet, que ces cœurs sont restés jusqu'après la suppression des Jésuites (1).

Les populations lorraines, toujours désolées par la guerre, la peste et les mille angoisses qu'entraînent ces deux fléaux, confiantes d'être exaucées, réclamaient sans cesse l'intercession de la Mère de Dieu. Elles rivalisaient de ferveur et lui faisaient force offrandes de grand prix. La dévotion à Marie, qui était le refuge universel et l'espoir des désespérés, rayonnait sur tous les points de la Lorraine. Il n'est donc pas impossible qu'une autre de ces statuettes ait été envoyée dans ce pays et placée dans une chapelle érigée spécialement pour elle au commencement du xviie siècle (l'arbre fut morcelé en 1602), à l'endroit qu'on y appellera dorénavant Montaigu.

A peu de distance de Notre-Dame de Bon-Secours, à Nancy, lit-on dans Hamon, se trouvait autrefois la chapelle de Notre-Dame de Montaigu, dont la garde avait été

______

(1) Hamon, *Notre-Dame de France ou histoire du culte de la sainte Vierge en France*, Paris, 1866, t. VI, p. 17.

confiée, l'an 1608, à un ermite, et en 1629, aux religieux Augustins, qui s'engagèrent à y être toujours au nombre de quatre pour la desservir, y confesser et y prêcher, selon la permission que leur en donna le cardinal de Lorraine. Mais, en 1637, la guerre qui désolait le pays les obligea à se retirer. Revenus, en 1641, à leur poste, ils continuèrent jusqu'en 1793 le service de la chapelle, en ayant soin de dresser un recueil des miracles que la Vierge y opérait. Aujourd'hui il ne reste plus d'autres traces de ce saint lieu que l'extérieur de la chapelle (1).

M. Edmond des Robert écrit que le paysage représenté dans l'image lui semble fictif, voulant ainsi faire entendre qu'il n'a aucun rapport avec celui du lieu-dit lorrain Montaigu. On n'en est guère surpris, car ce paysage n'est autre que celui de Montaigu en Belgique. On y observe le mont (*mons acutus*) et les deux premières chapelles, à droite celle en bois, à gauche celle en pierre ; elles seront situées toutes deux à gauche dans les gravures exécutées après la construction de la magnifique église à dôme, celle-ci étant alors figurée à droite. L'image est donc antérieure à la construction de cette église, qui ne fut achevée qu'en 1627 ; elle est du début du xviie siècle.

Mais le problème iconographique qu'on nous a soumis est encore loin d'être résolu, puisqu'il nous reste à expliquer les armoiries qui figurent dans l'image et la raison de leur présence.

Dans notre image, comme dans beaucoup d'autres souvenirs de pèlerinages, le graveur a reproduit au bas de l'arbre miraculeux, sous l'apparition, les armoiries du fondateur de la chapelle. Les armes : *d'argent à trois chevrons de gueules* appartiennent à la famille de Bassompierre. François de Bassompierre naquit au château d'Haroué en Lorraine, en 1579. Il est mort en 1646. Ayant

(1) Hamon, *op. cit.*, p. 30.

eu peu de dévotion, il est douteux que nous puissions le considérer comme le fondateur de la chapelle. Mais le galant maréchal de France eut deux frères, Georges et Jean, ainsi que deux sœurs, Henriette et Catherine, et il probable que nous devons chercher parmi eux ce fondateur.

L'auteur de la gravure a voulu aussi rappeler, comme

cela se faisait fréquemment autrefois, le souvenir du prince régnant, en reproduisant son monogramme. On ne s'étonne donc pas de retrouver dans la planche les deux CC entrelacés du duc Charles IV de Lorraine (1624-1675) et les deux croix de Lorraine, légèrement pattées, qui nous apprennent que le pèlerinage se trouve en terre lorraine.

Au reste, les ducs de Lorraine ne donnèrent pas moins que le clergé l'exemple de la dévotion à la sainte Vierge. Charles IV lui-même, au milieu de ses écarts, se montre singulièrement dévoué à Marie : il fait donation irrévocable de ses États en l'honneur de l'Immaculée Conception, il oblige ses sujets à se reconnaître les vassaux de la Mère de Dieu, en lui payant, chaque année, un tribut destiné à la décoration de ses autels, ou à quelque œuvre spéciale en son honneur, au choix des populations (1). En 1669, il rédige même une supplique à Notre-Dame de Sion, dans laquelle il la conjure d'oublier ses faiblesses, de réparer ses fautes et de bénir ses sujets (2).

L'image gravée n'est qu'une copie, *appropriée*, d'une planche plus ancienne d'un pèlerinage en l'honneur de Notre-Dame de Montaigu. A-t-elle été exécutée d'après un modèle belge ou français ? Nous n'oserions nous prononcer.

Une gravure illustrant l'*Histoire des Miracles advenus n'agueres à l'intercession de la Glorieuse Vierge Marie, au lieu dit Mont-aigu, prez de Sichem, au Duché de Brabant*, par P. N. (Numan), à Bruxelles, R. Velpius, 1604, in-18, ressemble beaucoup à celle qui est en discussion. Les armoiries, les croix et les initiales CC n'y sont évidemment pas figurées. Les béquilles, etc., au lieu de se trouver au pied de l'arbre, pendent à ses branches. Une planche plus moderne, d'origine belge, rappelle dans ses grandes lignes le type suivi pour l'image lorraine. Nous la reproduisons.

Si nous résumons ce que nous venons d'exposer, nous savons que :

1º Le chêne de Montaigu a été morcelé en 1602 ;

2º Des statuettes taillées dans ce chêne furent vendues aux pèlerins et envoyées à l'étranger ;

(1) Lettres patentes du 22 janvier 1669, dans CALMET, *Hist. Lorr.*, 1ʳᵉ éd., t. III, preuves, col. 582.

(2) CALMET, *Notice de la Lorr.*, t. II, col. 747.

3º On construisit des chapelles pour les abriter et on organisa des pèlerinages ;

4º L'image en discussion nous conserve le souvenir d'une pareille dévotion en Lorraine ;

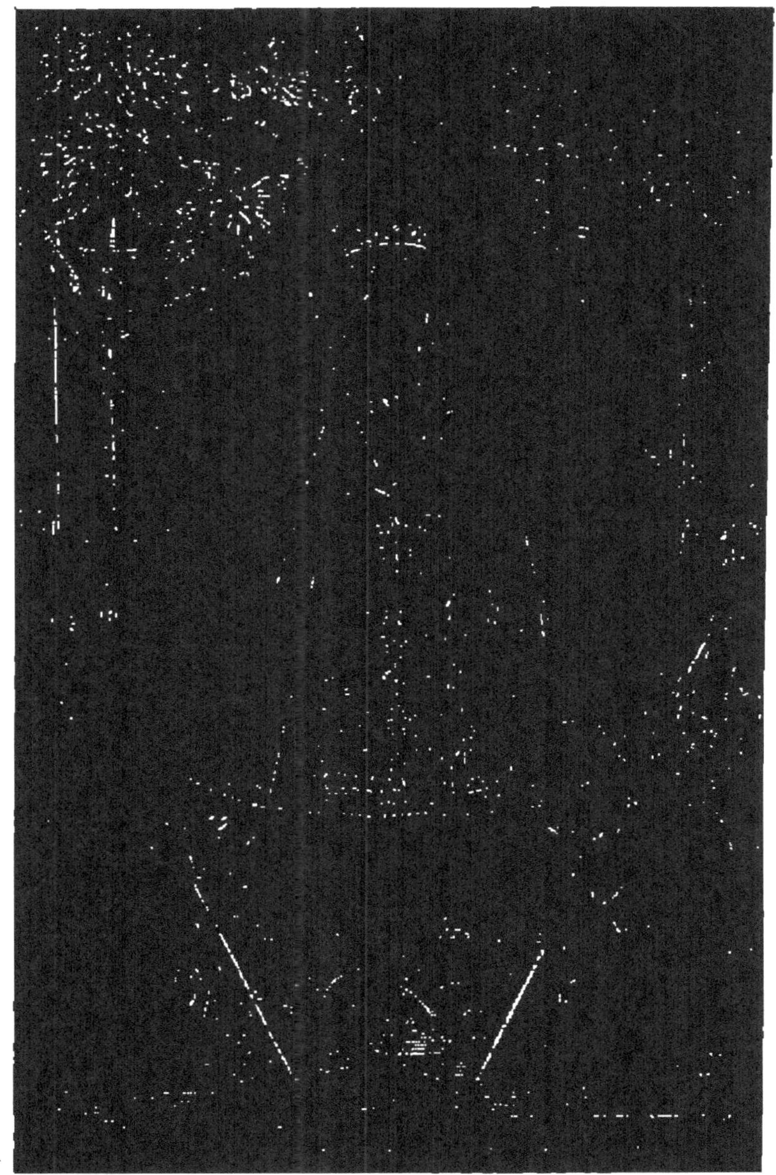

5º Le modèle suivi date de la fin du xvı[e] siècle ou du commencement du xvıı[e] (absence de l'église à dôme achevée en 1627) ;

6° Charles IV, duc de Lorraine, dont le monogramme figure dans le champ de l'image, est né en 1604, duc en 1624, mort en 1675 ;

7° François de Bassompierre, dont les armes sont reproduites au pied de l'arbre miraculeux, naquit au château d'Haroué en Lorraine, en 1579 et est mort en 1646. Il eut deux frères et deux sœurs. L'un d'entre eux peut avoir été le fondateur de la chapelle, le donateur de la statuette ou encore le propriétaire du terrain sur lequel la chapelle fut édifiée.

8° Il existe en Lorraine, non loin de Nancy, un lieu-dit Montaigu, où s'élevait jadis une chapelle construite au début du xviie siècle.

L'image publiée dans ce *Bulletin* n'est pas inédite. On la trouve à la page 29 du tome VI de l'ouvrage déjà cité de Hamon. Mais on n'a pas affaire à une reproduction directe, l'image originale a été redessinée. On n'est donc guère étonné de ne pas y retrouver les CC entrelacés, dont le dessinateur (parisien ?) n'a pas saisi la signification et qu'il a négligé, les prenant pour des tailles perdues, de reproduire. Drochon, dans son *Histoire illustrée des pèlerinages français de la Sainte Vierge* (Paris, Plon, in-8°, p. 1178), la publie à son tour en se servant de la même gravure.

Il n'y a donc pas de doute que l'image publiée en 1912 dans le *Bulletin*, concerne un pèlerinage de Notre-Dame de Montaigu en pays lorrain, pèlerinage qui remonte à la première moitié du xviie siècle et dont le sanctuaire se trouvait dans le parc de Montaigu, près de Nancy.

ÉMILE van HEURCK.

Anvers, janvier 1914.

CHRONIQUE

Bibliothèque.

Pour répondre à un désir parfois exprimé et afin de faciliter davantage les recherches à ceux de nos Membres qui tiennent à profiter de ses ressources en manuscrits, livres et estampes, la bibliothèque de la Société sera désormais ouverte, non seulement tous les dimanches, de 9 h. 1/2 à 11 h. 1/2, mais encore le samedi, de 10 heures à midi.

Comme du passé, nos Confrères y sont de plus reçus le jeudi de 10 heures à midi, sous la réserve que, du 1er novembre au 1er avril, seuls les périodiques non lorrains peuvent être consultés ce jour-là.

Pendant les vacances, c'est-à-dire du 1er août au 1er novembre, la bibliothèque est fermée les jeudis et samedis.

Académie de Stanislas. — Prix Herpin.

L'Académie décernera en 1916 le prix de 1.000 francs de la fondation Herpin, au meilleur mémoire sur le sujet suivant :

Étude d'un château ancien de la région lorraine présentant un sérieux intérêt au point de vue historique et archéologique. — Qu'il s'agisse soit d'un château ruiné (tel que Prény, Custines, etc.), soit d'un château actuellement existant (Cons-la-Grandville, Haroué, Fléville, etc.).

N.-B. — Sont de fait hors concours les ouvrages ou mémoires déjà récompensés par une des Académies de l'Institut de France.

Manuscrits du roi René.

Dans les séances des 20 et 27 février et du 6 mars 1914 de l'Académie des Inscriptions et Belles-Lettres. M. le comte Durrieu a exposé qu'il recherchait dans toute l'Europe les manuscrits des œuvres littéraires du roi René. Ces manuscrits offrent d'autant plus d'intérêt qu'ils sont ornés de miniatures de grande valeur ; ils sont disséminés en nombre de dépôts, puisqu'on en trouve jusqu'à Saint-Pétersbourg. Les éditions qui ont été données de ces œuvres n'ont pas été établies à l'aide des meilleurs manuscrits et sont donc défectueuses ; M. le comte Durrieu rendra par suite un réel service en faisant connaître tous ceux-ci, et l'on souhaitera qu'il en trouve quelques-uns dans cette Lorraine dont le bon roi René fut le souverain, du chef de sa femme, mais où, on doit le reconnaître, il ne résida pas beaucoup.   E. D.

BIBLIOGRAPHIE

— *Le répertoire archéologique du canton de Fresnes-en-Woëvre* (Nancy, 1914, in-8 de 30 p.), par Henri THORION et Jean BOHIN, s'arrête au ixe siècle de notre ère. En réunissant, sous la forme d'un répertoire par communes, les renseignements archéologiques disséminés dans des publications nombreuses et souvent difficiles à se procurer, en y ajoutant les résultats de leurs propres recherches, MM. Henri Thorion et Jean Bohin ont accompli une tâche qui mérite l'approbation et les encouragements de tous les amateurs d'histoire locale. Ils remettent ainsi en lumière des découvertes et des observations faites dans le cours des siècles et dont les populations actuelles, où l'élément autochtone va s'affaiblissant de jour en jour, n'ont le plus souvent conservé que de vagues souvenirs.

La valeur d'un tel recueil se mesure à celle des sources où les renseignements ont été puisés et, à en juger par l'index bibliographique, on ne peut qu'approuver le choix des auteurs, tout en regrettant cependant de ne pas voir figurer, parmi les publications consultées, les *Mémoires de la Société des lettres, sciences et arts de Bar-le-Duc* et ceux de l'ancienne *Société d'archéologie de la Moselle.* La plupart des références, soigneusement indiquées au bas des pages, se rapportent à l'*Archéologie de la Meuse,* par Félix Liénard, bon ouvrage pour l'époque où il a paru et précieux surtout par les nombreuses planches qui accompagnent le texte. Mais, je ne suis pas le premier à regretter l'omission trop fréquente chez l'estimé savant verdunois, de l'origine des renseignements et son abstention à fixer l'emplacement exact des découvertes au moyen du cadastre. La seule mention du territoire, souvent très étendu, de la commune, ne saurait suffire : il faut indiquer le lieu-dit, la section du cadastre et, si possible, le n⁰ de la parcelle. Une découverte n'acquiert de véritable valeur que par l'exactitude, la précision et la sincérité de son compte rendu.

Le réseau de voies romaines, que l'ouvrage de Liénard décrit avec une grande abondance de détails, ne doit pas être accepté sans nouvelle et consciencieuse étude sur le terrain. L'opinion qu'avant les Romains la Gaule ne possédait pas de voies de communication, ne peut plus être soutenue sérieusement de nos jours. Les légions romaines n'ont eu, le plus souvent, qu'à rectifier, améliorer et compléter les voies qui reliaient les cités gauloises et les agglomérations rurales. De même, les nombreux camps signalés comme romains, remontent presque toujours à des époques bien plus reculées ; quelques-uns même peut-être à l'âge néolithique. C'est à ce dernier âge aussi qu'il faut attribuer les haches en pierre polie qualifiées par Liénard de *celtiques*. Enfin, le terme *druidique*, appliqué aux monuments et autres objets pré-romains, n'a aucun sens dans notre région où aucun vestige relatif aux druides n'a été observé. Après ces réserves, qui ne s'appliquent d'ailleurs qu'aux données extraites des ouvrages consultés, me sera-t-il permis de signaler une erreur typographique facile à corriger : A la p. 13, troisième alinéa, c'est un fragment de *meule* qu'il faut lire, puisqu'il s'agit de « *mola manuaria ou trusatiles* ».

Les investigations personnelles des auteurs du *Répertoire* apportent, aux données déjà publiées, un complément important, qui sera d'autant plus précieux que les faits mentionnés seront entourés des précisions désirables. Les résultats acquis font regretter vivement la perte du docteur Henri Thorion qui, dans ces dernières années, s'était passionné pour les recherches archéologiques dans la Woëvre. Du moins aura-t-il laissé un digne successeur dans la personne de son jeune collaborateur et ami, M. Jean Bohin, docteur en droit, qui, après s'être chargé de la publication de leur travail commun, promet de continuer l'œuvre si bien commencée. L'idée de faire appel à la collaboration des populations de tout le canton est une idée féconde, qui ne peut manquer de donner d'excellents résultats. En appelant l'attention de ces populations sur l'intérêt historique que présentent ces vestiges du passé, que le soc de la charrue ou la pioche de l'ouvrier mettent fréquemment à jour, l'archéologue s'entoure de collaborateurs extrêmement précieux. Une œuvre comme celle-ci n'est pour ainsi dire jamais achevée. Elle exige beaucoup de vigilance, d'activité, de persévérance, toutes qualités que notre confrère possède déjà, ce qui nous promet d'amples moissons dans cette région si intéressante de la Woëvre.

L. SCHAUDEL.

— Dans la *Revue des Deux-Mondes* du 1er décembre 1913, p. 553-583, M. le comte D'HAUSSONVILLE parle de *Madame de Staël à Metz*. Chassée de Paris par le gouvernement consulaire, elle arriva à Metz le 26 octobre 1803 et descendit à l'hôtel de Pont-à-Mousson, place de Chambre, où elle rencontra Charles de Villers, un Lorrain qui avait passé en Allemagne les années de la Révolution, l'initia à la littérature et à la philosophie allemandes, qui lui fit aussi visiter la cathédrale de Metz ; elle quitta cette ville le 8 novembre et par Forbach se dirigea sur Francfort.

E. D.

— Le tome V, qui vient de paraître, du grand ouvrage de M. Émile ESPÉRANDIEU, *Recueil général des bas-reliefs, statues et bustes de la Gaule romaine* (Paris, 1913, in-4 de vii-502 p. dans la *Collect. de doc. inéd. sur l'hist. de France*), est relatif à la Belgique, au sens latin du mot, bien entendu ; par suite, il comprend la Lorraine, et les objets conservés dans les Musées archéologiques de Nancy, Verdun, Metz, etc. y sont décrits et reproduits dans des images très nettes. Le monument de Merten est étudié aux p. 452-458. Il faut louer aussi l'abondance et la précision de la bibliographie répandue dans ce volume : l'auteur a dépouillé les travaux des Sociétés savantes locales et il les cite constamment ; voir par exemple aux p. 377-380 la liste des travaux relatifs aux Médiomatrices et à Metz romain.

E. D.

Pour la Commission de rédaction, le Président : PIERRE BOYÉ.

L'Imprimeur-gérant : A. CRÉPIN-LEBLOND, 21, rue Saint-Dizier, Nancy.

Bulletin mensuel

DE LA

SOCIÉTÉ D'ARCHÉOLOGIE LORRAINE

ET DU

MUSÉE HISTORIQUE LORRAIN

14e ANNÉE. — N° 4. — AVRIL 1914.

Procès-verbal de la séance du vendredi 13 mars 1914.

Présidence de M. Pierre Boyé, président.

Le procès-verbal de la dernière séance est lu et adopté.

Communications.

M. François Michel a envoyé une lettre de remerciements à l'occasion de son admission comme membre titulaire.

M. le Président dépose sur le bureau le programme des concours institués par l'Académie des sciences, belles-lettres et arts de Marseille, pour l'année 1915.

Nécrologie.

Il est donné avis du décès de M. Léon Purnot, conseiller de préfecture honoraire, mort à Nancy, le 14 février, dans sa 66e année, membre de la Société depuis 1898.

Distinctions honorifiques.

M. Charles Adam, recteur de l'Université de Nancy, vient d'être élu membre de l'Académie des sciences morales et politiques.

M. Bernard Puton a été promu officier de l'Instruction publique.

Admissions.

MM. Edmond Mangeard, Léon Thiriet et le docteur F. Vallon sont admis comme membres titulaires.

Présentations.

Sont présentés en la même qualité : MM. Charles **Adam**, membre de l'Institut, recteur de l'Université de Nancy, palais de l'Université, par MM. Pierre Boyé, Justin Favier et Léon Germain de Maidy ; Jules **Criqui**, architecte, 33, rue du Faubourg-Stanislas, par MM. Alexis Gény, Edmond des Robert et Georges Demeufve ; l'abbé **Gérardin**, curé de Laneuveville-devant-Nancy, par MM. Hippolyte Roy, Émile Duvernoy et l'abbé Edmond Chatton ; le commandant Blaise **Illig**, 36, rue du Grand-Verger, par MM. Hippolyte Roy, Pierre Boyé et Émile Duvernoy.

Ouvrages offerts à la Société.

Montjoie, poèmes, par Alcide MAROT. Paris, 1914, in-8 de 258 p.

Études de diplomatique sur les actes privés et les actes ducaux en Lorraine, du XIIIe au XVe siècle, par Maurice DIETERLEN. Paris, 1914, in-8 de 11 p.

Parenté du célèbre graveur en médailles Ferdinand de Saint-Urbain, par A. DE GIRONCOURT. Nancy, 1913, in-8 de 8 p.

Association des anciens élèves des Lycées de Nancy, Metz, Strasbourg et Colmar. Hommage à Henri Poincaré, 9 novembre 1913. Nancy, 1914, in-4 de XVIII-28 p., avec 5 pl. (Envoi de M. Henri Mengin.)

Sur l'anse funiculaire, par le docteur Adrien GUÉBHARD. Saint-Vallier-de-Thiey, 1913, in-8 de 184 p., avec 36 pl.

A quoi servent les lois soi-disant « protectrices » des antiquités, par le même. Le Mans, 1912, 4 p. in-8.

Sur quelques curiosités céramiques de l'antiquité, par le même. Angoulême, 1913, 7 p. in-8, avec 11 fig.

Les poudres et salpêtres en Lorraine au XVIIIe siècle, par Pierre BOYÉ. Paris, 1913, in-8 de 35 p.

Tableau de Saint-Dié au XVIIe siècle, par Christian PFISTER. Paris, 1914, in-8 de 29 p.

Lectures.

M. Pierre Boyé lit, pour Mademoiselle Jane HAZON DE SAINT-FIRMIN, la première partie d'un travail sur *Le chef de l'invasion allemande de Lorraine et de France en 1587. Fabien de Dohna, grand burgrave de Prusse (1550-1621).*

M. Georges HOTTENGER termine la lecture de son étude sur *Les remembrements en Lorraine au XVIIIe siècle.* La Société en vote l'impression dans ses *Mémoires,* et nomme, pour former la Commission de revision, MM. Charles Guyot, Fernand Loppinet et de Gironcourt.

MÉMOIRES

Le Nécrologe de l'abbaye de Gorze.

La Bibliothèque de la ville de Metz possède, à côté d'une belle collection de nécrologes provenant des anciens établissements religieux de la ville, le précieux Cartulaire de Gorze, édité naguère dans la collection des *Mettensia* (1). Mais on y chercherait vainement un obituaire ayant appartenu à cette célèbre abbaye. Cependant les moines de Saint-Gorgon, aussi bien que leurs confrères de Saint-Arnoul, de Saint-Clément ou de Saint-Vincent, durent posséder et tenir à jour un ou plusieurs recueils d'obits. Aussi bien nous voyons, au xviie siècle, André Du Chesne utiliser et citer à deux reprises un nécrologe de Gorze (2). Mais, au xviiie siècle, la trace de ce recueil semble avoir disparu. Du moins, dans leur catalogue des abbés de Gorze, les auteurs de la *Gallia christiana* (3) n'en font jamais usage, alors qu'ils citent fréquemment les autres nécrologes des abbayes messines.

De récentes recherches sur les obituaires lorrains nous ont fait rencontrer deux fragments nécrologiques, déjà signalés d'ailleurs par Auguste Molinier (4), et que cet

(1) Par Armand d'Herbomez, Paris, 1891-1901, in-8 (tome II des *Mettensia*).

(2) *Maison de Bar*, preuves, p. 22. — *Maison de Luxembourg*, preuves, p. 8. Dans l'*Histoire généalogique de la Maison royale de Dreux*, Paris, 1631, in-fol.

(3) Tome XIII, col. 881 et ss.

(4) *Les Obituaires français au Moyen-Age*, Paris, 1890, in-8 (p. 214, nº 303).

érudit attribue tous deux à l'abbaye de Gorze. Pour le premier de ces fragments le doute n'est pas possible. En effet, il est intitulé : *Ex Necrologio S. Gorgonii*, et il a été transcrit au xviie siècle dans un manuscrit de la collection Baluze (1), avec d'autres passages empruntés à divers nécrologes messins.

Quant à l'autre fragment nécrologique attribué par Molinier à l'abbaye de Gorze, il se trouve dans un manuscrit intitulé : *Ordo antiquus monasterii Gorziensis*, qui appartient aujourd'hui à la Bibliothèque d'Épinal (2). A un texte liturgique du xiie siècle, on a ajouté vers la fin du xve un calendrier, qui a été lui-même pourvu au cours du xvie siècle d'additions liturgiques et de notices nécrologiques. Or, il suffit de jeter un coup d'œil sur ces dernières notices, pour constater qu'elles n'ont aucun rapport avec le personnel de l'abbaye de Gorze.

Il est possible qu'après la ruine définitive de ce célèbre monastère, survenue au milieu du xvie siècle, l'*Ordo antiquus* ait été à l'usage d'un autre établissement religieux (3). Celui-ci l'aura cédé, au xviiie siècle, à l'abbaye de Senones (4), d'où il est enfin passé à la Bibliothèque d'Épinal.

Seul, le fragment de la Collection Baluze est donc un extrait authentique d'un ancien nécrologe de Gorze. Le copiste a choisi les obits qui lui semblaient les plus importants ou les plus intéressants, comme ceux des prélats,

(1) Bibliothèque nationale, ms. 40, fol. 129 et ss.

(2) Ms. 71 (148). Voir le *Catalogue général des manuscrits des Bibliothèques publiques* (in-4), tome III, p. 428 et ss.

(3) Serait-ce le Prieuré de Varangéville ou bien celui de Saint-Nicolas-de-Port ? Une des notices nécrologiques cite (1er mars) Jean de Fresnel (ou Fraisnel), prieur de Saint-Nicolas, et une autre mentionne Nicolas d'Onville (*de Owilla*) en le qualifiant de « chapelain de cette église » (24 décembre).

(4) On sait avec quel soin dom Calmet collectionnait les documents, spécialement ceux relatifs aux abbayes messines.

des souverains laïques et des bienfaiteurs de l'abbaye.
Aussi, malgré sa brièveté, ce fragment offre-t-il un
véritable intérêt historique. Certaines de ses notices permettront de vérifier les diverses hypothèses émises au
sujet du décès de plusieurs personnages illustres : évêques
de Metz, ducs de Lorraine ou comtes de Bar. De plus,
comme la plupart des anciens nécrologes, notre texte est
étroitement apparenté au cartulaire de l'abbaye, auquel il
a appartenu. On y trouvera donc une liste de ses bienfaiteurs et de leurs donations, parallèle à celle que four-
nissent les documents d'ordre diplomatique. Enfin il est
intéressant de remarquer, qu'à part une mention du
xvie siècle, le fragment du nécrologe de Gorze ne cite
que des personnages ayant vécu du viiie au xiiie siècle (1),
c'est-à-dire pendant la période la plus ancienne et la plus
glorieuse de son histoire.

Pour toutes ces raisons, il nous a paru utile, non seulement de signaler à nouveau ce texte aux érudits lorrains,
mais encore d'en donner une édition annotée. La copie
de la Collection Baluze est d'ailleurs d'une correction à
peu près suffisante, et la publication du cartulaire de
Gorze devait nous faciliter singulièrement l'annotation
du texte et l'identification des principaux personnages (2).

Quoique les notices du manuscrit d'Épinal n'aient,
ainsi qu'on l'a vu plus haut, aucun rapport avec l'abbaye
de Gorze (3), on a cru pouvoir les ajouter au texte principal. Elles ne sont pas d'ailleurs dépourvues d'intérêt, et
elles offrent cet avantage singulier d'être régulièrement
datées du jour et de l'année.

(1) Plus du tiers des noms identifiés en note appartiennent au
xe siècle.

(2) L'abréviation « Cartul. » avec un numéro d'ordre renvoie aux
numéros correspondants de l'édition d'Herbomez.

(3) Aux notices purement nécrologiques sont même mêlées les
mentions de la naissance et du baptême du duc Henri de Lorraine
(7 mai, 9 novembre).

I. — Ex Necrologio S. Gorgonii.

(Bibliothèque nationale. Collection Baluze, nº 40.)

Fº 130.

14 Janvier. xix Kal. Febr. Simon Dux Lotaringorum (1).

19 — xiv Kal. — Beatrix Ductrix (2).

8 Février. vi Id. Febr. Rodulfus Comes (3).

11 — iii Id. — Matheus Dux Lotaringiæ (4).

12 — ii Id. — Theobaldus, Comes Barrensis (5).

22 — viii Kal. Mart. Gondurfus Episcopus (6).

21 Mars. xii Kal. Apr. Sendebaldus (7) Comes, qui dedit nobis Metti curtim (8) cum domo eius.

23 — x Kal. Apr. Conradus Episcopus Metensis (9).

(1) Simon Iᵉʳ, duc de Lorraine (1115-1139). Sur la date précise de sa mort, voir E. Duvernoy, *Le duc de Lorraine Mathieu Iᵉʳ*, p. 6 et ss.

(2) Béatrice, femme de Frédéric Iᵉʳ, duc de Haute-Lorraine, née au plus tôt en 938, morte après 987. Voir R. Parisot, *Les Origines de la Haute-Lorraine*, pp. 297 et 309.

(3) Peut-être Rodolphe, comte de Verdun, mentionné en 949 et 962 et que M. Parisot (*op. cit.*, p. 114 et sq.) identifie avec le personnage du même nom cité en 959 dans une charte relative à Amel (*Cartul. de Gorze*, édit. cit., nº 107).

(4) Mathieu II, duc de Lorraine (1220-1251). Son décès est indiqué au 9 février par un nécrologe de l'abbaye de Beaupré, où il fut enterré. (Le Mercier de Morière, *Catalogue des actes de Mathieu II*, introduction, p. 73.)

(5) Thiébaud Iᵉʳ (ou Thibaut), comte de Bar de 1190 au 12 février 1214 (n. st.). Sa notice nécrologique est citée par A. Duchesne (*Maison de Bar*, preuves, p. 22), d'après le nécrologe de Gorze. Pour la discussion de cette date, voir les *Mémoires de la Société des lettres de Bar-le-Duc*, 3ᵉ série, t. X (1901), p. 263.

(6) N'a pu être identifié. Il ne s'agit pas de Gondulphe, évêque de Metz (819-vers 825), mort le 7 septembre. Voir ci-dessous à cette date.

(7) Serait-ce Scindebald (ou Scindebard), comte de Toul, cité en 971 ? (Benoit Picart, *Histoire ecclésiastique et politique.... de Toul*, p. 131.)

(8) Cette donation n'a pas été insérée au *Cartulaire de Gorze*. — *Metti curtis* serait-il mis pour *Martincourt* (Meuse, arr. de Montmédy, cant. de Stenay), cité (Marthecourt) dans une charte de 1157 (*Cartul. de Gorze*, nº 174) ?

(9) Conrad Iᵉʳ, évêque de Metz et de Spire (1212-1224).

6 Avril. viii Id. Apr. Domnus Bertrannus, Episcopus Metensis (1).

11 — iii Id. Apr. Theodericus Dux (2).

16 — xvi Kal. Maii, Otto Comes (3).

26 — vi Kal. — Domnus Adalbero, piæ memoriæ, præsul Me tensis (4).

30 — ii Kal. Maii, Deodericus Episcopus Metensis (5).

5 Mai. iii Nonas Maii, Adheleidis Comitissa (6).

6 — ii Non. — Theodericus Comes (7).

7 — Nonis — Otho Cæsar (8).

10 — vi Id. — Juditha Comitissa (9).

13 — iii Id. — Mathaeus Dux (10).

16 — xvii Kal. Jun. Buchardus Episcopus de Trajecto (11).

18 — xv Kal. — Joannes a Lotharingia Cardinalis, abbas S. Gorgonii, 1550 (12).

(1) Bertrand ou Bertram, évêque de Metz (1180-1212). Voir son épitaphe dans la *Gallia christ.*, t. XIII, col. 755.

(2) Thierry Iᵉʳ, duc de Haute-Lorraine (978-1026 ou 1027). Pour la discussion de cette dernière date, cf. R. Parisot, *op. cit.*, p. 469 et sq.

(3) N'a pu être identifié.

(4) Adalbéron Iᵉʳ, évêque de Metz (929-962). Sur cette dernière date, cf. R. Parisot, *ibid.*, p. 307 et n. 4.

(5) Thierry II de Luxembourg, évêque de Metz (1006-1046). Voir son épitaphe dans *Gallia*, t. XIII, col. 731.

(6) Soit Adélaïde (ou Adèle), fille du duc Thierry Iᵉʳ (voir ci-dessus note 11) et femme de Waleran, comte d'Arlon (R. Parisot, *op. cit.*, pp. 94 et 371), soit peut-être Adélaïde, de la maison d'Alsace, sœur de Gérard, comte de Metz en 1006 (R. Parisot, *ibid.*, pp. 409 et n. 2, 531 et n. 3).

(7) Peut-être Thierry, comte de Montbéliard (1125-1162 ?), frère d'Etienne de Bar, évêque de Metz, cité entre 1152 et 1160 dans une charte relative à Gorze (*Cartul. de Gorze*, n° 176).

(8) Otton Iᵉʳ, empereur (936-972).

(9) Serait-ce Judith, femme d'Etienne Iᵉʳ, comte d'Auxonne, et fille du duc de Lorraine, Mathieu Iᵉʳ ? (E. Duvernoy, *Le duc de Lorraine Mathieu Iᵉʳ*, p. 24.)

(10) Mathieu Iᵉʳ, duc de Lorraine (1139-1176). Sur cette dernière date, cf. E. Duvernoy, *op. cit.*, p. 150 et sq.

(11) Burcard von Lechsgemünd, archevêque d'Utrecht de 1099 à 1112, mort le 18 mai, d'après Gams, *Series episcoporum*, p. 225.

(12) Jean de Lorraine, cardinal du titre de Saint-Onuphre, abbé commendataire de Gorze, titulaire de nombreux bénéfices, décédé le

27 Mai. vi Kal. Jun. Domnus Gaufredus, Episcopus Catalaunen-
    sis (1), qui dedit nobis altare.

28 — v Kal. Jun. Regibaldus Comes (2), qui dedit nobis
    Vitreneicurtem et Bruhoc (3), et quicquid ad hoc per-
    tinet.

5 Juin. Non. Jun. Deodericus Episcopus Treverensis (4).

12 — ii Id. — Domnus Sigefridus, venerabilis vitæ abbas et
    sacerdos (5).

22 — x Kal. Jul. Philippus Romanorum Cæsar (6).

14 Juillet. ii Id. Jul. Udo Episcopus Tullensis (7). Cono Comes (8),
    qui dedit ad hunc locum quicquid habuit infra Lotarii
    regnum, id est Amellam, Geldefivillam, Felmam, Mor-

10 mai 1550 (A. Collignon, *Le Mécénat du cardinal Jean de Lorraine*,
dans *Annales de l'Est*, 20ᵉ année, fasc. 2, p. 29).

(1) Geoffroy Iᵉʳ, évèque de Châlons (1131-1142), donne en 1138 ou
1139, à l'abbaye de Gorze, l'autel Saint-Loup, à Vanault-le-Châtel
(Marne). (*Cartul. de Gorze*, nᵒˢ 155, 161, 181.)

(2) Le comte Rambaud (Raginbaldus) fait sa donation en faveur de
Gorze en 957 ; il était mort pour le 17 août 984. (*Cartul. de Gorze*,
nᵒˢ 106 et 116.)

(3) *Vitrineicurtis* et *Bruhoc* (le texte du ms. Baluze donne les formes
défectueuses *Vitrincicurtem* et *Bruhor*, que l'on a rectifiées d'après
le cartulaire) sont identifiées par l'éditeur du *Cartulaire de Gorze*,
A. d'Herbomez, l'un avec Vertignécourt ou Vitrincourt, village ruiné
près de Puttigny (Lorraine annexée, arr. et cant. de Château-Salins),
l'autre avec Brouck, écart d'Uckange (Lorraine annexée, arr. et cant.
de Thionville) ou avec La Broc, autrement dit Hellocourt (*Id.*, arr.
Château-Salins, cant. de Vic)

(4) Thierry Iᵉʳ, archevèque de Trèves (965-975). La *Gallia* (t. XIII,
col. 400), donne la date du 5 juillet (III *Nonas Julii*), d'après le *Nécrologe de Saint-Maximin*.

(5) Sigefroid (ou Sefroid), abbé de Gorze (1031 ou 1032-1055). L'abbé
F. Chaussier (*L'abbaye de Gorze*, p. 121) fixe son obit au 11 juin.

(6) Philippe II, frère de l'empereur Henri VI, élu roi des Romains
en 1198, mort assassiné à Bamberg en 1208 (21 juin).

(7) Udon, évèque de Toul (1052-1069).

(8) Conon ou Conrad, fils de Rodolphe et de Leva, tué à la bataille
de Squillace livrée par l'empereur Otton II aux Sarrasins, le 13 juillet
982. Sa donation à Gorze, faite en présence de l'armée avant la bataille,
fut confirmée par l'empereur le 26 sept. suivant (*Cartul. de Gorze*,
nᵒ 199 et note de l'éditeur).

lingon, Herlisviler, Longlar et Lacci (1). Gislebertus Comes, qui dedit nobis Gismundivillam (2).

17 Juillet. xvi Kal. Aug. Philippus Rex Francorum (3).

18 — xv Kal. — Volmarus Archiepiscopus (4).

23 — x Kal. — Rodulfus Archiepiscopus Remensis (5).

26 — vii Kal. — Domnus Albertus Virdunensis Episcopus (6).

3 Août. iii Non. Aug. Hildebaldus Episcopus Vangionum (7).

5 — i Non. — Popo Episcopus Metensis (8).

12 — ii Id. — Ildegundis Comitissa (9).

13 — Id. — Eva Comitissa Deo sacrata (10).

21 — xii Kal. Sept. Balduinus Rex (11).

31 — ii Kal. — Domnus Aventius Episcopus Metensis (12)

(1) Il s'agit d'Amel (Meuse, arr. Montmédy, cant. Spincourt), Joudreville (Meurthe-et-Moselle, arr. Briey, cant. Audun-le-Roman), Velme (Belgique, Limbourg, arr. Hasselt, cant. Saint-Trond), Morlange (Lorraine annexée, écart de Fameck, arr. Thionville, cant. Hayange), Ernstweiler (Prusse Rhénane, Trèves), Longlier (Belgique, Luxembourg, arr. et cant. de Neufchâteau) et peut-être Lessy (Lacci) (Lorraine annexée, arr. Metz, cant. Gorze), d'après A. d'Herbomez (note citée).

(2) Le *Cartulaire de Gorze* est muet tant sur Gilbert que sur *Gismundivilla*, qu'on n'a pu identifier.

(3) Philippe-Auguste, roi de France (1180-1223), mort en réalité le 14 juillet.

(4) Folmar, cité comme archidiacre de Trèves en 1171 dans une charte de Gorze (*Cartul.* nº 201), élu contre un concurrent archevêque de Trèves en 1183, renonce à sa dignité et est remplacé en 1190.

(5) Raoul, archevêque de Reims (1108-1124).

(6) Albert II de Hierges, évêque de Verdun (1187-1208).

(7) Hildebold, évêque de Worms (975-vers 998), cité dans une charte relative à Gorze en 959 (*Cartul.* nº 107).

(8) Poppon, évêque de Metz (vers 1090-1103), plusieurs fois cité dans le *Cartulaire de Gorze* (nºˢ 140, 152, 198, etc.)

(9) Hildegonde, fondatrice du prieuré d'Amel, peut-être femme d'un comte de Verdun, citée en 959 (*Cartul. de Gorze*, nº 107).

(10) N'a pu être identifiée. La femme de Gérard, comte épiscopal de Metz en 1006, s'appelait Éve (R. Parisot, *op. cit.*, p. 531, n. 3).

(11) Baudouin II, roi de Jérusalem en 1118, mort le 21 août 1131.

(12) Advence (on a corrigé la forme *Avertius* du ms. Baluze), évêque de Metz (855-875). Pour la discussion de la date de sa mort, cf. R. Parisot, *op. cit.*, p. 410, n. 5.

1ᵉʳ Septembre. Kal. Sept. Widricus Episcopus Virdunensis (1).
Balduinus Comes (2).

3 — iii Non. Sept. Everardus Comes (3).

4 — ii Non. — Domnus Joannes piæ memoriæ,
abbas et sacerdos S. Gorgonii (4).

7 Septembre. vii Id. Sept. D. Gondulfus Episcopus Metensis (5).
Oto (*sic*) Dux (6). Amarrada Comitissa (7).

12 Septembre. ii Id. Sept. Elvuinus Comes (8).

16 — xvi Kal. Oct. Adala Comitissa (9).

26 — vi Kal. — Pipinus, inclytus Rex Francorum (10), qui dedit nobis Waringisvillam et Novian-
tum (11), cum omnibus appenditiis suis.

29 Septembre. iii Kal. Oct. Henricus V[I]. Romanorum Augus-
tus (12).

10 Octobre. vi Id. Oct. Tiebertus Comes (13).

(1) Wicfrid, évêque de Verdun de 959 (une charte de Gorze est datée
de l'année de sa consécration épiscopale, *Cartul.*, n° 108) à 984. Sur
la date de sa mort cf. R. Parisot, *op. cit.*, p. 338 et n. 1.

(2) N'a pu être identifié.

(3) *Id.* On cite un comte Eberhard (ou Evrard), comte du Nordgau,
qui aurait été gendre du comte Albert de Metz; cf. R. Parisot, *op.
cit.*, p. 291 et n. 5. Voir auss. ci-dessous, note 8.

(4) Jean de Vandières, célèbre abbé de Gorze, 968-977.

(5) Gondulphe, évêque de Metz (819-vers 825).

(6) Serait-ce Otton, duc de Lotharingie de 940 à 944 ? Cf. R. Parisot,
op. cit., p. 75.

(7) Peut-être Amalrade, femme du comte Eberhard de Hamalant, et
mère de l'évêque de Metz, Thierry Iᵉʳ (964-984).

(8) N'a pu être identifié.

(9) *Id.*

(10) Pépin le Bref, mort à Saint-Denis le 24 (et non pas le 26) septembre 768.

(11) Novéant (Lorraine annexée, arr. Metz, cant. Gorze). Varangéville (Meurthe-et-Moselle, arr. Nancy, cant. Saint-Nicolas-de-Port). Au
lieu de Varangéville, qui sera seulement donné à Gorze en 770 par
l'évêque de Metz, Angilrand (*Cartul.* n° 12), la donation de Pépin en
762 ajoute à Novéant Dombasle-sur-Meurthe (*Ibid.*, n° 10).

(12) Henri VI, empereur, mort à Messine en 1197, 28 ou 29 sept. Le
manuscrit Baluze nomme à tort Henri V, qui mourut le 23 mai 1125.

(13) Probablement Tiébert, qui souscrit une charte relative à Gorze
en 957, comme comte du *pagus salinensis* (*Cartul.*, n° 106 et note de

24 Octobre. ix Kal. Nov. Domnus Herrandus, istius monasterii monachus et Episcopus Haberstatensis (1).

26 — vii Kal. Nov. Domnus Angelrannus Archiepiscopus (2), qui dedit nobis Faum et Gaudiacum (3).

27 — vi Kal. Nov. Seifridus Comes (4).

16 Novembre. xvi Kal. Dec. Adaleidis Imperatrix (5).

18 — xiv Kal. — Domnus Tetvinus, Abbas istius loci, et Episcopus S. Rufinæ Romæ (6).

24 Novembre. viii Kal. Dec. Gislebertus Comes (7), qui dedit nobis V mansos de terra.

7 Décembre. vii Id. Dec. Otho Imperator (8).

14 — xix Kal. Jan. Agnes Imperatrix (9).

16 — xvii Kal. — Godescalcus Comes (10).

30 — iii Kal. — Domnus Stephanus piæ memoriæ, Metensis Episcopus (11).

l'éditeur), cité encore en 956 et 965 (R. Parisot, *op. cit.*, pp. 185, 521 et 522).

(1) Herrand, abbé d'Ilsenbourg, évêque d'Halberstadt en 1089, mort en 1102 (23 ou 24 oct.).

(2) Angelramne (768-791) porte le titre d'archevêque de Metz, comme son prédécesseur saint Chrodegang. Le *Nécrologe de la cathédrale* de Metz datait sa mort du 27 octobre (*Gallia*, t. XIII, col. 710).

(3) Foug (Meurthe-et-Moselle, arr. et cant. de Toul) et Jouy-sous-les-Côtes (Meuse, arr. et cant. de Commercy) sont donnés à Gorze par testament d'Angelramne daté de 770 (*Cartul.*, n° 13).

(4) Peut-être Sigefroid (ou Seifroid), comte du *Mosalgowe*, cité dans une charte de Gorze en 982 (*Cartul.*, n° 199).

(5) Adélaïde, femme de l'empereur Otton Ier, morte en 999.

(6) Abbé de Gorze en 1126, cardinal-évêque de Sainte-Rufine ou Porto (1138-1159), cité en cette qualité dans une charte de Gorze (*Cartul.*, n° 154).

(7) Gilbert, comte en Ardenne, frère du duc Frédéric Ier de Haute-Lorraine, mort avant 965 et enterré à Gorze. Cf. *Cartulaire de Gorze*, n° 98, avec la date de 939, rectifiée après Vanderkindère par R. Parisot (*op. cit.*, p. 289, n. 2).

(8) Otton II, empereur (973-983).

(9) Agnès, femme de l'empereur Henri III, morte en 1077.

(10) N'a pu être identifié.

(11) Étienne de Bar, évêque de Metz (1120-1163). Son épitaphe, citée par la *Gallia* (t. XIII, col. 748), donnait la date du 29 décembre.

II. — Ex Ordine antiquo Monasterii Gorziensis.

[Bibliothèque d'Épinal. Manuscrit n⁰ 71 (148)].

1ᵉʳ Mars 1560. Obiit Reverendus in Christo Dominus Johannes a
Fraisnel (1), monasterii Beatæ Mariæ a Nativitate Cal-
mosiacensis abbas. necnon prior prioratus ecclesiæ
divi Nicolai.

26 Avril. vi Kal. Maii. Obiit Dominus Nicolaus Mongerdi, anno
Domini 1565.

7 Mai. Nonas. Hoc die baptizatus est Henricus, illustrissimi
domini Caroli filius, Barri 1564 (2).

7 Juin. vii Idus. Mil. Vᶜ xxviii obiit Jehan Thiery dictus Jehan
de la Tinture.

12 — ii Idus. Obiit Franciscus ....Lothar. 1545.... ingia, xii
[Ju]nii (3).

14 — xviii Kal. Obiit Anthonius Lotharingiæ Dux, 1544
Junii xiii (4).

20 Juillet. xiii Kal. d'Aout. Obiit Isabella Baldoria, 1534, die
dominico.

30 Août. iii Kal. Sept. Obiit Dominus Theobaldus Nanquerus,
anno Domini 1556.

9 Novembre. v Idus. Hac die natus est primogenitus illustris
domini Caroli Lotharingiæ nomine Henricus, 1563 (5).

4 Décembre. ii Non. Obiit Claude Beharte (?) 1540.

10 — iiii Id. Obiit Renatus, Rex Cicilie et dux Lothe-
ringie, 1508 (6).

12 Décembre. ii Id. Obiit Frater Johannes de Nassonge M⁰
CCCC⁰ quarto.

24 Décembre. ix Kal. Obiit Dominus Nicolaus de Owilla 1558,
huius ecclesiæ capellanus.

Cʜ. AIMOND.

(1) Jean de Fresnel (ou Fraisnel), abbé de Chaumouzey, cité en 1545,
mort le 5 mars 1560, d'après la *Gallia christiana*, t. XIII, col. 1424.

(2) Sur les cérémonies du baptême de Henri, fils du duc Charles III,
en l'église collégiale Saint-Maxe de Bar-le-Duc, voir l'abbé G. Renard,
Le château de Bar, dans les *Mémoires de la Société des lettres de
Bar-le-Duc*, 3ᵉ série, t. V (1896), p. 133 et ss.

(3) François Iᵉʳ, duc de Lorraine et de Bar, 1544-1545.

(4) Antoine dit le Bon, duc de Lorraine et de Bar, 1508-1544.

(5) Henri II, duc de Lorraine et de Bar (1608-1624), né à Nancy
en 1563, baptisé à Bar-le-Duc en 1564 (v. ci-dessus note 2).

(6) René II, duc de Lorraine et de Bar (1473-1508).

A propos de l'atelier de potier gallo-romain de La Madeleine.

Le scrupuleux souci de l'exactitude historique, qui a toujours guidé notre confrère M. Pfister dans sa magnifique étude sur les origines et la vie à travers les âges de la ville de Nancy, l'obligeait à prévoir l'erreur qui aurait pu naître d'une dénomination adoptée par les archéologues allemands. Ceux-ci, en effet, ayant entrepris l'étude approfondie des *terra sigillata*, entendent déterminer les caractéristiques de chaque atelier et partir de là pour rechercher la zone de diffusion de ses produits. Le nombre considérable non de pièces, mais de débris de pièces, recueillis sur l'emplacement d'un four de potier gallo-romain à La Madeleine, a amené ces auteurs à parler couramment de *l'atelier de La Madeleine près Nancy*, ou, par abréviation, de *l'atelier de Nancy*. M. Pfister s'élève (1) contre cette dénomination qu'il juge inexacte et fautive ; elle ne tendrait à rien moins, en effet, si on finissait par confondre cette station gallo-romaine avec la maladrerie de La Madeleine, sise autrefois sur le territoire de Nancy, rue du Faubourg-Saint-Pierre, qu'à permettre de conclure à un établissement romain dans la banlieue de Nancy, conclusion absolument erronée.

M. Pfister ayant eu l'amabilité de nous citer, M. Poirot, sous-ingénieur des ponts et chaussées, et moi, comme les auteurs de fouilles fructueuses, nous permettra de lui soumettre quelques réflexions.

Nous concédons volontiers que la terminologie *atelier de Nancy* est complètement à éviter : il y a là une licence toponymique exagérée, susceptible d'amener une confu-

(1) *B. S. A. L.*, 1913, p. 203.

sion. Mais, d'autre part, nous ne pensons pas qu'il soit possible, ni même utile de proscrire la dénomination : *atelier de La Madeleine près Nancy.*

Ce terme est devenu courant pour les raisons mêmes qui l'ont fait adopter. En effet un étranger à une région, auteur ou lecteur, a toujours une tendance, pour situer géographiquement un point de moindre importance, de le rapprocher ou de le dire *près* d'un point connu de tous, telle une grande ville. C'est ainsi qu'en France, on entend parler du camp romain du Saalburg près de Francfort-sur-le-Mein, alors que ce point archéologique est distant de vingt-cinq kilomètres de la grande ville ; sans faire du Saalburg une curiosité de Francfort, cela lui donne, en Allemagne, une situation près d'une ville que chacun connaît.

M. Pfister estime que, pour être exact, il faudrait parler des poteries romaines de *l'atelier de Saint-Nicolas*, parce qu'elles ont été trouvées à la ferme de La Madeleine, territoire de Saint-Nicolas-de-Port.

Malheureusement les poteries n'ont été trouvées ni à la ferme de La Madeleine, ni sur le territoire de Saint-Nicolas ; l'atelier de potier se trouve exactement dans la section C, dite *de l'Olivier*, du plan cadastral de la commune de Laneuveville-devant-Nancy, lieudit *La Côte jaune.* Le four devait être, d'après les indications qu'il nous a été donné de recueillir, à l'emplacement où l'on a construit le bâtiment des pompes de l'usine Daguin (1).

La proximité de la ferme de La Madeleine, située au versant Sud, avait fait donner le nom de *La Madeleine* à tout le plateau environnant ; aussi, lorsque fut fondée l'usine Daguin, prit-elle naturellement le nom de *Sou-*

______

(1) M. Pfister dit dans la note 1, p. 201, qu'à l'emplacement où se trouvait ce four, a été élevée récemment une machine élévatoire de l'usine Solvay, je suppose qu'il y a là un *lapsus calami,* car les usines Solvay sont à Dombasle-sur-Meurthe.

dière de la Madeleine. Il y a deux emplacements bien distincts : celui de la ferme et celui de l'usine, éloignés l'un de l'autre de 1.500 mètres environ, tous deux d'ailleurs sur le territoire de Laneuveville-devant-Nancy. C'est près de l'usine que se trouve la station gallo-romaine.

Pour être exact, on devrait donc parler de l'atelier de potier de La Madeleine à Laneuveville-devant-Nancy, mais je crains bien qu'encore ici la longueur du terme et la présence du mot Nancy ne fiuissent par ramener la dénomination à celle de La Madeleine près Nancy.

On se demandera peut-être d'où vient que l'attention ait été attirée sur l'atelier de La Madeleine par les archéologues allemands et que les chercheurs lorrains aient paru, à notre époque, se désintéresser de ce gisement ? Après les dissertations publiées dans la première moitié du XIXe siècle, aucune étude complète, résultant de fouilles méthodiques, n'a été tentée. La raison en est fort simple. Le gisement est, depuis de longues années, complètement bouleversé. Les chercheurs des débuts ont ouvert des tranchées, de ci de là, à la poursuite d'une pièce complète et partout n'ont rencontré que des débris. Lors de l'installation des usines Daguin, on a élevé là des bâtiments, par ce fait l'endroit où l'on peut supposer qu'était le four a été saccagé. Les fouilles, aux alentours, se font dans des déblais de terre où gisent, çà et là, quelques tessons. On pourra donc étudier un débris, mais une étude d'ensemble est désormais impossible (1).

Si, par exemple, on veut, à l'aide des travaux publiés,

(1) Pour se rendre compte de l'intérêt que présente l'exploration complète et l'étude méthodique d'un atelier de céramique gallo-romain, on lira avec intérêt la notice publiée par G. CHENET sur l'atelier du Pont des Rêmes, à Florent (Marne) dans le *Bull. de la Soc. archéol. champenoise*, 1913, p. 47. C'est en vidant la tranchée-drainage et la fosse à terre que M. Chenet a pu retirer des centaines de fragments de vases lisses ou décorés, de moules, d'accessoires d'enfournement et même de nombreuses pièces absolument complètes.

dresser la liste des signatures de potiers de La Madeleine,
on se trouve en présence de noms pour lesquels on n'a
plus d'échantillons de céramique portant ces estampilles,
noms qui, peut-être, n'ont été donnés qu'à la suite d'une
mauvaise lecture (1). Pour les noms de potiers, une étude
sérieuse devrait, avant tout, reproduire le fac-similé des
estampilles, ce qui permettrait des rapprochements avec
des exemplaires connus et ferait disparaître tout doute
sur l'exactitude de l'interprétation.

A propos des marques de potiers, il peut être utile
d'observer que les estampilles sont uniquement appli-
quées sur le fond intérieur des tasses, des assiettes ou des
plats de la série lisse, à l'exclusion de tous fonds de poteries ornées. Lorsque ces dernières sont signées, l'estampille est appliquée sur la panse extérieure du vase, parmi
les ornements décoratifs. C'est évidemment un motif de
réclame qui a amené cet usage ; dans la série lisse, les
bords sont ou évasés ou surbaissés et c'est le fond qui est
le plus apparent ; dans la série décorée, dont les flancs se
relèvent, en général, perpendiculairement au fond, il est
naturel que les motifs ornementaux devant surtout attirer
l'attention, la signature soit placée au milieu d'eux.

A l'exception d'un seul tesson décoré, portant le commencement d'une signature : C. C. SAV... (Musée lorrain),
aucun autre morceau de l'atelier de La Madeleine n'a
fourni d'estampille. Ce n'est pas au manque de documents
ou à des recherches incomplètes que devrait être attribuée cette rareté des signatures, car ailleurs, à Florent
(Marne), dans les fouilles si complètes de M. Chenet,
aucune pièce décorée n'était signée.

(1) C'est ainsi qu'on n'a pas retrouvé les signatures Nisius, Norus,
Sana, données par Grivaud, et qu'il lit Succus pour Buccus ; que Beaulieu signale Lentullus et Nisanus, dont on ne connaît plus d'exemplaires, alors qu'il lit Bonus pour Bonius et Sacellus pour Sabellus.

Pourquoi les pièces ordinaires étaient-elles estampillées en si grand nombre et pourquoi les pièces ornées, œuvres d'un art plus relevé, restaient-elles la plupart du temps anonymes ? Il y a là un curieux problème, qu'il importait de poser, mais dont la recherche dépasserait les bornes de cette notice.

Nous pensons seulement devoir écarter cette hypothèse d'après laquelle les poteries de La Madeleine n'auraient été que des surmoulages d'autres poteries d'importation méridionale, d'où reproduction anonyme. Il est vrai que les échantillons recueillis sont, la plupart du temps, de relief assez effacé, mais il ne faut pas oublier que nous n'avons pour juger que des pièces de rebut, brisées probablement en raison de leur malfaçon ; les fragments de moules, au contraire, présentent des empreintes en creux, absolument nettes et certainement obtenues directement à l'aide de poinçons originaux.

A Florent, M. Chenet peut nous décrire la fin du four : un jour, les cuiseurs poussèrent trop activement le feu ; les tuyaux de chaleur se disjoignirent et s'effondrèrent sur les vases placés dans la chambre de cuisson et déjà superoxydés ; il n'y eut plus qu'un *mouton*, magma vitrifié rendant le four désormais inutilisable. A La Madeleine quelques rares pièces seulement présentent une apparence de superoxydation ; la plupart ont cette belle teinte vermillon qui marque un juste degré de cuisson. La fin de cet atelier restera donc toujours une énigme, comme bien d'autres détails de l'existence de ce gisement saccagé.

Georges GOURY.

Maisons datées à Pont-à-Mousson.

Il y a, dans les rues de Pont-à-Mousson, quelques anciennes maisons pourvues d'une date qui, selon toute vraisemblance, est celle de leur construction. Quelques-unes de ces demeures sont décrites sommairement dans les *Causeries* d'Ory (1), ou dans le récit d'une excursion faite à Pont-à-Mousson par la Société d'archéologie lorraine (2), mais les dates ne sont pas relevées. Or, il est fort utile d'avoir des édifices datés, afin de pouvoir situer dans le temps, en procédant par comparaison, ceux qui ne le sont pas. Nous réunissons ici les dates que l'on peut voir de la rue, sans pénétrer à l'intérieur, et nous n'affirmons pas n'en avoir omis aucune, car notre examen a été rapide. Nous commençons par la rive gauche (paroisse Saint-Laurent).

Sur la place Duroc, au n° 58, sur l'écusson de la clé de l'arcade, se lit la date : *1737*.

Dans les rues au nord de la place Duroc, une seule maison datée ; c'est l'ancienne maison des Sœurs de la Doctrine chrétienne, au n° 19 de la rue Saint-Laurent, en face l'église du même nom. Au-dessus de la fenêtre centrale du premier étage est écrit : *1598*, avec la devise *Memento mori.*

Dans les rues au sud de la même place, les maisons datées sont plus nombreuses : au n° 2 de la rue de la Poterne, sur l'écusson qui surmonte une belle porte Renaissance, est gravé, en très petits caractères : *I.T. 1591 ;* au n° 8 de la même rue, on voit : *1779*, sur le lin-

(1) Eugène ORY, *Causeries sur Pont-à-Mousson*, Pont-à-Mousson, 1880, in-8.

(2) *J. S. A. L.*, 1896, p. 160.

teau de la porte. Au n° 12 de la rue des Fossés, sur ‹ grille d'une niche qui abrite une statue de la Vierge : *1730*. Rue de l'Union, sur les linteaux des portes, on lit : *1593*, au n° 8, et : *1785*, au n° 10. Rue des Prêtres 19, est marqué sur le linteau : *1720*, avec une croix de Lorraine entre le 7 et le 2. ·

Sur la rive droite (paroisse Saint-Martin), une seule maison datée, rue du Camp 21 ; sur le linteau de la fenêtre du premier étage se lit un nombre qui paraît être : *1577* (les deux derniers chiffres seuls sont douteux).

Récapitulons, et nous trouverons quatre maisons datées de la fin du xvie siècle, cinq du xviiie, pas une seule du xviie, époque où l'on a sans doute moins bâti, à cause des malheurs de la Lorraine.

On pourrait, on devrait faire, pour cette curieuse ville de Pont-à-Mousson, ce qu'un de nos confrères, mort prématurément, a fait pour Nancy (1), et dans ce répertoire il faudrait, à l'aide des livres d'histoire et des pièces d'archives, dater le plus possible d'édifices. L'hôtel de ville de la place Duroc n'a pas de date apparente, mais Ory nous apprend que sa première pierre fut posée le 16 août 1787 ; il nous donne là un renseignement précis ; où il l'est moins, c'est lorsqu'il écrit que la belle maison de la même place, dite des *Sept péchés capitaux*, fut construite au xvie siècle dans le style du xve (2). Les dates ont besoin d'être serrées de plus près, et, pour cette époque relativement récente, avec quelques recherches bien dirigées, on y arrive sans trop de peine.

E. DUVERNOY.

(1) R. DE SOUHESMES, *Nancy inconnu*, dans *M. S. A. L.*, 1899, p. 48 et ss.

(2) *Op. cit.*, p. 47, 140.

Ruines gallo-romaines à Billy-sous-les-Côtes (1).

Dans les derniers jours de juillet 1911, les ouvriers occupés à la construction de la ligne de chemin de fer de Commercy à Verdun, découvrirent, en creusant une tranchée, au lieudit « à Raulet », à environ quarante mètres de la route départementale, un squelette humain, recouvert de débris de tuiles et de pierres. Tout à côté se trouvaient des armes.

Une enquête faite sur place, quelques jours plus tard, me permit d'apprendre que ce squelette était orienté nord-ouest-sud-est, que les ouvriers avaient — pour s'amuser — dispersé les os et brisé le crâne. Singulier divertissement ! Enfin les armes étaient un scramasaxe de l'époque franque, long de 0 m. 50, que j'ai pu retrouver dans le village, et une pointe de flèche en fer.

Sur l'emplacement de cette découverte, on remarquait des fragments de tuiles plates à rebord et des débris de pierres.

Le 21 août 1911, accompagné de M. le docteur Thorion et de M. l'abbé Mouton, deux de nos confrères de la Société d'archéologie lorraine, nous avons pu faire des fouilles dans la tranchée et dans les champs voisins.

Ces fouilles mirent à jour de très beaux fragments de tuiles romaines *(hamatæ tegulæ et imbrices)*, quelques clous en fer, des charnières, des débris de verre, de plâtre, un foyer de cendres et une seule monnaie romaine, consulaire. Nous avons pu suivre un mur en pierres de taille sur une longueur de quatre mètres dans la direction de l'est et de douze mètres dans la direction du nord.

A n'en pas douter, nous étions sur les ruines d'une habitation gallo-romaine, utilisée dans la suite par un Franc.

Liénard, dans son *Archéologie de la Meuse*, ne nous

(1) Billy-sous-les-Côtes, Meuse, arr. Commercy, cant. Vigneulles.

parle pas de Billy. Cependant le *diverticulum* de Haudiomont à Scarpone traversait la côte qui domine le village.
Billy est mentionné pour la première fois dans une bulle
du pape Léon IX, confirmant une donation faite à l'abbaye de Saint-Maur de Verdun, par l'empereur Henri III,
en 1041.

Jean BOHIN.

BIBLIOGRAPHIE

— Mangeot (Georges), *Autour d'un foyer lorrain. La
famille de Saint-Lambert (1596-1795)*, Paris, Croville-Morant,
et Nancy, Sidot frères, 1 vol. in-8º de 134 pages, avec 5 gravures. — Non content de consacrer au poète Saint-Lambert une
thèse de doctorat que les lotharingistes et les lettrés attendent
avec impatience, notre confrère M. G. Mangeot a fait sur la
famille de l'auteur des *Saisons* des recherches dont il vient de
publier les résultats. Les Saint-Lambert, originaires de la
Champagne, fournirent depuis la fin du xvie siècle des officiers
à la maison de Lorraine et prirent pied dans le Bassigny barrois ou dans le bailliage de Vôge. Nicolas-Charles servit comme
capitaine le cardinal Charles de Lorraine, second fils de Charles III ; African-Charles fut capitaine de Fontenoy ; Charles-
Philippe devint lieutenant des gardes du comte d'Harcourt ;
enfin le père du poète des *Saisons*, Charles, lieutenant dans le
régiment des gardes de Léopold, vit sa carrière brisée par le
départ de la famille ducale. A la fin de la brochure de M. Mangeot, se trouvent rejetés, avec les notes et références, les pièces
justificatives et deux index, l'un pour les noms de localités,
l'autre pour les noms de personnes. On regrettera que notre
confrère n'ait pas divisé son étude en autant de chapitres que
l'auteur des *Saisons* comptait d'ancêtres, surtout qu'il n'y ait
pas joint un tableau généalogique, complément indispensable
d'un travail de ce genre. Nous lui pardonnerons cet oubli en
faveur des recherches qu'il a faites dans de nombreux fonds
d'archives, de la vie qu'il a su donner à ses personnages, enfin
de son style élégant et nuancé, de son ironie légère ; à la diffé-

rence de la plupart des généalogistes, M. Mangeot n'a pas
dédaigné ces qualités de forme qui donnent de l'attrait à des
travaux naturellement austères.

M. Mangeot nous prie de rectifier des coquilles et des erreurs
qu'il avait laissé échapper dans son livre. Page 49, ligne 4, il
faut lire « 19 décembre 1761 » au lieu de « 9 décembre 1761 » ;
page 74, ligne 11, « 2.650 ares » au lieu de « 265 ares ». Dans l'index des noms de lieux les notices consacrées à Igney (p. 110) et
à Vrécourt (p. 112) doivent être remplacées par les suivantes :
Igney, Vosges, arr. Épinal, cant. Châtel-sur-Moselle. Vrécourt.,
ancien fief de Rosières-aux-Salines, Meurthe-et-Moselle, arr.
Nancy, cant. Saint-Nicolas-de-Port.   R. PARISOT.

— Aux p. 181-199 des *Mélanges d'histoire offerts à M. Charles Bémont*, Paris, 1913, in-8, M. Chr. PFISTER a placé une note
sur *Le bullaire de l'Église de Toul (1050-1198)*. D'après l'inventaire dressé par Lemoine, au xviiie siècle, des archives du
chapitre de Toul, resté manuscrit et conservé aux Archives de
Meurthe-et-Moselle, il analyse 32 bulles, dont plusieurs sont
inédites ; il en publie trois entièrement à l'aide de copies et de
fragments divers ; il explique aussi comment un érudit de
bonne volonté pourrait composer un cartulaire de l'Église de
Toul dont les matériaux sont dispersés, mais assez nombreux,
et qui lui ferait honneur.   E. D.

— Sous ce titre : *Hommage à Henri Poincaré*, l'Association
des anciens élèves du Lycée de Nancy vient de publier, à la
mémoire de notre illustre confrère, une brochure de 28 p.
splendidement illustrée. On y trouve les discours prononcés
le 9 novembre 1913 à l'inauguration du buste d'Henri Poincaré
dans une des cours du Lycée de Nancy, ainsi que les décrets
des 8 et 26 juillet 1913 qui donnent à cet établissement le nom
de Lycée Henri Poincaré et approuvent l'érection du buste et
la pose d'une plaque commémorative sur la maison natale du
grand mathématicien, 2, rue de Guise. Le frontispice reproduit
ce buste ; plus loin, on trouve les portraits de Henri Poincaré en
1872 et en 1908, la vue d'ensemble et le portail de la vieille
maison de la rue de Guise, type très réussi de l'architecture
lorraine au xviiie siècle.   E. D.

— On sait de reste que l'*Histoire de Saint-Dié*, de Gravier, entachée de passion et d'erreurs nombreuses, est à refaire ; notre confrère, M. Chr. Pfister vient de s'en acquitter pour partie dans le *Tableau de Saint-Dié au XVIIe siècle* (Paris. 1914, in-8 de 29 pages, extr. des *Marches de l'Est*), qu'il a tracé avec sa maîtrise habituelle. Il nous explique d'abord la collégiale, à qui Saint-Dié doit son origine, nous montre la vie, un peu somnolente, des chanoines, leurs luttes avec le grand prévôt, la façon dont ils administraient et jugeaient leurs sujets ; il biographie Riguet et Ruyr, les seuls d'entre eux qui soient arrivés alors à la notoriété. Il parle ensuite des droits du duc et de la juridiction qu'il exerçait à côté de celle du chapitre, puis de l'administration municipale qui ne faisait que naître. Enfin, il rapporte les passages à Saint-Dié de Louis XIV et d'autres illustres personnages du grand siècle.   E. D.

— Un ancien élève de l'École des chartes, M. Charles Chevreux, vient de publier sa thèse d'archiviste-paléographe : *Les Institutions communales d'Épinal sous les évêques de Metz (Xe siècle-1444)*. Épinal, impr. Huguenin, 1913, grand in-8 de 163 pages et 3 planches (extr. des *Annales de la Société d'émulation des Vosges* pour 1913). Les droits des évêques, ceux des bourgeois et la vie de la cité, la justice, sont successivement exposés ; il est aussi question des monnaies frappées à Épinal au nom des évêques de Metz. Suit un fort utile catalogue d'actes allant de 983 à 1444, date de la réunion éphémère d'Épinal à la France, et comptant 165 numéros ; enfin un appendice publie quelques textes intéressants et discute certaines questions spéciales, par exemple celle du commencement de l'année à Épinal, qui est bien obscur, des usages différents étant suivis dans la même ville à la même époque. Dans son avant-propos, l'auteur nous donne à entendre que ce petit volume n'est qu'un chapitre d'une histoire complète d'Épinal qu'il espère écrire. On souhaitera vivement que son espoir se réalise, car il travaille fort bien et l'histoire d'Épinal offre un haut intérêt.

E. D.

Pour la Commission de rédaction, le Président : Pierre BOYÉ.

L'imprimeur-gérant : A. Crépin-Leblond, 21, rue Saint-Dizier, Nancy.

Bulletin mensuel

DE LA

SOCIÉTÉ D'ARCHÉOLOGIE LORRAINE

ET DU

MUSÉE HISTORIQUE LORRAIN

14e ANNÉE. — No 5. — MAI 1914.

Procès-verbal de la séance du vendredi 3 avril 1914.

Présidence de M. Pierre Boyé, président.

Le procès-verbal de la dernière séance est lu et adopté.

Communications.

M. le Président communique une lettre de remerciements de M. le docteur F. Vallon à l'occasion de son admission comme membre titulaire.

M. le Maire de Nancy a avisé M. le Président du maintien de la subvention annuelle attribuée par la Ville à notre Société.

M. le Président dépose sur le bureau le volume des *Mémoires* pour l'année 1913.

Distinction honorifique.

M. Léon Heck a été nommé officier d'Académie.

8

Admissions.

MM. le recteur Charles Adam, Jules Criqui, l'abbé Gérardin et le commandant Blaise Illig sont admis comme membres titulaires.

Présentation.

Est présenté en la même qualité : M. le général **Foch,** commandant le 20ᵉ corps d'armée, palais du Gouvernement, par MM. Pierre Boyé, Justin Favier et Léon Germain de Maidy.

Ouvrages offerts à la Société.

Le Bullaire de l'Église de Toul, par Christian PFISTER. Paris, 1913, in-8 de 18 p.

Pour nos patois lorrains, par Charles BRUNEAU. Nancy, 1914, in-8 de 9 p.

Die Quellen zur Geschichte des Eisengusses im Mittelalter und in der neueren Zeit bis zum Iahre 1530, par Otto JOHANNSEN. Leipzig, 1914, in-8 de 13 p.

Lectures.

M. Émile DUVERNOY présente à la Société son : *Catalogue des actes des ducs de Lorraine de 1176 à 1220.* La Société en vote l'impression dans ses *Mémoires* et nomme pour former la Commission de revision : MM. Christian Pfister, René Martz et Robert Parisot.

M. Pierre Boyé termine la lecture du travail de Mademoiselle Jane HAZON DE SAINT-FIRMIN : *Le chef de l'invasion allemande de Lorraine et de France en 1587. Fabien de Dohna, grand burgrave de Prusse (1550-1621). La*

Société en vote également l'impression dans les *Mémoires* et nomme pour former la Commission de revision : MM. l'abbé Edmond Chatton, Alexandre de Roche du Teilloy et Émile Duvernoy.

M. Edmond des Robert lit, pour M. Amédée CAGNAT, la suite de l'étude sur : *Le premier siège de La Mothe (1634).*

MÉMOIRES

Demeures des Callot à Nancy.

M. Edmond Bruwaert, ministre plénipotentiaire de France en retraite, s'occupe depuis plusieurs années déjà de Jacques Callot, et a fait sur le grand artiste lorrain plusieurs publications qui ont été remarquées et que notre *Bulletin* a eu soin de signaler (cf. 1911, p. 95, et 1913, p. 167 et 270). Aujourd'hui, M. Bruwaert veut bien nous envoyer sur les différentes maisons occupées à Nancy par Jacques, par ses parents, par sa veuve, une note très étudiée et que tous, les Nancéiens principalement, liront avec un vif intérêt.

§ 1. — *Maison où mourut Catherine Kuttinger, veuve de Jacques Callot, le 2 octobre 1679. 7, place de la Carrière, et 14, Grande-Rue.*

Le 20 septembre 1796, l'Administration des Domaines vendait aux enchères la maison située aujourd'hui, 7, place de la Carrière, et 14, Grande-Rue, dans l'axe de la rue Callot (1). Adjugée à M. Guivart, la maison a été, en 1841, cédée par Mme Bontoux, née Guivart, à Amédée Le-

(1) Arch. de M.-et-M., Q. 587, n° 200.

page (1), de la famille de qui elle n'est plus sortie depuis. Le Domaine avait obtenu l'immeuble de par la loi du 4 nivôse an II qui en avait dépossédé le Tribunal de commerce, successeur de la Bourse de Nancy. Celle-ci l'avait reçu en don du roi Stanislas à la charge d'acquitter annuellement une redevance de 50 livres due aux confréries du Saint-Sacrement et de la Conception de l'église Saint-Èvre. Les archives de la comptabilité de l'ancienne Bourse (aujourd'hui au Tribunal de commerce) montrent que les versements de la redevance due sur cette propriété s'acquittèrent régulièrement jusqu'à la Révolution, qui supprima les cens de ce caractère.

Un acte du 27 mai 1752, rappelé au *Compte général de la dépense des édifices et bâtiments* et passé à Lunéville chez Febvrel (aujourd'hui étude de Me André), établit que cet immeuble, tel qu'il était grevé, fut vendu par F.-G. Hocquet, receveur des finances, au roi Stanislas, qui achetait en même temps trois autres maisons voisines pour construire sur leur emplacement le palais consulaire du Corps des marchands. L'acte de cession doit désigner les propriétaires antérieurs de l'immeuble, l'origine du cens qui le grève.

D'un acte notarié passé le 19 janvier 1680 par devant N. Jeanpierre, tabellion à Nancy (2), il ressort qu'à sa mort, le 2 octobre 1679, Catherine Kuttinger, veuve de Jacques Callot, laissait trois héritiers, enfants de sa sœur Marguerite : Jacques de Villaucourt ; Jeanne de Villaucourt, veuve de Thionville ; Catherine de Villaucourt,

----

(1) Paul-Dominique-Amédée Lepage, imprimeur, né à Nancy le 8 janvier 1804, mort à Lunéville le 15 octobre 1870 ; c'est le frère aîné d'Henri Lepage, archiviste de la Meurthe et président de la Société d'archéologie lorraine, et dans la biographie de celui-ci par notre confrère M. Ch. Guyot (*M. S. A. L.*, 1888), il est cité plusieurs fois sous son prénom usuel d'Amédée.

(2) Archives notariales conservées à la Cour d'appel de Nancy.

femme de Nicolas Fournier, baron de Nydeck (comme il signait). Gênés par le testament de la défunte qui léguait de nombreuses sommes, alors qu'elle n'avait que des immeubles difficiles à vendre, les deux premiers héritiers cèdent contre une somme à Nicolas Fournier leurs droits, notamment sur une maison de Nancy où résidait leur tante, à sa mort, donnant sur la Carrière et sur la rue des Comptes « où souloit pendre du passé l'Enseigne du Petit Saint-Nicolas ». La maison est décrite : sur la Carrière, entre la demeure de M. Huyn, procureur général, au nord, et une autre maison de Catherine Kuttinger, au sud ; sur la Grande Rue, entre le dit Huyn, au nord, et les héritiers de Charles Hardy, au sud. Ils cèdent également ment leurs 2/3 sur la petite maison, joignant la précédente sur la Carrière, louée à la veuve Géo. Brion, entre la maison ci-dessus, au nord, et celle des héritiers Charles Hardy, au sud. Par son testament du 5 mai 1670, Catherine léguait 1000 francs à la confrérie du Saint-Sacrement et 1000 francs à la confrérie de l'Assomption, legs qui, faute de fonds liquides, se transformèrent, semble-t-il, en charges sur la propriété et furent ainsi l'origine des redevances acquittées par le Corps des marchands quand ils succédèrent à la propriété de Nicolas Fournier.

La maison du Petit-Saint-Nicolas où mourut, le 2 octobre 1679, la veuve de Jacques Callot, est donc la maison qui porte aujourd'hui les nᵒˢ 7 de la place de la Carrière et 14 de la Grande-Rue. Elle apparaît avec son enseigne très nette (à la loupe) sur la gravure de Callot dite « la Carrière ».

§ 2. — *Maison où mourut Jacques Callot, le 24 mars 1635, 5, Place de la Carrière.*

L'acte du 19 janvier 1680, passé chez N. Jeanpierre, tabellion à Nancy, entre les trois héritiers de Catherine

Kuttinger, veuve de Jacques Callot (1), établit que la défunte possédait sur la Carrière, soit en propre, soit comme acquêt de communauté, une petite maison attenant à une autre plus grande et ainsi définie : entre ladite maison ci-dessus — ancien Petit-Saint-Nicolas — au nord, et celle des héritiers de Charles Hardy, au sud. Les comptes de la collégiale Saint-Georges (2) mentionnent cette propriété comme voisine, au nord, de l'immeuble des héritiers Charles Hardy, sur laquelle pèse un cens au profit de l'église. En 1674, elle est attribuée à la demoiselle Mouchot : c'est le nom de Catherine Kuttinger, devenue veuve, en 1668, de son troisième mari, Jean Mouchot. En 1662, le voisin des héritiers de Nicolas Hardy, débiteurs de l'église, est ainsi désigné « le s[r] Mouchot, à cause de d[elle] sa femme ». En 1643, les comptes nomment comme voisin, le sieur Garnier, le second mari de Catherine Kuttinger, qui mourut cette année-là.

Si on remonte aux comptes antérieurs, on voit qu'ils donnent comme voisins de la propriété Hardy, en 1619, le comte de Salm (3) ; en 1623, Vincent Humbert, trésorier de feu Mme de Brunswich (4) ; ce même Humbert, en 1624-25 (5) ; mais, au compte suivant (6), au nom de Humbert est substitué celui du « sieur Callot, sculteur ».

Comme le comptable de l'église n'est jamais pressé d'enregistrer les mutations des voisins des débiteurs, on peut supposer, à défaut d'acte qui n'a pas encore été trouvé, qu'aussitôt après son mariage, vers la fin de novembre 1623, Callot se préoccupa de chercher une

---

(1) Arch. notariales conservées à la Cour d'appel de Nancy.
(2) Arch. de M.-et-M., G. 675.
(3) *Ibid.*, G. 655.
(4) *Ibid.*, G. 657.
(5) *Ibid.*, G. 659.
(6) *Ibid.*, G. 661.

demeure et qu'il acheta de Vincent Humbert cette propriété où il allait installer sa jeune femme. Les 8 500 francs barrois qu'il avait retirés de la vente des 900 paires de réseaux de blé, cadeau du duc Henri II (1), ont dû servir à cette acquisition.

Les comptes des années suivantes jusqu'en 1636 mentionnent toujours un Callot comme propriétaire voisin des Hardy, avec la qualité de sculpteur ou de chalcographe. C'est cette propriété contiguë qu'il habitait au moment de sa mort, le 24 mars 1635. Quelques jours plus tôt, il avait dicté en toute hâte son testament et, comme témoin, on avait appelé le concierge de l'hôtel de Salm, le voisin d'en face; Claude Barberet.

Plus tard, après avoir acquis le Petit-Saint-Nicolas, Catherine Mouchot y transporta sa demeure et la petite maison fut l'objet de locations passées à divers par l'abbé Varinot, secrétaire-comptable de la veuve.

L'acte de 1680 mit la maison aux mains de Nicolas Fournier. En 1752, elle était devenue la propriété du Dr Ch.-Nic. Chailly qui la vendit 13 000 livres, le 27 mai, au roi Stanislas pour la construction du Palais consulaire. La maison où habitait Callot, à sa mort, occupait donc l'espace où se trouve aujourd'hui le bureau des commis du greffier du Tribunal de commerce, place de la Carrière.

D'après la gravure qu'a laissée François Collignon, élève de Callot, de la Chambre de travail de son maître, en 1630, la façade semble n'avoir eu qu'une fenêtre à meneaux avec carreaux losangés : elle figure, près du Petit-Saint-Nicolas, sur l'eau-forte de la Carrière de Nancy dessinée par l'illustre graveur.

(1) Acte Cherdault, du 21 août 1623 (Arch. notariales).

§ 3. — *Maison où, le 23 juin 1594, mourut le grand-père du graveur, Claude Callot, archer, anobli. 28, Grande-Rue.*

Le rôle de l'impôt de 1572 (1) indique que Claude Callot, archer, habitait rue des Comptes. Le rôle de 1580 (2), montre qu'il s'était transporté rue de la Boudière dans le voisinage de Jean de l'Escut, d'une part, de Christophe Mérigault et de Bertrand Mittat, d'autre part. L'étude de ces rôles révèle que l'agent fiscal, partant du Palais ducal, remonte la Grande-Rue vers la porte Saint-Nicolas ; mais au lieu de suivre tout un côté de la rue pour redescendre de l'autre côté, notant l'une après l'autre toutes les maisons contiguës, il passe constamment d'un bord à l'autre de la chaussée sans méthode, ce qui ne permet pas de déterminer exactement les voisinages. Force est de recourir à d'autres documents pour arriver à localiser immeubles et occupants.

Les comptes de la collégiale Saint-Georges offrent à cet égard une ressource précieuse. De nombreuses propriétés sont grevées de cens envers le Chapitre. Ces recettes annuelles font l'objet de listes d'échéances où chaque immeuble débiteur est désigné par la rue où il est situé et par le nom des deux propriétaires entre lesquels il se trouve. De la sorte, de longs fragments contigus de rue peuvent être déterminés d'une façon précise, dès qu'un point de départ ou d'arrêt est suffisamment indiqué.

Un point ainsi fixé par les notes précédentes est l'hôtellerie du Petit-Saint-Nicolas, le n° 14 actuel de la Grande-Rue, dans l'axe de la rue Callot. D'après les comptes de Saint-Georges, la maison, vers 1580, appartenait à Claudin Maillart. La maison voisine au nord, n° 16, était indivise

<hr>

(1) Arch. de M.-et-M., B. 7255.
(2) *Ibid.*, B. 7274.

entre Maillart et Nicolas d'Aviller, sellier du duc. Le n° 18 appartenait à ce sellier. Au n° 20 d'aujourd'hui habitait Genée de La Vallée, trompette de S. A. ; au n° 22, Bertrand Mittat, valet de chambre de Charles III, qui avait épousé Marguerite Gennetaire, sœur de Jeanne Gennetaire Brunehault, la future grand'mère du graveur. Un tailleur du prince, Christophe Mérigault, possédait le n° 24 : sa fille devait épouser Jean Ruiz, dont le frère Jean-François Ruiz allait devenir le mari de Louise Callot, tante de Jacques. Enfin, le 26 était une sorte d'immeuble de famille. C'était l'hôtellerie de Saint-Martin qu'avait fondée et dirigée dès avant 1552 (1) Claude de Fricourt, le beau-père de Claude Callot, l'archer. Plus tard, en 1599, la veuve de l'archer et sa nièce, la veuve Barrois, posséderont en commun cette importante propriété.

Ce n° 26 appartient aujourd'hui, paraît-il, à M. Daubrée, ancien directeur des Eaux et Forêts. Aucune des démarches faites auprès de lui pour obtenir, grâce à ses titres de propriété, une preuve de plus de l'histoire de l'immeuble, n'a eu la faveur d'obtenir la moindre réponse.

Les comptes de Saint-Georges, entre autres ceux de 1586 (2), contiennent cette mention : « Les héritiers de Claudin Fricourt, hoste à Saint-Martin, sur leur maison qui fut à Jean Prieur, dit l'Alouette, gruyer de Bar, séante dans la rue de la Boudière [entre] Claudon Callot, archier de Monseigneur [au Nord] d'une part, et Mérigault, tailleur à Monseigneur, d'autre [part-au sud] doivent audit terme [Purification] pro anno xl fr. »

Le n° 28 était donc la maison occupée par Claude Callot, grand-père de l'artiste.

La preuve en est, d'ailleurs, confirmée par un autre

(1) Arch. de M.-et-M., B. 7251.
(2) *Ibid.*, G. 640.

voisinage. La maison voisine du 28, au nord, celle que distingue la croix de Charles le Téméraire, le n° 30 appartenait aux de L'Escut, mariés, depuis, aux de Rennel auxquels elle passa. Les titres de Mme Lalitte, propriétaire actuelle, montrent qu'au 1er prairial an IX, des demoiselles de Rennel étaient encore en possession de l'immeuble.

En 1636, le n° 28 était habité par Claude Houat, greffier des Assises de la Noblesse, mari d'Antoinette Callot, tante du graveur (1).

§ 4. — *Maison où est né Jacques Callot, décembre 1591 ? (27 ?), Grande-Rue.*

Jean Callot, archer, fils de Claude Callot, l'archer anobli, père de Jacques le graveur, a dû se marier en 1587, année où il renonça à la chapellenie de Bainville-sur-Madon dont il était titulaire (2). Il épousa Renée Brunehault, cousine germaine de Renée Maimbourg, mariée à Claude Gennetaire, prévôt de Mirecourt.

Le rôle de l'impôt de 1589 (3) indique sa demeure (77e) rue de la Boudière, entre Thierry Vignolle, au nord, et Humbert Vallée, au sud, deux orfèvres établis de très longue date dans ce parage, 21 noms avant celui (98e) de son père, Claude Callot, l'archer, établi, comme il a été dit plus haut, § 3, au n° 28 actuel de la Grande-Rue. On compte, en moyenne, deux noms, conduits ou feux, par maison : Jean habitait donc à environ 11 maisons de celle de son père et comme l'agent fiscal part du Palais ducal et remonte la rue vers la porte Saint-Nicolas, pas-

(1) Archives notariales conservées à la Cour d'appel de Nancy, minutes de Dominique Willaume.

(2) Titres de propriété du général de Bouligny, à Bainville-sur-Madon.

(3) Archives de M.-et-M., B. 7296.

sant constamment d'un trottoir à l'autre, on peut supposer que Jean se trouvait à cinq portes de distance seulement soit du même côté, soit de l'autre côté de la chaussée.

En reprenant les rôles antérieurs (1), ou les rôles postérieurs (2), on remarque qu'à la place du nom de Jean Callot, se trouve, entre Vignolle et Vallée, le nom de Nicolas Maimbourg, jusqu'en 1582, ou de Gabriel Maimbourg en 1636. Il en faut conclure qu'en 1589, Jean Callot occupait, à titre de locataire sans doute, la demeure où, avant lui, et où, après lui, vécurent des Maimbourg. Au rôle de 1636, dressé sous l'occupation française, l'agent fiscal marche différemment : il suit d'abord tout le côté droit de la Grande-Rue (les n^os impairs d'aujourd'hui) pour redescendre ensuite, après un itinéraire complexe, le côté des n^os pairs. De la sorte, on peut reconnaître que les Maimbourg et les Vallée habitaient du côté des numéros impairs. Enfin, d'après les comptes de la collégiale Saint-Georges, on peut s'assurer que la maison des Maimbourg qui n'était, non plus que les deux maisons contiguës, assujettie à aucune redevance, se trouvait située au sud de la ruelle du duc Antoine et au nord du n° 23 actuel de la Grande Rue.

La maison des Maimbourg était donc à l'un des n°s 25, 27 ou 29 actuels de la Grande-Rue. Si cette maison était au n° 27, c'est là, selon toute vraisemblance, que demeurait encore Jean Callot à la fin de 1591, car on ne déménageait pas souvent alors, c'est là que Renée Brunehault donna le jour à Jacques, le graveur.

Les démarches tentées auprès des propriétaires des

<hr>

(1) *Ibid.*, B. 7251 (année 1552), B. 7255 (année 1572), B. 7274 (année 1580), B. 7277 (année 1582).

(2) Arch. municipales, CC. 111, rôle de 1636, 2e quartier de la Ville-Vieille.

trois immeubles dont il s'agit n'ont pas encore abouti à retrouver le nom des Maimbourg parmi leurs prédécesseurs. Les actes notariés gardés dans les combles de la la Cour d'appel, les listes de cens de l'hôpital Saint-Julien, qui doivent être mises en ordre bientôt, permettront sans doute de résoudre ce problème de topographie biographique.

D'après les comptes de la collégiale Saint-Georges, la mère de Renée Brunehault, veuve du chirurgien Jacques Brunehault, habitait vers le n° 47 actuel de la Grande-Rue. Elle avait pour voisin au nord Pierre Ruiz ou Rouyer, l'Espagnol, valet de chambre du duc, dont le fils Jean-François épousa Louise Callot, tante du graveur.

Edmond BRUWAERT.

Un dessin de la collection Stiebel présumé aux armoiries de Gaspard Rouyer, anobli en 1581.

L'une des ventes les plus importantes d'ex-libris qui aient eu lieu dans ces dernières années est celle de la collection formée par Henri-Édouard Stiebel, de Francfort-sur-le-Mein. Or, sous le n° 388, le catalogue de cette collection reproduit un dessin d'armoiries qui n'ont pu être identifiées.

Voici la description de cette pièce et la traduction que j'ai tâché d'en faire, en m'aidant de la similigravure :

« 388 — Federzeichnung 200 : 270. Um 1600. Schräg gevierter Schild, im ersten und vierten Felde ein Kreuz, im zweiten und dritten der Kopf eines Fabeltiers. Auf dem nach rechts gewandten Stechhelm als Zimier das

DESSIN DE LA COLLECTION STIEBEL.

Wappenkreuz, darüber ein geschossener Flug. Das Ganze
ist von einem prächtigen Wappenmantel umkleidet (1). »

(Dessin à la plume ; largeur, 200 mill. ; haut., 270. —
Vers 1600. Écu écartelé en sautoir : aux 1er et 4e, une croix ;
aux 2e et 3e, la tête d'un animal fabuleux. Au-dessus, un
casque de tournoi, tourné à dextre ; pour cimier, la croix
de l'écu entre deux pennes. Le tout est environné d'un
fastueux lambrequin.)

Il convient d'ajouter que les croix sont tréflées ; les têtes
d'animaux paraissent tout à fait être des têtes de léopards ; les pennes, divisées à mi-hauteur, comprennent
chacune quatre éléments, aux couleurs alternées et
contrariées du champ. Ce genre de pennes est beaucoup

(1) *Auktions-Katalog der Sammlungen des in Frankfurt a/M.
verstorbenen Herrn Heinrich Eduard Stiebel.* Versteigerung C. G.
Bœrner in Leipzig, 1910, petit in-4º, 272 p., illustré.

plus répandu en Allemagne qu'en France ; à part cela, la composition des armoiries et le style du dessin me semblent bien être français ou lorrains ; je crois que la date indiquée (vers 1600) est possible, bien que je serais plutôt porté à l'avancer quelque peu.

Traité avec la finesse d'une gravure sur cuivre, ce dessin est-il une copie d'après un armorial, ou un original destiné à être gravé ? J'inclinerais plutôt vers cette seconde hypothèse ; mais je ne pense pas qu'il s'agisse d'un projet d'ex-libris. Les ex-libris de cette époque offraient presque toujours, non seulement des inscriptions, mais des devises et des emblèmes tout à fait personnels, qui, au cas présent, font absolument défaut. — Il est à remarquer que les émaux, du moins pour les *meubles* (croix et têtes d'animaux), ne sont pas indiqués ; d'ailleurs, il n'existait pas encore, pour le faire, de règles fixes au commencement du XVIIe siècle.

Quelle attribution donner à ce dessin ?

La ressemblance des armoiries est très grande avec celles de « Gaspard Rouyer, secrétaire ordinaire des commandemens de Charles, cardinal de Lorraine, évêque de Metz et de Strasbourg », qui fut anobli par le duc Charles III, père du prélat, en 1581. Le *Nobiliaire* de dom Pelletier les blasonne en ces termes :

« D'argent à une croix pattée de gueules, écartelé en sautoir d'azur, à un muffle de léopard d'or ; et pour cimier le vol d'azur et d'argent, la première aile chargée d'un muffle et la seconde d'une croix de l'écu (1). »

Je pense que le mot *muffle* désigne une face, j'allais dire un visage, d'animal ; et, de fait, ce sont bien des têtes de léopards, vues de face, que le graveur du *Nobiliaire* a reproduites, d'une manière très sommaire, il est vrai. De

(1) Dom Pelletier, *Nobiliaire*, p. 717.

la sorte, il n'est, par rapport à l'écu, qu'une différence
entre les armoiries de Gaspard Rouyer et celles du dessin de la collection Stiebel : les croix sont pattées au lieu
d'être tréflées ; mais cette différence est de mince importance ; elle peut provenir d'une fantaisie du propriétaire
ou plutôt d'une distraction du dessinateur : on pourrait
en citer un grand nombre d'analogues, et même de beaucoup plus considérables.

Les ornements extérieurs ont toujours, ce me semble,
été traités avec beaucoup plus de liberté en France, et particulièrement en Lorraine, qu'en Allemagne. Il n'y a pas
motif de grande surprise, me paraît-il, à ce qu'un dessinateur ait transformé le *vol* en *deux pennes* ; et, comme
ces ornements, d'habitude, constituent non pas un cimier,
mais l'accompagnement d'une pièce de l'écu placée en
cimier, on a pu aimer à reproduire, entre les deux pennes,
la croix de l'écu, sacrifiant le second *meuble*, la tête de
léopard, et simplifiant les pennes.

En m'occupant de rédiger cette note, j'ai été frappé de
rencontrer à la même époque, et aussi comme haut fonc-
tionnaire de l'évêque de Metz, un certain Balthasar Royer
ou Rouyer, qui fut anobli par l'empereur en 1604 (1) ; il
reçut des armoiries très différentes de celles de Gaspard ;
mais les lettres patentes ajoutent qu'auparavant, le nouvel anobli en avait porté d'autres. Ce Balthasar ne serait-
il pas un parent de Gaspard. Il est assez fréquent de
trouver ces deux noms dans une même famille ; ils forment
avec *Melchior*, les noms légendaires des Rois Mages ;
toutefois, ce dernier nom a, me semble-t-il, été beaucoup
moins répandu dans la noblesse lorraine. — J'ai cru remarquer qu'il y a eu, vers les xve et xvie siècles, une
recrudescence des dévotions aux Onze mille Vierges et
aux Trois Rois, dévotions qui rayonnaient de Cologne. —

(1) Dom PELLETIER, *op. cit.*, p. 720.

Balthasar Rouyer, mort vers 1622 (1), était procureur général de l'Évêché de Metz, à Vic (2).

En résumé, et sans vouloir rien affirmer, je propose d'examiner la possibilité d'attribution du dessin de l'ancienne collection Stiebel à Gaspard Rouyer, anobli en 1581, ou à l'un de ses descendants. On sait combien les anoblis se plaisaient à faire montre de leur situation nouvelle, et à reproduire leurs armoiries (3).

L. GERMAIN de MAIDY.

Jacques Lallemant, menuisier de la chambre du duc de Lorraine.

Jacques Lallemant a débuté à la cour de Lorraine, en 1589, en qualité de menuisier de la chambre de Son Altesse, succédant, selon toute vraisemblance, à Didier Guilquin, mort cette même année.

L'époque de sa naissance est inconnue ; on ne peut guère la fixer à une date postérieure à 1560, car il ne pouvait avoir moins d'une trentaine d'années quand il commença à travailler au Palais ducal. La dernière mention faite de lui dans les Archives départementales est de 1634, pour travaux exécutés dans le courant de cette même année. Dès 1635, apparaît Antoine Roy, maître menuisier du palais, qui a été, suivant toute probabilité,

(1) Dom PELLETIER, o. c., p. 624.

(2) Il fut nommé procureur général en 1596 : v. Émile DUVERNOY, *Alphonse de Rambervillers et le bailliage de Vic aux XVIe et XVIIe siècles*, dans les *M. S. A. L.*, 1908, p. 312.

(3) M. Bœrner, de Leipzig, éditeur du Catalogue, a bien voulu nous communiquer le cliché de la gravure dont il s'agit ; nous le prions d'agréer nos sincères remerciements.

son successeur. Jacques Lallemant a donc travaillé à la cour de Lorraine, pendant quarante-cinq ans, sous les ducs Charles III, Henri II et Charles IV.

L'examen des comptes des trésoriers généraux de Lorraine, des trésoriers généraux de Lorraine et Barrois, des receveurs du domaine de Nancy, des celleriers de Nancy et des trésoriers du comte de Vaudémont, aux Archives départementales, donne une idée très nette de son œuvre.

Il a fait une innombrable quantité de lits à colonnes, avec leur entourage à balustres tournés, lits berçoirs, lits de repos, couchettes, tables de nuit, chaises percées pour appartements et carrosses, tables à pieds tournés, tables sur tréteaux, tables pliantes à manger au lit, armoires, chaises à dos, chaises à bras, sièges pliants, bancs, écrans, prie-Dieu, écritoires, croisées et châssis, portes, bordures de tableaux. Parmi ces dernières, il y a lieu de mentionner spécialement le cadre du tableau du Rosaire qui se trouve à la cathédrale de Nancy, c'est la seule œuvre aujourd'hui connue de Jacques Lallemant.

Il a exécuté toute la décoration intérieure de la chapelle ducale, aux Cordeliers, fait une chapelle pour Son Altesse, près de son cabinet, des décorations pour chapelles ardentes, des autels dans la ville pour la Fête-Dieu, des chandeliers, caisses d'horloge, etc.

C'est lui qui faisait et raccommodait les parasols des princesses, leurs caisses à rabat, à senteur, planches à empeser les rabats, bâtons pour monter les collets, les estances pour trousser leurs robes, les bustes pour monter leurs coiffures, les manches de leurs cachets avec maillets pour estamper, métiers de tapisserie, paravents pour le bain, chaufferettes, manches de bassinoires, etc.

Jacques Lallemant exécutait aussi les huches à pain, tours à pâtisserie, casiers à fruits, caisses pour le vin et la vaisselle, rafraîchissoires pour le vin, grillages de jardin, caisses pour orangers, etc.

En ce qui concerne les jeux, il confectionnait les billards (1) et les boules, les planches à jouer au flux et séquence (2), chevaux de bois, jeux de quilles, balles et brassards (3) pour jouer à la pelote d'Espagne, palettes pour « volletoirs », jeux d'oie et royal, poupées et jusqu'à la cliquette du fou.

Enfin il fabriquait des pièges à rats, des cages et perchoirs à perroquets, cages à gueniches, cages mangeoires et échelles pour rossignols, cages à chiens, « chaponniers », etc.

Les mémoires de Jacques Lallemant, presque tous de sa main, sont d'une écriture ferme, soignée, très lisible.

Il épousa à Nancy, paroisse Saint-Sébastien, le 12 septembre 1623, Barbe Florentin, veuve en premières noces de Jean Martelot, tabellion général, et en secondes noces de Jean Husson, écuyer de cuisine du comte de Vaudémont. De ce mariage est issu, le 15 octobre 1624, Albert Lallemant, colonel propriétaire d'un régiment de son nom, au service de Louis XIV, seigneur de Roppe, La Chapelle et Liebentswiller, en Alsace, et Liocourt, en Lorraine, anobli par Louis XIV, en novembre 1682, et souche de la famille de Lallemant de Liocourt. Dans son contrat de mariage, du 7 septembre 1623, Jacques

(1) « Pour avoir fait une grande table d'un billard de quatorze pieds et demi de longueur et quatre pieds et demi de largeur avec huit blouzes assemblées à queue partant et des tringles tout à l'entour du billard, avec trois grands trétaux pour soutenir ledit billard, pour le service de Madame. » Archives de Meurthe-et-Moselle, B. 1363. — Cf. Henri D'ALLEMAGNE, *Sports et jeux d'adresse.* Hachette, s. d., pp. 256-278.

(2) Sorte de jeu de cartes :
  Chez un de ses amis où, sous un coy silence,
  On manie le flux, la prime ou la sequence.
GAUCHET, *Plaisirs des champs,* p. 96.

(3) Cf. H. D'ALLEMAGNE, *loc. cit.,* p. 159.

Lallemant est qualifié d'homme veuf ; il y est fait mention de son beau-fils, Jean le Noir, « sellier en la chambre et en l'écurie de l'Altesse de Madame », et de deux fils. Nous ignorons si ceux-ci ont eu postérité.

Au début de sa carrière, Jacques Lallemant habitait au Haut-Bourget (1) [rue du Haut-Bourgeois].

Il est mort à Nancy, paroisse Saint-Sébastien, le 13 janvier 1636, assez soudainement, dit l'acte de décès, au quart de la place, c'est-à-dire dans une des maisons d'angle de la place (actuellement place du Marché). Il a été inhumé dans le chœur de l'église Saint-Sébastien, démolie depuis et remplacée, au xviiie siècle, par l'église actuelle.

Il serait à souhaiter que tous les artisans, ouvriers hors ligne et fournisseurs de nos ducs fussent aussi connus que Jacques Lallemant. La publication de leurs notices biographiques renfermant la nomenclature de leurs œuvres, les prix des différents objets qu'ils livraient, nous ferait connaître plus complètement les mœurs, la vie intime, le cadre où se mouvaient nos anciens souverains ; elle aiderait aussi ceux qui, avec ce que l'on sait des peintres, sculpteurs, architectes, etc., voudraient faire une étude sur l'état des arts en Lorraine à différentes époques (2).

Cte A. DE MAHUET.

(1) Rôle des bourgeois, manans et habitants de Nancy pour la levée des sous en 1589. Arch. M.-et-M., B, 7296.

(2) Sources : H. LEPAGE, *Les Archives de Nancy*, t. I, p. 143. — Abbé GUILLAUME, *Cordeliers et chapelle ducale de Nancy*, 1851, note 79 (p. 71 du texte) et note 80 (p. 71 du texte). — H. LEPAGE, *Inventaire des Archives de la Meurthe*, B. 1278, 1343, 1484, 1501, 7691. — H. LEPAGE, *Le Palais ducal de Nancy*, dans *M. S. A. L.*, 1852, p. 78 et 189. — Ed. AUGUIN, *Monographie de la cathédrale de Nancy*, pp. 174-175. — Chr. PFISTER, *Histoire de Nancy*, t. II, p. 510. — H. ROY, *La vie à la Cour de Lorraine sous le duc Henri II*, dans *M. S. A. L.*, 1913, pp. 73, 77, 83, 84, 85, 88, 94, 104, 106, 130, 137, 147, 150, 152, 172, 174, 175.

Un document relatif à la construction de l'église collégiale Saint-Georges, à Nancy.

Le chapitre et l'église collégiale Saint-Georges furent fondés par le duc Raoul en 1339. En 1366, les chanoines obtiennent du duc Jean l'autorisation d'enlever les pierres de la tour de Saurupt, afin de les employer à l'édification de leur chapelle. En 1377, la construction était arrivée seulement au niveau des voûtes du chœur et des chapelles. En 1380, on élevait le cloître ainsi que les deux tours, dans lesquelles le duc Jean faisait placer de « bonnes cloches ». Tels sont les seuls renseignements relatifs à la construction de cet édifice, — détruit au XVIII⁰ siècle, pour faire place au *Louvre* de Boffrand, — qui nous soient parvenus. Aux documents qui nous les font connaître et qui ont été publiés par H. Lepage (1) et C. Pfister (2), nous ajouterons la pièce suivante, extraite de la *Collection de Lorraine*, conservée à la Bibliothèque nationale (Vol. 315, fol. 4) :

Je, li sire Hesse d'Enville (3), maistre de l'ovraige monssieur Saint Geoirge de Nancey, faix savoir à tous que je ai eu et receuit de Hanri de Mainne, maistre de lai mennoie monsseigneur le duc, de sai mennoie de Nancey, quaitre livres de fors, pour un mois, pour délivreir auz ovries (4) qui mentaront le dit ovraige dessus dit. Et soir ceu en ai-je donneir au dit Hanri dessus dit ces leitres saellées de mon saeil, que furent faites le Samedi

---

(1) *L'insigne église collégiale Saint-Georges de Nancy*, dans *M. S. A. L.*, t. I (1849), p. 157.

(2) *Histoire de Nancy*, t. I, p. 214, sqq.

(3) Einville, M.-et-M,. arr. Lunéville, cant, Lunéville-Nord.

(4) Ouvriers.

après lai feiste saint Mertin, l'ain mil trois cens quarante et quaitre, on mois de novembre (1).

(Parchemin ; trace de sceau.)

Ce document nous montre que les travaux se poursuivaient aux frais du trésor ducal, régulièrement, mais lentement, si l'on en juge par la faible importance de la somme mentionnée.

Hesse d'Einville, curé de Serres, était membre du chapitre de la collégiale (2). La charge de « maître de l'ouvrage », dont il était titulaire, était d'ordre purement administratif, comparable à celle d'un trésorier ou d'un comptable : elle ne saurait être confondue avec celle du « maître de l'œuvre », — de l'*architecte*, comme on dirait aujourd'hui, — seul chargé de la direction artistique et technique des travaux (3).

Henri de Mainne nous est complètement inconnu. Florentin le Thierrat parle déjà, dans ses *Mémoires*, de « maistres des monnoies » pour l'année 1317, mais, d'après H. Lepage, « l'office de maître des monnaies ne paraît pas avoir été établi en titre avant la deuxième moitié du xvi⁰ siècle » (4). Le plus ancien maître de la monnaie de Nancy, dont le nom ait été relevé dans les Archives départementales de Meurthe-et-Moselle, est Nicolas Valet, qui était en fonction en 1511.

E. SPÉRY.

(1) 13 novembre 1344.

(2) Le 10 juin 1341, le duc lui avait accordé la jouissance d'un *meix*, situé près de la ville de Nancy, et dont la propriété devait passer, à sa mort, au chapitre de Saint-Georges. (Cf. Pfister, *op cit.*, p. 219, n. 1.)

(3) Cf. Cam. Enlard, *Manuel d'archéologie...* Paris, 1902, 2 in-8, t. I, p. 69.

(4) H. Lepage, *Les offices des duchés de Lorraine et de Bar*, dans *M. S, A. L,*, 1869, p. 231-236.

Errata.

Notre étude sur *La vie à la cour de Lorraine sous le duc Henri II (1608-1624)*, publiée dans les *M. S. A. L.*, 1913, p. 53-206, comporte quelques erreurs de lecture ou de typographie, dont voici le tableau :

Page 60, note 3. Lire : certificat du *14* février et mandement du *29* février.

Page 73, ligne 7. Au lieu de *désaublit et rasaublit* lire : *désanble et rasanble.*

Page 77, ligne 8. Au lieu de *Thier* lire : *Thuon*, aliàs *Thium.*

Page 101, note 1. Ajouter : *B. 1391.*

Page 103, note 1. Ajouter : *mémoires de Henry Philippe.*

Page 132, ligne 18. Au lieu de *Nomeny* lire : *Nomexy.*

Page 137, note 3. Au lieu de *Thier* lire : *This.*

Page 156, dernière ligne, note 8, et pages suivantes. Au lieu de *Bouges (Bourges)* lire : *Bruges.*

Page 157, note 1. Au lieu de *Boulogne* lire : *Bologne.*

Page 161, ligne 14. Au lieu de *ceston* lire : *carton.*

H. R.

Voici quelques corrections et additions à apporter à un mémoire sur *Saint Amédée de Clermont, évêque de Lausanne et la consécration de la cathédrale de Toul*, paru dans le *B. S. A. L.* de 1914, p. 30-41.

Page 32. La citation de la 26e ligne est tirée de dom CALMET, *Histoire de Lorraine*, 2e édition, t. I, preuves, col. 224.

Page 33. Le texte des *Gesta episcoporum tullensium* est extrait de la *Patrologie* de MIGNE, t. CLVII, *appendix.*
Ce texte même doit subir les corrections suivantes :

8e ligne : *gloriosæ* au lieu de *gloriosiæ :*

18e ligne : *vini* au lieu de *vim ;*

20e ligne : *minus* au lieu de *nimis ;*

Les *Statuta insignis ecclesie tullensis* se trouvent à la Bibliothèque nationale, *ms.* 10.019 du Fonds latin ;

24e ligne, lire *munivit* au lieu de *numivit.*

Page 34, 12e ligne, lire *altaribus* au lieu d'*altarium ;*

A la note 7, ajouter : Également Bib. nat., *Nécrologie de l'Église de Toul, ms.* 10.018 du Fonds latin.

Page 35, 2e ligne : *tertia* au lieu de *tertie ;*

— 5e ligne : *solemnioribus festis* au lieu de *solennoribus festi ;*

— 6e et 7e lignes, après *dicta*, remplacer *dedicatione* par *dedicatio turrium non fiat sed fiat dedicatio...*

— 8e ligne : *memoria* au lieu de *memorio ;*

— 21e ligne, mettre *portail* au lieu de *clocher;*

— note 1, lire *...mediæ et infimæ...* au lieu de *...mediæ et infimæ...*

Page 36, 2e ligne, lire : Clément *du Boulay.*

E. R.

BIBLIOGRAPHIE

— Dans le *Mercure de France* du 16 avril 1914, p. 754-772, M. André Lévy établit *L'origine lorraine de Méhul.* La famille Méhul habitait, au commencement du xviie siècle, Réméréville, dans le canton de Saint-Nicolas ; c'étaient de très modestes paysans. L'un d'eux, Jean, né vers 1674, alla, à la suite de son mariage en 1694, se fixer à Mazerules, sur la Seille ; il y devint régent d'école et y mourut le 25 mars 1737 ; son fils, nommé aussi Jean, naquit dans ce village le 31 mai 1696, se maria on ne sait où, et eut le 15 janvier 1729, à Mazerules, un fils nommé Jean-François, lequel est le père du grand musicien ; ce Jean-François devint maître d'hôtel du comte de Montmorency-Laval, puis se fit marchand de vins et

aubergiste à Givet, dans les Ardennes, et vécut jusqu'en 1807.
Il se maria à Givet, le 11 août 1761, et deux ans après, lui naquit
dans cette ville un fils qu'il appela Étienne-Nicolas (on remarquera ce prénom lorrain de Nicolas) et qui est l'auteur célèbre
du *Chant du départ* et de nombreux opéras.   E. D.

— La Société d'histoire de la région de la Sarre, dont le
siège est à Sarrebrück, vient de publier dans le fasc. 13 de ses
Mitteilungen l'œuvre de M. JUNGK, *Regesten zur Geschichte der
ehemaligen Nassau-Saarbrückischen-Lande, I Teil (496-1317)*,
Saarbrücken, 1914, in-8 de 288 p. Ce fasc. contient l'analyse de
1006 documents, dont beaucoup, en raison du voisinage des
deux pays, intéressent directement ou non la Lorraine. Il est
vrai que nombre de ces titres étaient déjà connus, parce qu'ils
figuraient par exemple dans les ouvrages de dom Calmet ou de
Croll, dans les *Mittelrheinische Regesten*, dans le *Mittelrhei-
nisches Urkundenbuch*, dans les catalogues d'actes de
Mathieu II par Morière et de Ferry III par Lepage. En employant
ces divers ouvrages, M. Jungk les cite très honnêtement, mais
ses renvois ne sont pas toujours exacts, au moins quand il
s'agit d'ouvrages lorrains : ainsi au nº 353, on trouve un renvoi à Morière marqué par le simple chiffre 305 et l'acte en question est analysé dans cet ouvrage au nº 298, p. 211 et publié
in-extenso à la p. 302 ; au nº 414 est un renvoi à Lepage, 254, et
on trouvera le document au nº 74 des actes de Ferry III, et à la
p. 234 des *M. S. A. L.* pour 1876. Il faudrait plus de précision
dans un ouvrage de ce genre. Il conviendrait aussi que les
références fussent séparées nettement de l'analyse des actes,
que l'emploi d'italiques fît ressortir les titres des volumes,
qu'une table expliquât les abréviations de ces titres dont
quelques-unes sont bien embarrassantes pour les non initiés.
Mais cette table se trouvera peut-être dans la suite de l'ouvrage, et ce sera un motif de plus d'attendre cette suite avec
impatience, car ces légères taches ne l'empêchent pas d'être
fort utile.   E. D.

Pour la Commission de rédaction, le Président : PIERRE BOYÉ.

L'imprimeur-gérant : A. CRÉPIN-LEBLOND, 21, rue Saint-Dizier, Nancy.

Bulletin mensuel

DE LA

SOCIÉTÉ D'ARCHÉOLOGIE LORRAINE

ET DU

MUSÉE HISTORIQUE LORRAIN

14e ANNÉE. — No 6. — JUIN 1914.

Procès-verbal de la séance du vendredi 8 mai 1914.

Présidence de M. Pierre Boyé, président.

Le procès-verbal de la dernière séance est lu et adopté.

Communications.

M. le Président donne communication des remercîments adressés par MM. le recteur Adam, l'abbé Gérardin, le commandant Blaise Illig, René Lepage et Edmond Mangeard, à l'occasion de leur admission comme membres titulaires.

La Société a reçu une invitation à la séance solennelle de l'Académie de Stanislas qui se tiendra le 14 mai dans le Salon carré de l'hôtel de ville.

M. le Président dépose sur le bureau le programme du premier Congrès international d'ethnologie et d'ethnographie qui doit se tenir à Neufchâtel (Suisse), du 1er au

5 juin prochain. M. René Martz, conservateur des collections préhistoriques, est désigné comme délégué de la Société à ce Congrès.

Nécrologie.

Il est donné avis du décès de MM. Édouard Bernard de Jandin, ancien magistrat, mort à Nancy, le 12 avril, dans sa 73e année, membre de notre Société depuis 1886 ; François Maurice, mort à Nancy, le 12 avril, dans sa 66e année ; et Maurice Degoutin, mort à Beaune, le 13 avril, à l'âge de 63 ans, membre de la Société depuis 1888.

Distinction honorifique.

M. l'abbé Edmond Chatton vient d'être nommé officier d'Académie.

Admission.

M. le général Foch, commandant le 20e corps d'armée, est admis comme membre titulaire.

Présentations.

Sont admis en la même qualité : Mlle Vera **Salomons,** Broomhill, Tunbridge Wells, comté de Kent, Angleterre, par MM. Edmond des Robert, Pierre Boyé et Georges Demeufve ; Jules **Chardot,** négociant, 52, cours Léopold, par MM. Paul Charbonnier, Georges Demeufve et Pierre Boyé ; l'abbé Joseph **Chaudeur,** curé de Domèvre-en-Haye, par MM. les abbés Edmond Chatton et Modeste Demange, et M. Émile Duvernoy ; Julien **Cropsal,** instituteur, à Bonvillers-Mont, par MM. Pierre Boyé, René Martz et Marcel Maure ; et **Toussaint,** entrepreneur, 13, rue de Toul, par MM. Paul Charbonnier, Georges Demeufve et Pierre Boyé.

Ouvrages offerts à la Société.

La vie à la cour de Lorraine sous le duc Henri II (1608-1624), par Hippolyte Roy. Paris-Nancy, 1914, in-8 de 210 p., avec 9 pl.

Histoire d'un château de Lorraine, d'après ses archives, Aulnoy-sur-Seille, par la baronne DE LA CHAISE. Metz, 1912, in-8 de 77 p., avec 12 pl.

Étude phonétique des patois d'Ardenne, par Charles BRUNEAU. Paris, 1914, in-8 de 541-XII-61 p.

Enquête linguistique sur les patois d'Ardenne, t. I, par le même. Paris, 1914, in-8 de 538 p.

La limite des dialectes wallon, champenois et lorrain en Ardenne, par le même. Paris, 1913, in-8 de 240 p.

Rapport de la Commission des finances.

M. Charles GUYOT donne lecture du rapport qu'il présente, au nom de la Commission des finances, pour l'exercice 1913. Les conclusions de ce rapport sont mises aux voix et adoptées.

Lectures.

M. Edmond des Robert lit, pour M. G. BAUMONT, une étude sur *Jean Ruyr poète*.

M. Pierre Boyé continue la lecture du travail de M. Amédée CAGNAT sur *Le premier siège de La Mothe (1634)*.

RAPPORT FAIT AU NOM DE LA COMMISSION DES FINANCES
POUR L'ANNÉE 1913.

Messieurs,

Nous sommes bien en retard cette année pour vous présenter le rapport accoutumé sur les comptes de 1913 :

la grève des typographes n'a pas permis à notre imprimeur de nous fournir plus tôt les factures qui constituent
la pièce justificative la plus importante de nos dépenses.
Les comptes du trésorier n'ont pu être examinés par la
Commission que dans sa séance du 6 mai ; c'est ainsi
qu'après deux mois au moins de retard sur la date
habituelle, je puis seulement vous donner aujourd'hui
un compte rendu de nos opérations.

Compte de la Société pour l'année 1913 :

Recettes :

Cotisations perçues..........................	6.528	»
Vente de livres..............................	85	80
Publicité du Bulletin	47	»
Arrérages de rentes sur l'État (membres per- pétuels)	369	»
Intérêts des sommes en banque.............	94	90
Versements de membres perpétuels.........	»	»
Total des recettes de l'exercice ..	7.124	70

Dépenses :

Impressions : Mémoires........	2.857	35	
— Bulletin...........	1.603	95	
— Documents (reli- quat passif)....	159	40	4.725 70
— Divers	105	»	
Planches et illustrations...................		361	55
Recouvrements, écritures, frais d'envoi des volumes, frais divers		527	20
Traitement du commis.....................		300	»
Chauffage et éclairage....................		59	15
Total des dépenses de l'exercice..		5.973	60

La somme de 6.528 francs pour les cotisations est la plus élevée qui ait été perçue jusqu'à ce jour. Elle comprend un versement de 738 membres, dont 525 paient la cotisation entière de 10 francs pour les Mémoires et le Bulletin, et 213 celle de 6 francs pour les Mémoires seulement. Nous n'avons eu à inscrire cette année aucun nouveau membre perpétuel ; leur nombre est toujours de 50, dont 29 vivants.

Quant aux dépenses, le volume des Mémoires a atteint une somme inusitée, et le total des impressions, 4.725 francs, est supérieur à celui des années précédentes. il est vrai que dans ce total figure une somme de 159 francs relative à la publication d'un volume de Documents : c'est le XIXe de la série, formé par l'ouvrage de M. Pfister, *Les assemblées électorales dans le département de la Meurthe pendant la Révolution*. Cette publication a coûté en tout 2.497 francs ; mais des subventions de la Ville de Nancy et du Ministère de l'Instruction publique, 45 souscriptions particulières et des ventes en librairie ont presque complètement amorti cette dépense, de sorte qu'il ne reste plus à notre charge que la différence assez minime que nous avons inscrite ci-dessus.

Nous voudrions continuer dans cette voie et ajouter encore un nouveau volume à la série de nos Documents : certes, la matière ne fait pas défaut, et nous aurions dès à présent à notre disposition plusieurs ouvrages dont la publication ferait honneur à notre Société. Mais il faut nous attendre à une forte majoration des prix pour les impressions de 1914 ; de plus, nous ne pourrions compter sur des subventions de la Ville et du Ministère, qu'un sujet très spécial et l'influence personnelle de notre éminent confrère nous ont fait obtenir en 1913. Nous sommes donc obligés de surseoir, eu égard au montant de nos disponibilités actuelles, à la mise en train de ce

XXe volume, que nous ferons attendre le moins longtem,
possible, nous estimant très heureux si nous pouvons
conserver aux Mémoires le même nombre de pages que
les années précédentes.

Quant aux finances du Musée, nous constatons que le
produit des entrées, qui forme avec les subventions de la
Ville et du Département le principal élément des recettes,
ne s'est élevé en 1913 qu'à 5.109 francs, tandis qu'il avait
été de 5.514 francs en 1912. Nous ne pouvons donc pas
compter sur une stabilité absolue dans ce produit, qui
est influencé par des causes très diverses, telles que l'état
de la température estivale, qui facilite plus ou moins la
visite des étrangers, les fêtes et attractions diverses qui
appellent à Nancy plus ou moins d'excursionnistes, etc.
En même temps que le produit des entrées, le Musée
encaisse par la vente de ses publications : catalogue,
guide, cartes postales, etc., des profits qui ne sont pas à
dédaigner (575 francs en 1913). Nous constatons à ce sujet
que le Guide du visiteur est à peu près épuisé ; une
nouvelle édition doit être incessamment entreprise ; c'est
une avance de 1.000 francs environ, qui sera promptement
recouvrée.

Malgré les charges très lourdes qui lui incombent, pour
assurer notamment la surveillance et la sécurité des
collections, entretenir le bâtiment et ses dépendances, le
Musée a pu consacrer à des acquisitions nouvelles une
somme de près de 3.000 francs. Si cette année les fouilles
n'ont pas donné beaucoup de résultats, elles seront
reprises en 1914, et nous avons la bonne fortune d'enregistrer la promesse d'une subvention de 400 francs, qui
nous est faite par le Ministère de l'Instruction publique.

Messieurs, vos finances ont été gérées par M. le commandant Thouvenin, qui débutait dans ses nouvelles
fonctions de trésorier. Il s'en est acquitté avec le zèle et la

ponctualité que nous attendions de lui ; la commission, en vous signalant son excellente gestion, vous demande de vous joindre à elle pour lui exprimer notre reconnaissance.

Ch. GUYOT.

MÉMOIRES

Arnulfus de Wolkrange, et non de Bockange, 1179.

A la suite de son remarquable travail sur le Fonds lorrain aux archives de Vienne, notre confrère M. Maurice Dieterlen a publié quelques chartes inédites ou, jusqu'à présent, éditées d'une manière peu satisfaisante (1). Il s'est attaché, avec beaucoup de soin, à identifier les localités qui s'y trouvent citées, ce qui, pour certaines d'entre elles, n'était pas chose facile et a pu parfois ne donner qu'un résultat douteux.

Or, dans une charte ducale de 1179 figure, parmi les témoins, *Arnulfus de Bulkarenges*, et l'auteur a mis, pour ce dernier nom, la note suivante : « Bockange, Lorraine annexée, comm. de Piblange, arr. et cant. de Boulay (2). »

Au premier abord, la disparition de l'*r* m'a paru difficile à expliquer et, songeant au changement si fréquent des lettres B et V entre elles, ainsi que, dans nos marches de deux langues, des lettres V et W, j'ai eu l'idée de

(1) Maurice DIETERLEN, *Le Fonds lorrain aux Archives de Vienne*, dans les *M. S. A. L.*, 1913.

(2) *Idem*, cf. p. 46.

WOLKRANGE, d'autant plus que Bockange n'est pas connu, que je sache, comme ayant servi à désigner une famille féodale, tandis qu'il en est tout autrement de Wolkrange. Mon opinion s'est confirmée par la charte de 1208 où l'on voit paraître *Arnoldus de Vokerenges*, qui me semble bien être le même personnage. Et, cette fois, M. Dieterlen ne s'y est pas trompé ; il a inscrit en note : « Volkrange, Lorraine annexée, arr. et cant. de Thionville-O. (1). »

Il serait inutile, je pense, de prouver longuement que *Arnulfus* et *Arnoldus* sont deux formes bas-latines qui répondent au français *Arnou* (ou *Arnoul*, *Arnous*, *Arnoux*, etc.) ; ce n'est pas qu'elles aient absolument la même étymologie (2) ; mais on les avait confondues. On constate pareil fait pour *Rudolfus* et *Radulfus*, deux formes d'origines différentes, qui en sont venues à correspondre toutes deux au français *Raoul*.

Les sources seraient longues à consulter sur la famille de Wolkrange. Je me bornerai à renvoyer à la généalogie, datant de plus de soixante ans, qu'en a dressée feu le baron Emmanuel d'Huart dans les *Publications* de Luxembourg, puis dans l'*Austrasie* ; le premier membre alors connu de la famille était précisément « Arnoux de Wolckrange » d'après la même charte de 1208 (3).

L. GERMAIN DE MAIDY.

(1) *Idem*, cf. p. 49. — D'après le *Dict. topogr. de la Moselle*, l'orthographe officielle française était Wolkrange ; on verra plus loin le baron E. d'Huart écrire *Wolckrange*.

(2) Cf. Lorédan LARCHEY, *Dict. des noms*, au mot *Arnou*.

(3) Baron Emmanuel D'HUART, de Bétange, *Wolckrange, puissante famille d'ancienne chevalerie luxembourgeoise*, dans les *Publications de la Société pour la recherche et la conservation des monuments historiques dans le Grand-Duché de Luxembourg* (plus tard : Section historique de l'Institut Grand-Ducal), année 1851 (t. VII), p. 62-71. — *Wolckrange, puissante famille d'ancienne chevalerie*, dans l'*Austrasie*, 1853, p. 121-132.

Habitations gauloises à Hattonville.

A environ 1500 mètres à l'est du village d'Hattonville (1), sur une hauteur située entre les bois de Haudronville-Haut et de Raillis, se trouvent plusieurs petites mares ou mardelles.

Après un examen de leur situation, nous avons conclu que ces mares pouvaient être les emplacements d'anciennes habitations gauloises, et un certain nombre d'arguments nous ont paru militer en faveur de cette opinion.

Ces mares sont situées sur une hauteur, chose anormale et contraire aux lois de l'hydraulique. Elles ont par conséquent été creusées par la main des hommes.

Pourquoi ont-elles été creusées? Pour que les cultivateurs puissent avoir de l'eau au milieu de leurs champs ? Ce n'était pas nécessaire, le ruisseau d'Hattonville, affluent de l'Yron, traverse la prairie, au pied de la hauteur.

Pour conduire la terre aux tuileries voisines de Fontaine et des Quatre-Communes (2)? Mais cette terre ne convient ni à la poterie ni à la fabrication de la tuile.

Les habitants d'Hattonville disent que, d'après la tradition, ces mares ont été creusées par les « Romains ». Or, dans la Woëvre, on comprend sous la dénomination de « Romains », dans le langage populaire, à la fois les Gallo-Romains, les Celtes, les Gaulois, les Barbares.

Il est donc très probable que ces mardelles sont les vestiges d'anciennes huttes gauloises.

En 1819, d'ailleurs, on a trouvé à Hattonville une monnaie gauloise en or, portant au revers un cheval barbare

(1) Hattonville, Meuse, arr. Commercy, cant. Vigneulles.

(2) La tuilerie de Fontaine, écart de Viéville, existe encore. La tuilerie des Quatre-Communes, ancien écart de Hattonville, a été détruite par un incendie en 1797.

au-dessus duquel était figurée une petite roue. Cette monnaie faisait partie du cabinet de M. Denis, de Commercy (1).

JEAN BOHIN.

Le pays des Baronnies.

2ᵉ PARTIE. — BARONNIES DE LORQUIN ET SAINT-GEORGES

I. — *François, comte de Vaudémont (1601-1632).*

Le commencement du XVIIᵉ siècle marque l'époque du démembrement définitif de la terre de Turquestein.

Nous avons vu que le dernier des d'Haussonville, qui s'éteignit en 1607, avait, deux ans auparavant, élu comme héritier de son nom et de ses biens, son petit-neveu Nicolas de Nettancourt, enfant en bas âge, dont les intérêts étaient gérés par son père, Jean V de Nettancourt-Vaubécourt, qui tenait résidence à Gerbéviller (2).

Cette extinction de la maison d'Haussonville favorisa les desseins d'un nouveau venu dans la vallée de la Vesouze : François, comte de Vaudémont. Il avait épousé en 1598 Christine de Salm, fille de Paul VIII, sur la tête de laquelle se réunirent par l'effet de diverses donations et partages, toutes les parts que possédaient dans les domaines de Salm, son père et son oncle Jean IX (3).

Il était naturel que le comte de Vaudémont, devenu par sa femme seigneur en partie de Badonviller, Pierre-Percée, Fénétrange, Viviers, Puttelange, Ogéviller, etc.,

---

(1) LIÉNARD, *Archéologie de la Meuse*, t. II, p. 172 ; *Dictionnaire archéologique de la Gaule a l'époque celtique*, t. II, p. 7.

(2) Arch. de la Marne. Reg'stre des insinuations au greffe du bailliage de Châlons, 1657-1664, fol. 14-15. (Référence obligeamment fournie par M. le comte de Nettancourt-Vaubécourt.)

(3) Voir : *Châteaux de la Vesouze*, chap. XIV et XV.

cherchât à profiter du démembrement de Turquestein
pour se constituer dans ces parages un grand fief seigneurial.

En 1601, et dès avant la mort de Jean IV d'Haussonville,
il achetait aux héritiers de Jean III, c'est-à-dire aux représentants de ses filles mariées l'une à Gaspard de Marcoussey, vicomte d'Étoges, l'autre à Jean de Savigny, vicomte
de Rosne, la portion de Turquestein échue à cette ligne
par le partage de 1567. C'était Lorquin, Fraquelfing, La
Neuveville, Neufmoulin, Lafrimbolle (1). Cette acquisition
fut faite pour 172 622 francs 9 gros (2).

Tout de suite après la mort de Jean V (1607), le comte
de Vaudémont, poursuivant son dessein, acquit la portion
léguée au jeune de Nettancourt, c'est-à-dire la baronnie
de Saint-Georges. Il l'acquit, le 8 juillet 1608, par voie
d'échange avec le comte de Nettancourt-Vaubécourt, au
nom de son fils mineur, contre la seigneurie de Choiseuil
qu'il possédait en Champagne (3) et devint ainsi seigneur
et baron de Saint-Georges, Hattigny, Landange, Hablutz,
Richeval, Bertrambois et Laforêt.

Le nom d'Haussonville et le souvenir de cette antique
maison s'effacent dès lors dans le pays de la Vesouze. Il
n'en subsiste d'autre trace qu'une humble ferme isolée
entre Ibigny et Richeval, à laquelle est resté le nom
d'*Haussonville*.

François de Vaudémont acquit encore des parts dans

(1) Étoges (Marne, arr. Épernay, cant. Montfort) était une seigneurie
provenant de Saladin d'Auglure, dont la fille Anne avait épousé
Balthasar d'Haussonville; Rosne (Meuse, arr. Bar, cant. Vavincourt)
était une terre de la famille de Savigny. — LEPAGE, dans *Turquestein*, etc., *M. S. A. L.*, 1886. p. 149, paraît croire que cette vente comprenait la totalité du domaine de Turquestein. Mais ce ne pouvait être
que la part des héritiers de Jean III, Marcoussey et Savigny.

(2) Arch. M.-et-M., B. 1280, 1264, fol. 90; H. 1450.

(3) Notes dues à l'obligeance de M. le comte de Nettancourt-Vaubécourt. — Arch. nationales, KK. 1119, t. IV, fol. 631.

la dernière portion de Turquestein, celle de Gaspard, dite de Châtillon, que le partage de 1567 avait attribuée indivisément à Anne d'Haussonville, épouse de Georges de Nettancourt, et à Marguerite, épouse de Jean du Châtelet. Nous n'avons pas l'acte qui constate cette acquisition, mais il est plus que vraisemblable que François de Vaudémont l'obtint du père de Nicolas de Nettancourt, Jean V, et de son frère Henry, qui possédaient ces parts en leur nom personnel, comme petit-fils de Georges de Nettancourt, époux d'Anne d'Haussonville, fille de Gaspard, et avaient sur Châtillon les mêmes droits que Jean-Philippe de Nettancourt leur oncle, conjointement avec Érard et René du Châtelet. Puisque le père de Nicolas de Nettancourt jugeait à propos de ne pas garder à son fils l'importante seigneurie de Turquestein-Saint-Georges, il était naturel qu'il se défît aussi de la petite part indivise qu'il avait personnellement dans Châtillon (1).

Nous ne savons pas au juste quelles furent les propriétés qui, dans les sous-partages de Châtillon, formèrent le lot du prince lorrain. Il y a lieu de croire qu'il y trouva une prérogative très précieuse attachée de temps immémorial à la possession de ce fief : le droit, en commun avec les comtes de Salm, de convoyer les voyageurs au col du Donon et par conséquent de garder cet important passage.

(1)

Anne d'Haussonville, fille de Gaspard, epouse Georges II de Nettancourt, 1539.
— Jean IV de Nettancourt, ép. Ursule d'Haussonvile, fille d'African, 1573.
 — Jean V de N. + 1642. — Nicolas de Nettancourt-Haussonville, légataire de Jean d'Haussonville.
 — Henry de N.
— Jean Philippe de Nettancourt, baron de Châtillon.

Marguerite d'Haussonville, fille de Gaspard, ép. Jean II du Châtelet.
— René du Châtelet.
— Érard du Châtelet.

Nous devons croire aussi que le village de Harbouey fit partie du lot acquis par le comte François, puisque c'est à dater de cette époque qu'on le trouve énuméré parmi les possessions ducales, et quelquefois aussi qualifié de baronnie (1).

François de Vaudémont acquit aussi en 1606, d'un bourgeois de Metz, la seigneurie d'Angomont et du *Ban-le-Moine*, territoire qui appartenait originairement à l'abbaye Saint-Symphorien de Metz (2), et qui comprenait, outre le village d'Angomont, ses forêts et ses écarts, la portion des territoires de Neuviller et Bréménil qui n'était pas lorraine, et que depuis l'annexion de l'évêché, et de nos jours encore, on appelle *la France*.

La guerre de 30 ans devait bientôt ruiner tout ce pays de fond en comble (3).

François de Vaudémont avait ainsi réuni deux des parts taillées dans le domaine primitif de Turquestein, Saint-Georges et Lorquin, plus 1/6 du troisième lot dit de Châtillon. Il ne put acquérir le surplus que conservèrent toujours les familles de Nettancourt et du Châtelet, et qui, par conséquent, n'appartint jamais au prince lorrain ni aux ducs ses héritiers.

De toutes ses acquisitions, François de Vaudémont fit un grand domaine seigneurial, qu'il unit à la part des

---

(1) Harbouey, M.-et-M., arr. Lunéville, cant. Blâmont, autrefois du temporel de Metz, mais du diocèse de Toul. Devenu propriété patrimoniale des ducs, il fut donné à un sieur Hilaire, conseiller, et le prince de Beauvau le racheta en 1727. (LEPAGE, *Statist. de la Meurthe*, t. II, p. 239.)

(2) L'abbaye avait réussi à le vendre le 17 décembre 1605, à Charpentier, bourgeois de Metz, sous prétexte « du trop grand éloignement de ce domaine ». (Expédition authentique aux Arch. de la manufacture de glaces de Cirey.)

(3) Arch. M.-et-M., B. 11 753, *passim*. — Angomont, Neuviller et Bréménil, M.-et-M., arr. Lunéville, cant. Badonviller ; ces deux derniers villages mi-partie Évêché et mi-partie Lorraine, comté de Salm, diocèse de Toul.

possessions échues à sa femme Christine de Salm par les partages de 1598. Puis en 1613, il demanda à l'empereur Mathias le privilège des droits régaliens qu'il avait déjà acquis sur le comté de Salm, avec le titre de prince. Les fonctions de « gouverneur et lieutenant-général pour le roi de France ès villes et places de Verdun, Toul, etc. » qu'il avait exercées sous Henri IV, ne parurent pas un obstacle à l'obtention de ces faveurs impériales (1). Ce privilège des droits régaliens était la source de gros profits. Il conférait d'abord les droits les plus étendus de justice et de prééminence, le monopole de l'exploitation des minières et mines de cuivre, de fer, d'étain, de plomb ; les droits de chasse et de pêche ; de battre monnaie « de la même manière que le duc de Lorraine ou l'évêque de Metz » ; d'exploiter les eaux salées qui pourraient être découvertes et d'en tirer profit ; enfin de pouvoir frapper les sujets de corvées gratuites, pourvu qu'elles soient raisonnables, et de taxer tous les charrois qui se faisaient par les chemins (2). L'importance de ces droits régaliens était encore rehaussée par la pompe dont s'entourait le personnel administratif et judiciaire de la seigneurie. Le châtelain y prenait le titre de haut-officier ; un procureur d'office l'assistait, et les forestiers, personnages très importants dans ce pays couvert de bois, portaient des *Enseignes*, nous dirions aujourd'hui insignes, en argent, aux armes du prince et des médailles d'or à son effigie (3).

Ce grand domaine ainsi constitué fut immédiatement soumis à la fiscalité lorraine. On le voit figurer dès l'année 1615 au registre des tailles, savoir :

(1) De Pimodan, *Hist. de la réunion de Toul à la France*, p. 261.

(2) Requête en vue de l'obtention des droits régaliens, arch. M.-et-M., B. 463, n° 30. — Voir appendice.

(3) Arch. M.-et-M., B. 1462, fol. 59, et Lepage, *Turquestein*, dans *M. S. A. L.*, 1886, p. 151.

Landange,	pour	380 francs.
Aspach,	—	120 —
Saint-Quirin,	—	50 —
Petitmont,	—	240 —
Hattigny,	—	520 —
Niederhoff,	—	170 —
Saint-Georges,	—	472 —
Hablutz,	—	80 —
Rogern (Richeval),	—	130 —
Bertrambois,	—	130 —
Fraquelfing,	—	155 —
La Neuveville et Neuf-Moulin,	—	150 —
La Frimbolle,	—	45 —
Au total		2 642 francs (1).

Ces tailles n'étaient pas précisément imposables à *merci* mais seulement une fois l'an *au bon plaisir du seigneur*. Ajoutées aux autres ressources du domaine, elles produisaient un revenu qui, durant l'époque de prospérité qui précéda l'invasion française, varia de 13 000 à 18 000 francs (2).

Les autres obligations féodales des manants étaient analogues à celles que nous trouvons dans toute la contrée ; elles comportaient bien entendu la garde du château de Turquestein, pour laquelle on recrutait des arquebusiers dans les villages d'alentour.

Toutefois, et en dépit de ces diverses prérogatives, les juridictions établies dans les baronnies par le prince de Vaudémont, et maintenues par le duc Charles IV n'étaient et ne pouvaient être souveraines. Elles étaient soumises

(1) Arch. M.-et-M., B. 9534.

(2) Elles furent par exemple de 13 600 francs en 1627. Arch. M.-et-M.; B. 1462, fol. 8. En cette même année, le domaine entier de Salm y compris les forêts et les forges de Framont, rapporta plus de 58 000 francs. *Ibid.*, B. 1462, fol. 9 à 12.

au contrôle du bailliage épiscopal de Vic, puis en dernier ressort à la cour impériale de Spire.

Vic était le véritable centre du petit état féodal constitué par le temporel des évêques de Metz. La vieille cité messine se gouvernait elle-même, et n'était que rarement d'accord avec son évêque. L'occupation française commencée en 1552 faisait subir à cette indépendance des échecs de plus en plus graves. Cependant, tant que les princes lorrains furent tout-puissants à la cour de France, et qu'ils purent user de leur pouvoir pour installer sur les sièges de Metz, Toul et Verdun, des prélats de leur famille, les magistrats du bailliage de Vic conservèrent d'importants vestiges de leur indépendance et en usèrent volontiers au profit de la politique lorraine.

Ils formaient cependant un tribunal fort imparfait. Les juges pouvaient cumuler les fonctions de trésorier, de chancelier, de gouverneur des salines ; ils étaient pris dans la bourgeoisie locale ; ils recevaient des *épices* dont les procureurs répondaient pour leurs clients.

La chambre de Spire était une institution surannée où la procédure ne se faisait qu'en latin, et où les procès étaient ruineux et « immortels ».

Au moment où le prince de Vaudémont venait d'acquérir les baronnies, de grands événements politiques changeaient brusquement cette situation. La défaite de la Ligue, la conversion d'Henri IV ruinaient les espérances des princes lorrains. Dès lors ils durent abandonner tout rêve de conquête sur les évêchés, et la domination française qui jusque là ne s'était exercée que sur les villes, commença à s'étendre pas à pas sur tout le pays.

En 1609, Henri IV décidait que le gouverneur français de Metz ferait seul fonction de gouverneur dans toutes les places de l'évêché. En 1631, le maréchal de La Force entrait à Vic, dont il faisait sa place d'armes pour envahir l'Allemagne ; enfin, en 1633, Richelieu créait le Parlement de Metz (1), et lui conférait juridiction sur tous les bailliages sans en excepter celui de l'évêque à Vic, auquel cependant, et par concession spéciale, on laissa son titre de bailliage seigneurial ou *cour féodale de l'évêché*.

La France toléra de même l'existence d'une justice particulière à Turquestein, laquelle, nominalement tout au moins, siégeait dans les ruines du vieux château, et en réalité à Lorquin où s'élevait le signe patibulaire. Elle relevait bien entendu du bailliage de Vic (2).

On dit communément que le château de Turquestein fut un de ceux dont Richelieu ordonna la destruction en 1634. En réalité, château et seigneurie avaient été dévastés dès le xvıᵉ siècle par la peste et les guerres religieuses, avant d'en arriver, lors de la guerre de Trente ans, à la ruine définitive. Le souvenir de ces guerres apparaît dans les documents du commencement du xvııᵉ siècle. Elles avaient tellement bouleversé la vie rurale, qu'en 1612 il avait fallu, à la suite d'un long procès, rétablir transactionnellement le système des dîmes de Saint-Georges où tout était confondu ; et dans leurs plaintes, qui figurent aux pièces du procès, les communautés intéressées rappellent « que les divisions de religion ont ruiné les biens ecclésiastiques du temps de messire African d'Haussonville » (3). C'est un souvenir du passage des reîtres en 1587.

(1) Voir le procès-verbal de l'installation du Parlement de Metz, dans le *Pays lorrain*, 1913, p. 541.

(2) Nous avons emprunté ces détails à la notice de M. Duvernoy, sur Alph. de Ramberviller, dans *M. S. A. L.*, 1908. — Avant la mise en vigueur du régime français, la justice seigneuriale de Turquestein connaissait en matière civile seulement « des causes qui s'audiencent et des sentences qui se rendent par devant les juges desdites villes. Y ayant appellation elles viennent à Son Altesse ». Cette prétention du duc de Lorraine d'évoquer les appels d'une juridiction étrangère à sa souveraineté territoriale, ne pouvait manquer d'être contestée par la France.

(3) Arch. de M.-et-M., H. 1450.

11

La peste avait sévi en 1611. Le village de Turquestein était à peu près détruit dès cette époque, puisqu'il ne figure même pas au rôle des tailles de l'année 1615. Cent soixante-quinze ans plus tard, en 1790, il n'avait encore recouvré que 70 habitants, hommes, femmes et enfants, en sorte qu'on ne put y former le corps des notables prévu par la loi municipale (1).

Zufall, le château qu'avait habité African, a lui-même complètement disparu, et rien ne prouve que sa destruction ne soit pas antérieure au passage des Suédois. Il n'en reste aujourd'hui aucun vestige. Seul un sentier rural porte encore le nom de « Sentier du château », bien qu'il n'aboutisse à aucune construction.

Dès 1631, des orages, des tempêtes qui sévirent les 13, 14 et 15 novembre, emportèrent 12 pieds environ de murs au corps de logis du château (2). Tout ce domaine était donc déjà fort appauvri avant le commencement des grandes guerres.

Il convient cependant de signaler quelques traces d'activité industrielle qui s'y manifestèrent au début du xviie siècle. Deux frères, Claude et Barthélemy Jacquemin, qui résidaient à Hattigny, y avaient installé une fabrique de « *mirouers en bosses* ». A diverses reprises, ils s'adressèrent au prince de Vaudémont et au duc, leur exposant qu'ils manquaient des moyens de faire revivre un art qui, disent-ils, a été admirablement pratiqué du temps passé, et que, pour lui rendre *sa pristine* renommée, il leur faudrait quelques subsides. Ils en reçurent de Charles III, de Henri II, du prince de Vaudémont, qui leur fournirent de quoi acheter des outils, des pierres, des fourneaux. Ils furent même autorisés à établir leur usine aux abords

(1) Arch. de M.-et-M., C. 561.
(2) Lepage, *Turquestein,* dans *M. S. A. L.,* 1886, p. 155.

de la forêt de Bousson (1), au comté de Blâmont, afin d'y puiser les bois nécessaires à l'alimentation de leurs fours. Mais les guerres qui suivirent ont anéanti cette intéressante industrie. On en chercherait en vain la trace et le souvenir (2).

II. — *Le duc Charles IV (1632-1675).*

Le prince de Vaudémont mourut en 1632. Il laissait pour héritiers Charles IV et Nicolas-François qui tous deux furent successivement ducs de Lorraine, et c'est ainsi que le territoire des baronnies entra dans le domaine de nos ducs. Ils le possédèrent donc non à titre de souverains, puisqu'il relevait toujours de l'évêché de Metz, c'est-à-dire de la France, mais à titre de propriétaires et de vassaux, situation équivoque dont les conséquences devaient se manifester longtemps, soit après la réunion définitive de l'évêché à la France, soit après l'annexion de la Lorraine, soit même après la Révolution française, par de longs et retentissants débats (3).

Les événements politiques allaient encore compliquer cette équivoque.

En 1583, le duc Charles III avait acquis la principauté de Phalsbourg et les six villages (4) qui entouraient cette petite ville. Phalsbourg avait été bâti au xvie siècle par Georges-Jean, comte palatin et duc de Bavière. Cette acquisition que le duc de Lorraine réalisa pour 400 000 florins, avait pour lui une importance politique de premier ordre, parce qu'elle le rendait maître du col de Saverne.

(1) Forêt domaniale dans la haute vallée de la Vesouze, territoire de Saint-Sauveur, M.-et-M., arr. Lunéville, cant. Cirey.

(2) Arch. M.-et-M., B. 9061, 1261 f° 243, 3351 f° 134, 3511 f° 41 v°.

(3) Voir *Procès des baronnies* dans *Mém. Acad. Stan.*, 1912. p. 281.

(4) Einartshausen, Vilsperg, Mittelbronn, Lutzelbourg, Hültenhausen, Hazelbourg. LEPAGE, *Communes de la Meurthe*, t. II, p. 276, 461.

Charles IV, après les malheurs de ses premières guerres avec la France, ne put conserver Phalsbourg. Par le traité de Vincennes (1661) il dut en consentir la cession au roi Louis XIV, avec celle d'une bande de territoire jalonnant la route de Metz en Alsace (1).

D'autre part, la France restant maîtresse du pays de la Sarre comme de l'évêché de Metz, y affirma sa souveraineté par l'organisation d'une administration centralisée, dont tous les rouages ressortirent en définitive au Parlement de Metz, et dont nous avons vu plus haut les principaux éléments.

C'est dans ces conditions confuses et compliquées que Charles IV, rentrant dans son duché de Lorraine, retrouva les baronnies de Turquestein, Lorquin et Saint-Georges.

A une situation politique amoindrie, s'ajoutaient les ruines accumulées par près de trente années de désastres.

Dès la première année de ces guerres, en 1633, Lavallée, capitaine de Turquestein, signalait les ravages causés par le passage des douze compagnies du régiment lorrain de Bassompierre à Hattigny, et d'un corps de cavalerie qui s'était logé au château (2). On voit en effet que les troupes du duc Charles, notamment les compagnies de MM. de Lenoncourt, du Châtelet, Lignéville, s'étaient concentrées à Blâmont et Ogéviller (3).

Il en fut de même pendant tout le cours des guerres, et l'on ne peut s'étonner de trouver en 1661 le moulin de Xouaxange ruiné, sans meule ni attachement, le village de Neufmoulin, ruiné et complètement abandonné. Il n'y a plus de porcs à Aspach, il reste six chevaux à Frémonville(4). On ne perçoit par conséquent ni dîmes, ni impôts.

---

(1) Voir le texte du traité de Vincennes dans Calmet, *Hist. Lorr.*, t. IV, *preuves*, col. 563.

(2) Comptes du domaine, Arch. M.-et-M., B. 889, fol. 112, 113. 116.

(3) Comptes du domaine, *ibid.*, B. 1505.

(4) Frémonville, M.-et-M., arr. Lunéville, cant. Blâmont.

On ne sème rien dans les terres depuis plusieurs années ; les vignes, car il y en avait à Neufmoulin, à Fraquelfing, à Niderhof, ont disparu depuis longtemps ; les haies, les buissons, les aulnes ont pris leur place.

Le duc est propriétaire d'un grand nombre de rentes constituées à 5 0/0, mais « les débiteurs sont tous morts il y a longtemps, personne n'a souvenir d'eux ni de leurs héritiers, et il y a plus de cinquante ans qu'on n'en a rien tiré ».

Beaucoup de terres sont acensées, mais les propriétaires ne peuvent payer. L'un « ne jouit pas de son domaine, *ains* les Français »; l'autre invoque sa pauvreté et l'occupation étrangère (1). La métairie de Turquestein est acensée pour 50 ans, à raison de 60 francs, à la condition d'en relever les bâtiments détruits, et de les remplacer par une construction à chaux et sable (2).

Quant au château « qui était au paravant les guerres d'une belle et ample circuit, il a été démoli en l'an 1634 par ordre de sa majesté Louis XIII ». On ne l'a jamais reconstruit. Le comptable, n'y trouvant même plus un gîte, s'est réfugié à Hattigny. Il supplie qu'on lui accorde pour cela quelque indemnité (3).

Il reste sept habitants et une veuve à Niderhof, trois laboureurs et cinq manœuvres à Fraquelfing, deux laboureurs et cinq manœuvres à Aspach, un seul habitant à Lafrimbolle. Les tailles de ces villages qui donnaient, en 1615, 640 francs sont réduites à 116 francs ; et voici un fait qui montre avec quelle âpreté on traitait les malheureux survivants : dix-sept bourgeois de Saint-Quirin furent convoqués pendant huit jours, dans les ruines du château, pour affirmer la persistance du droit de garde qu'ils y

(1) Arch. M.-et-M., B. 1510, fol. 6.
(2) *Ibid.*, B. 11043, n° 25, acensements de 1706.
(3) *Ibid.*, B. 9536, fol. 89.

devaient avant sa destruction. Les revenus bruts du domaine affermés d'abord pour 3 120 francs étaient tombés à 384, puis à 251 francs. Les dépenses excédaient les recettes et l'on redevait 89 francs au comptable (1).

Tel est le sombre tableau, plus tragique que toute description, que mettent sous nos yeux les comptes officiels de 1665 et 1667 qui sont, croyons-nous, les premiers qui aient été rendus à la Chambre des comptes depuis le retour de Charles IV.

Au lieu de songer à réparer le désastre qui a ruiné le domaine de Turquestein, Charles IV l'appauvrit encore en le démembrant au gré de son caprice.

Dès 1665 il en détache, sous le nom de *fief de la Tour*, toute la baronnie de Saint-Georges, en sorte que le comptable constate avec amertume « qu'ayant plu à son altesse gratifier le sieur Roussel des rentes, revenus et usufruit des baronnies de Saint-Georges sans aucune exception », il ne peut y faire aucune recette (2). Le sieur Roussel avait rendu de grands services à Charles IV. Mais l'aliénation de Lorquin au profit de M. de Thiard de Bissy est un fait plus surprenant (3).

Le marquis Claude Thiard de Bissy, gentilhomme bourguignon, servit pendant de longues années en Lorraine, dans l'armée royale que commandait le maréchal de Créqui. D'abord colonel d'un régiment de cavalerie, puis lieutenant-général, gouverneur de Nancy en 1670, commandant pour le roi « aux troupes étant en Lorraine » en 1672, il devint gouverneur des Trois Évêchés lorsque, après la paix de Ryswick, la Lorraine fut rendue à Léopold.

(1) Comptes du domaine, *ibid.*, B. 9535, *passim*, notamment f° 23-29. 34 et 9536, *passim*.

(2) Arch. M.-et-M., B. 9536, n° 89 ; Lepage, *Communes*, t. II, p. 461. — Il y a plusieurs familles Roussel ; Claude, dont il s'agit devait appartenir à celle qui fut anoblie en 1660 et qui portait : *d'azur au chevron d'or accompagné en chef de deux étoiles de même et en pointe de 3 croissants aussi de même entrelacés.*

(3) De Bissy : *d'or à 3 écrevisses de gueules.*

Il avait eu, comme lieutenant de M. de Créqui, sa part de responsabilité dans les rigueurs qui avaient sévi sur la Lorraine, et dont Charles IV devait conserver un juste ressentiment. Le duc n'en détacha pas moins la baronnie de Lorquin pour la lui donner vers 1665. Cette libéralité en faveur d'un général ennemi serait inexplicable, si l'on ne connaissait la politique indécise et cauteleuse de Charles à l'égard de la France et de ses agents en Lorraine. En comblant de faveurs le général français, il se sera proposé sans doute d'obtenir pour lui et ses sujets un traitement moins rigoureux. L'administration de M. de Bissy fut en effet plus humaine que celle de M. de Créqui. A sa mort, arrivée en 1701, Saint-Simon put dire qu'il fut fort regretté « pour son équité, sa discipline, et la netteté de ses mains ». La baronnie de Lorquin, ainsi que nous le verrons, fut rachetée plus tard par le prince de Beauvau ; mais la famille de Bissy demeura en Lorraine où elle posséda, au XVIIIe siècle, des fiefs à Burthecourt, à Velaine, à Frolois (1). Un des fils de M. de Bissy, pour lequel son père obtint l'évêché de Toul, fut auprès du roi un ardent et redoutable adversaire de la politique du duc Léopold (2).

Charles IV aliéna aussi Petitmont et Harbouey au profit de Pierre-Alexandre Hilaire, l'un de ses conseillers ; en sorte que dès 1665 il ne pouvait plus se dire seigneur haut-justicier dans l'ancien domaine de Turquestein qu'à Niderhof, Fraquelfing, Aspach, Neufmoulin et Lafrimbolle, et nous avons vu dans quel état lamentable la guerre et l'occupation française avaient laissé ce dernier lambeau des baronnies.

---

(1) *B. S. A. L.*, 1910, p. 174-178 ; BAUMONT, *Règne de Léopold*, p. 39, 61 ; LEPAGE, *Communes*, t. I, p. 386, t. II, p. 645 ; PFISTER, *Hist. de Nancy*, t. III, p. 219 ; CALMET, *Hist. de Lorr.*, t. III, col. 756.

(2) Comme gouverneur de Nancy, M. de Bissy avait en 1674 recueilli et ravitaillé les restes de l'arrière ban de la noblesse d'Anjou taillée en pièces à Bénaménil.

Nous allons rechercher comment elles se sont relevées et reconstituées sous le règne de Léopold.

III. — *Les Français, le duc Léopold (1675-1721).*

Le territoire de Turquestein était, comme nous l'avons vu, un fief de l'évêché de Metz. Le prince de Vaudémont en était devenu propriétaire, mais non souverain. Ce n'était pas une partie intégrante de la Lorraine. C'est ce qui explique comment Charles IV, dans son imprévoyance, et Léopold, dans ses largesses, ont pu l'entamer à plusieurs reprises par des concessions gratuites ou des *acensements*, sans soulever d'aussi vives protestations que s'il s'était agi d'aliénations du domaine ducal.

(A suivre.)   E. AMBROISE.

BIBLIOGRAPHIE

— On a vu récemment que la Lorraine pouvait revendiquer comme sien le grand musicien Méhul ; le contraire arrive aujourd'hui, et on nous démontre que notre province doit renoncer à un homme beaucoup moins célèbre, il est vrai, Guillebert, dit de Metz, qui composa une curieuse description de Paris sous Charles VI. Un érudit belge, M. Victor Fris, établit, à l'aide de documents d'archives, que Guillebert est né à Grammont, dans la province de Flandre orientale ; son père était boucher et lui-même fut, en 1425, échevin, en 1431, receveur de cette petite ville. Son nom doit s'écrire De Mets et signifie Le Maçon ; il est assez commun en Flandre. L'étude de M. Fris, *Guillebert de Mets*, Anvers, 1912, in-8 de 36 p., est extraite des *Annales de l'Académie royale d'archéologie de Belgique* ; on en trouvera une bonne analyse par M. Henri Stein dans le *Bulletin de la Société de l'histoire de Paris*, 1er fasc. de 1914.

Pour la Commission de rédaction, le Président : Pierre BOYÉ.

L'imprimeur-gérant : A. Crépin-Leblond, 21, rue Saint-Dizier, Nancy.

Bulletin mensuel

DE LA

SOCIÉTÉ D'ARCHÉOLOGIE LORRAINE

ET DU

MUSÉE HISTORIQUE LORRAIN

14e ANNÉE. — No 7. — JUILLET 1914.

Procès-verbal de la séance du vendredi 12 juin 1914.

Présidence de M. Pierre Boyé, président.

Le procès-verbal de la dernière séance est lu et adopté.

Communication.

M. le Président dépose sur le bureau le programme d'un concours ouvert par la Société libre d'agriculture, sciences, arts et belles-lettres du département de l'Eure pour 1915.

Nécrologie.

Il est donné avis du décès de M. Antoine de Metz-Noblat, questeur de l'Académie de Stanislas, mort à Nancy, le 9 mai, dans sa 65e année ; membre de la Société depuis 1874.

Distinction honorifique.

M. René Joffroy a été nommé officier d'Académie.

Admissions.

Mlle Vera Salomons, MM. Jules Chardot, l'abbé Joseph Chaudeur, Julien Cropsal et Toussaint sont admis comme membres titulaires.

Présentations.

Sont présentés en la même qualité : MM. Émile **Bertin,** membre de l'Académie des Sciences, ancien directeur du génie maritime et des constructions navales, 8, rue Garancière, Paris, par MM. Alexandre de Roche du Teilloy, Pierre Boyé et Justin Favier ; Lucien **George,** ancien négociant, 9, rue des Bégonias, par MM. le commandant Thouvenin, Pierre Boyé et Léon Germain de Maidy ; Marc **Imhaus,** imprimeur-éditeur, 6, cours Léopold, par MM. Pierre Boyé, Léon Germain de Maidy et Georges Demeufve ; l'abbé Charles **Massenet,** curé de Mécleuves (Lorraine), par MM. Jean-Julien Barbé, Edmond des Robert et Pierre Boyé ; Georges **Maurice,** négociant, 42, rue des Carmes, par MM. le commandant Thouvenin, Pierre Boyé et Léon Germain de Maidy ; l'abbé Paul **Moncel,** licencié d'histoire, professeur au collège de la Malgrange, par MM. Hippolyte Roy, l'abbé Hatton et Pierre Boyé ; Émile **Ramspacher,** étudiant en lettres, 59, rue du Sergent-Blandan, par MM. Hippolyte Roy, dom Jean Parisot et Charles Bruneau ; et Robert **de Roton,** officier d'infanterie, 89, rue de Carmaux, Albi, par MM. Edmond des Robert, Léon Germain de Maidy et Pierre Boyé.

Ouvrage offert à la Société.

Inventaire descriptif des taques du Musée historique de Luxembourg, par Émile Diderrich. S. l. n. d., in-8 de 47 p., avec fig.

Lectures.

M. Jean Bohin donne communication de son étude : *Une nouvelle hypothèse sur l'emplacement du* Castrum Vabrense *(Meuse)*, destinée au *Bulletin*.

En l'absence de l'auteur, M. Pierre Boyé lit pour M. Edmond des Robert un article sur *Les sceaux de l'abbaye de Vergaville*, également destiné au *Bulletin*.

M. Pierre Boyé termine ensuite la lecture du travail de M. Amédée Cagnat : *Le premier siège de La Mothe (1634)*. La Société vote l'impression de ce travail dans ses *Mémoires* et nomme pour former la Commission de revision : MM. Charles Guyot, Marcel Maure et Jean Bohin.

MÉMOIRES

Le pays des Baronnies.

(Suite.)

On sait avec quelle munificence Léopold qui, de retour dans ses états, avait à la fois tant de ruines à réparer et tant de dévouements à récompenser, reconstitua, aux dépens de son domaine, les biens des grandes familles qui avaient servi son père et son grand-oncle, et dont plusieurs s'étaient ruinées pour la cause nationale. Toutefois, ces libéralités s'inspirèrent aussi de motifs moins respectables, et l'on ne connaît que trop le scandale causé à la cour de Lorraine par la passion du duc pour la femme de son chambellan, la séduisante Anne-Marguerite de Lignéville, marquise de Beauvau, dame d'honneur de la duchesse et surintendante de sa maison (1).

Déjà en 1712, Léopold avait, en faveur de Marc de Beauvau, érigé en marquisat le village d'Haudonviller, aujourd'hui Croismare, sous le nom de Craon, qui était celui d'un ancien fief que cette famille avait possédé en Anjou (2). Le 5 mars 1721, il lui donnait à titre purement gratuit les terres et seigneurie de Turquestein et Saint-Georges, ainsi que toutes leurs dépendances (3). En 1726, Léopold ajoutait à ces largesses la terre et seigneurie d'Angomont dite le *Ban-le-Moine,* naguère acquise par François de Vaudémont et qui provenait de l'abbaye de Saint-Symphorien de Metz (4). Le marquis de Beauvau, qui devint prince de l'Empire en 1721, compléta ce beau domaine par des acquisitions particulières. La baronnie de Lorquin, autre démembrement de Turquestein, avait été, nous l'avons vu, aliénée par Charles IV au profit du marquis de Bissy. Il l'acheta à son fils en 1725 (5). Il acquit de même la seigneurie d'Harbouey également aliénée par le domaine au profit de Pierre-Alexandre Hilaire, conseiller (6).

Ainsi se trouvait reconstituée entre les mains du prince de Beauvau la seigneurie de Turquestein, à l'exception

---

(1) De Beauvau porte : *d'argent à quatre lionceaux de gueules, armés, lampassés et couronnés d'or.*

(2) Lettres patentes données à Lunéville le 21 août 1712. — Cette indication et les suivantes sont tirées des archives de la baronnie de Châtillon, qui nous ont été gracieusement ouvertes par M. le baron Jean de Klopstein, auquel nous témoignons ici notre vive gratitude.

(3) Acte dressé le 5 juin 1721 au bailliage de l'évêché de Metz à Vic.

(4) Donation insinuée à la Chambre des comptes de Nancy le 29 avril 1727.

(5) Acte du 4 sept. 1725, contrôlé à Nancy le 27 octobre et à Lorquin le 11 décembre. Leclerc, notaire à Nancy. Voir aussi LEPAGE, *Communes,* t. II, p. 552.

(6) Acte Ferry, tabellion à Lunéville, du 28 avril 1727, enregistré à Vic le 1er juillet 1728.

toutefois de celles des terres de Saint-Georges qui avaient été données à Claude Roussel par Charles IV et qui, ayant fait retour au domaine par voie de reversion, avaient été échangées avec M. du Châtelet (1).

Il conviendrait d'en excepter aussi l'emplacement et les ruines du vieux château de Zufall, ancienne demeure d'African d'Haussonville, que Léopold donna en 1718 à Simon-Melchior Labbé, baron de Coussey, l'un de ses conseillers d'État (2).

Mais la famille de Beauvau en fit l'acquisition plus tard, et les possédait encore en 1834 (3).

IV. — *La famille de Beauvau (1721-1835).*

L'étonnante faveur dont avait joui la famille de Beauvau faillit sombrer à la mort de Léopold. Au lendemain de son décès, la duchesse régente, obéissant au cri public autant qu'à son légitime ressentiment contre sa rivale, révoquait toutes les aliénations faites au détriment du domaine depuis 1697. Les terres achetées par l'État pour être données ou cédées à des particuliers durent être restituées en nature ou en argent. Un édit du 14 juillet 1729 les réunissait à la couronne et en soumettait la gestion au contrôle de la Chambre des comptes.

Le prince de Beauvau s'exécuta d'abord. On trouve aux Archives les comptes de la seigneurie, y compris Harbouey

(1) Contrat passé en 1722 devant Denys, tabellion de Cirey et Ibigny (mention sur un titre aux archives, B. 127).

(2) La famille Labbé comptait, au temps de Léopold, de nombreux représentants dans l'administration et la magistrature. Elle se disait originaire de Bohême, et sa noblesse remontait au moins au temps du duc Henri II. Cf. dom PELLETIER, *Nobiliaire*, vᵒ Labbé ; Mémoire à la Biblioth. de Nancy, Fonds lorrain, nᵒ 7326 ; LEPAGE, *Communes*, t. I, p. 480.

(3) Arrêt de la cour de Nancy du 14 mars 1834, à sa date aux arch. de la cour.

et le Ban-le-Moine, pendant plusieurs années (1). Il y avait mis tant de bonne grâce apparente que non seulement il s'était déporté de toutes les donations qu'il avait reçues de Léopold, mais qu'il avait encore cédé au nouveau duc la baronnie de Lorquin et la seigneurie de Harbouey, acquises cependant sur des particuliers (2).

Cette soumission n'était toutefois qu'apparente. Dès qu'il en trouva l'occasion favorable, Marc de Beauvau réclama contre ces désistements. Très habilement, il invoqua cette situation particulière des baronnies, dont nous avons étudié les causes, situation qui les laissait en dehors du domaine de la couronne ducale comme n'étant et ne pouvant être que des fiefs du temporel de l'évêché de Metz, dont les ducs n'étaient que les propriétaires à titre purement privé. Pour cette raison, les édits de 1729 n'avaient pu les atteindre.

Ce raisonnement, juridiquement exact, finit par triompher devant la chancellerie lorraine : par contrat du 16 mai 1736, François III rétrocédait au prince de Beauvau et à la princesse, les baronnies et toutes les terres qui en dépendaient (3), et dans le traité de Vienne signé l'année suivante, le roi Louis XV, par faveur toute spéciale, ratifiait cette restitution (4).

(1) Arch. M.-et-M., B. 1726 n° 4 et 1749.

En 1732, recette	34 000 fr.
dépense	14 500
Excédent	18 342
En 1735, recette	29 600
dépense	20 800
Excédent	8 600

(2) Actes Pierrot, tabellion du duc à Lunéville, du 11 février 1730, contrôlés et insinués à Vic le 13 novembre ; procès-verbaux de prise de possession du bailliage de l'évêché des 14, 15, 16, 17, 18 novembre 1730.

(3) Procès-verbaux de prise de possession du bailliage de Vic des 28-29-30 mai 1736.

(4) Voir notre notice: *Le procès des baronnies*, dans *Mém. Acad. Stan.*, 1912, p. 281.

Ainsi furent provisoirement consolidées les possessions
de la famille de Beauvau dans le pays de la Vesouze. Elle
n'y fixa cependant pas sa résidence, et s'en remit du soin
de leur administration à des intendants dont les procédés
soulevèrent plus d'un mécontentement. Marc de Beauvau
suivit d'ailleurs la fortune de François III, qui le fit
gouverneur de son grand-duché de Toscane, sous l'administration effective du comte de Richecourt. A Florence,
son exquise politesse, ses manières de grand seigneur,
les fêtes qu'il donna et que rehaussaient la grâce et l'esprit
de la princesse, lui concilièrent pendant quelque temps
les sympathies des Toscans. Mais François III, devenu
empereur le 13 septembre 1745, lui ayant témoigné quelque froideur, il revint en Lorraine en 1749, affligé de sa
disgràce et plus encore de la mort de son fils Alexandre,
glorieusement tombé à Fontenoy, et en définitive appauvri
par les dépenses qu'il avait faites pour le service de son
maître. Il vécut dès lors assez retiré à Nancy, puis à
Haroué plutôt qu'à Lunéville, où, en dépit du crédit de sa
fille, madame de Boufflers, on lui pardonnait difficilement
son attachement à la famille ducale. Il mourut à Haroué
en 1754, à l'âge de 74 ans. La princesse vécut jusqu'en
1772. Nous la retrouvons en 1766, alors âgée de 80 ans,
suppléant à Herbéviller (1) au baptême d'un enfant de
son parent, le comte de Lignéville, la princesse Anne-
Charlotte de Lorraine, abbesse de Remiremont, choisie
comme marraine du nouveau-né (2).

Sur le caractère du prince de Beauvau, nous avons un
témoignage qui n'est pas suspect. C'est celui du bouillant

(1) Herbéviller, M.-et-M., arr. Lunéville, cant. Blàmont. Voir notice
sur le château d'Herbéviller-Lannoy, dans *Revue lorraine illustrée*,
février 1909.

(2) Actes de la paroisse d'Herbéviller. — La princesse Anne-Charlotte,
fille du duc Léopold, était la seule princesse de la famille ducale qui,
après la mort de sa mère à Commercy, fût restée fidèle au sol lorrain.

abbé de Domèvre, qui lui fit tant de procès et dut lui restituer 413 arpents de forêts. « C'est, dit l'abbé, le seigneur qui aime le plus la justice et l'équité, qui hait les chicanes et les mauvais procès, qui est le plus poli, le plus gracieux, le plus débonnaire, le plus désintéressé, le plus chrétien, en un mot le plus accompli qui se voie (1). »

Après Marc de Beauvau, et dès avant son décès, qui survint en 1754, son fils, Marc-Just, né à Lunéville le 10 novembre 1720, devint propriétaire des baronnies par l'effet d'une donation de ses parents.

Il devait être un des grands seigneurs de l'époque et l'une des gloires de l'armée royale. Maréchal de France, membre de l'Académie française, ministre de la guerre en 1790, il n'habita pas la contrée de Cirey. Il avait loué les ruines de Turquestein avec soixante jours de terres environnantes, par bail emphytéotique.

Après la mort de Stanislas, le maréchal était devenu à peu près étranger à la Lorraine, et avait vendu en 1768 le château de Haudonviller (Croismare) dont Léopold avait fait pour ses parents le marquisat de Craon (2). Conjointement avec sa mère douairière, il présenta alors au roi Louis XV une supplique dans laquelle il exposait qu'ayant vendu Craon, en vertu d'une sentence du Châtelet de Paris du 9 janvier 1768, il se trouvait dépouillé de la seule terre qui portât ce nom, dont il lui importait de conserver la mémoire, et il demandait de changer le nom de l'ancienne baronnie d'Ormes-Haroué, dont Léopold

(1) Arch. M.-et-M., H. 1415.

(2) Le maréchal avait eu deux frères : Nicolas-Simon-Jude, né en 1710, mort à Rome en 1734, et François-Vincent-Marc, né en 1713, primat de Lorraine en 1718, mort en 1742. Marc-Just resta ainsi le seul héritier de son père. Il avait reçu de lui et de sa mère, en 1749, à titre de donation, le domaine des baronnies qu'il se constitua en dot lors de son mariage en 1767 avec Marie-Sophie-Charlotte de la Tour d'Auvergne.

avait déjà fait un marquisat (28 juillet 1723) et François III une prévôté bailliagère (24 mai 1736).

Louis XV y souscrivit, en accompagnant son consentement des motifs les plus flatteurs pour la vanité du maréchal et de sa famille, car il rappela dans ses lettres patentes du 22 février 1768, qu'ils avaient l'honneur d'appartenir à sa personne royale par Isabeau de Beauvau, dame de Champigny et Roche-sur-Yon, laquelle épousa Jean de Bourbon, comte de Vendôme, qui fut bisaïeul du roi Henri IV, et que d'ailleurs les princes de Beauvau, qui sont les premiers de la noblesse d'Anjou, sont issus du côté maternel de Jeanne de Craon, petite-fille au vingtième degré de l'empereur Charlemagne (1).

Les biens du maréchal de Beauvau à Cirey étaient administrés par des régisseurs ou hauts-officiers, au nombre desquels on rencontre M. Benoit de Sailly qui construisit le château de Risholz près Hattigny, chef-lieu de la baronnie de Saint-Georges (2).

Le maréchal mourut en 1793, et plus heureux que les autres possesseurs de l'ancien domaine de Turquestein, il n'eut à défendre ni sa personne, ni ses biens, contre l'effet des lois révolutionnaires. Il acheta même des biens nationaux, notamment la principauté de Lixheim, à l'adjudication du 13 avril 1792. Il put transmettre sa fortune à sa fille Anne-Louise-Marie, épouse de Philippe-Louis-Marie-Antoine de Noailles et de Mouchy, prince de Poix, qui, par elle-même ou ses héritiers, les conserva jusqu'en 1837, mais au prix de graves et intéressants démélés avec le fisc impérial et la régie des domaines sous les deux restaurations (3).

(1) Copie des lettres patentes insérée dans le *Nobiliaire* de Dom Pelletier, vᵒ Beauvau.

(2) Renseignement dû à l'obligeance de M. Ch. Maire, propriétaire du château de Risholtz.

(3) Un an avant sa mort, le maréchal de Beauvau, par acte du 14 mars 1792, reçu Forget, notaire à Aix-la-Chapelle, dont expédition

V. — *Démembrement de la baronnie (1835).*

C'est alors qu'eut lieu le démembrement définitif de cet immense domaine forestier, dont l'exploitation provoqua dans la contrée une fièvre de spéculation, et à la suite duquel s'édifièrent des fortunes, ou se consommèrent des ruines qui ont laissé dans le pays un souvenir presque légendaire.

Les premiers acquéreurs furent deux étrangers, Jean-Édouard et André-Jules Naville, tous deux membres du conseil souverain de la ville de Genève, qui versèrent 600.000 francs, coupèrent de grandes quantités de bois, et bâtirent le château de Sainte-Catherine, dans la vallée qui sépare Turquestein de Chatillon (1). Puis ils revendirent en détail les forêts exploitées. L'un des lots, qui comprenait « une partie des propriétés connues sous le nom de baronnies, situées sur le territoire de Turquestein » fut acquis par Georges-François Auguste Chevandier de Valdrôme, sous-directeur de la manufacture de glaces de Saint-Quirin.

On sait le rôle considérable que cette famille a depuis

fut déposée en l'étude de Paulmier, notaire à Paris, le 18 brumaire an IX, fit donation à son neveu Marc-Etienne-Gabriel de Beauvau-Craon, à l'occasion de son mariage avec Mlle de Mortemart, de la moitié des biens-fonds qu'il possédait. Mais à sa mort (1793), la princesse de Poix, sa fille, resta seule propriétaire des baronnies à la suite d'un partage liquidatif reçu Paulmier, notaire à Paris, le 9 fructidor an IX, après inventaire dressé en septembre 1793 par Brochart, notaire à Paris. — Le prince de Poix eut deux enfants : Antonin Claude-Dominique-Just de Noailles, duc de Poix, qui épousa Françoise-Xavier-Mélanie-Honorine de Talleyrand-Périgord, et Arthur-Tristan-Jean-Charles Languedoc de Noailles, duc de Mouchy. Antonin étant mort avant sa mère, la fille d'Arthur, Rosalie-Charlotte-Antoinette-Léontine de Noailles, veuve d'Alfred Dominique Vincent-de-Paul, vicomte de Noailles, se trouva dans l'indivision avec le prince de Poix. (Actes de Buchère et Calouet, notaires à Paris, du 27 février 1835.)

(1) Actes des 19 février et 22 février 1837, reçus Cahouet et Buchère, notaires à Paris.

lors joué dans le pays. Jean-Auguste Chevandier fut
député de Sarrebourg, pair de France (1). Son fils, Georges, qui se fixa de préférence à Abreschviller a été l'une
des physionomies les plus populaires de la contrée ; son
second fils, Eugène, était ministre de l'Intérieur en 1870 :
sa veuve a laissé à Cirey un souvenir vénéré. Auguste
Chevandier avait réussi à rentrer en possession des ruines
du château de Turquestein, en rachetant pour cinq mille
francs le bail emphytéotique consenti autrefois par le
maréchal de Beauvau. Mais l'histoire du vieux manoir
avait été close en 1791 par un étrange incident.

L'imagination populaire, surexcitée par les premiers
événements de la révolution, troublée par la menace d'une
invasion étrangère, animée d'ailleurs du même souffle de
rancune qui avait déterminé l'année précédente le sac de
l'abbaye de Haute-Seille (2), cherchait dans le souvenir
des vieilles légendes qui hantaient les murs délabrés de
Turquestein, un aliment à ses angoisses patriotiques.
Elle se figura que, dans ces débris d'un autre âge, des gens
mal intentionnés assemblaient des amas de munitions en
vue d'entreprises criminelles contre la constitution. Les
gardes nationaux de Lorquin, d'Abreschviller, de Saint-
Quirin y firent des rondes et des patrouilles. Ceux de
Blâmont, plus zélés encore, s'ébranlèrent à l'appel de
leur commandant qui avait, à force d'instances, obtenu
l'autorisation d'y faire une descente sous sa propre responsabilité. Fusiliers, sapeurs et tambour, après une
marche secrète « dans le silence le plus absolu » en cer-
naient toutes les avenues le 11 septembre 1791, chargeaient
leurs armes et abordaient la roche par deux issues différentes. Ils trouvaient là deux bourgeois de Strasbourg,
installés pour y passer l'été, et qui entre-temps faisaient

(1) Il avait épousé en 1840 Mlle de Güaita.
(2) *J. S. A. L.,* 1868, p. 154 ; *ibid.,* 1894, p. 172.

confectionner par des ouvriers d'alentour, quelques lits pour un hôpital. On leur en montra deux, ainsi que dix chaises et des fagots. Ils éventrèrent un mur, parce que, frappé d'un coup de crosse, il avait sonné le creux ; mais ni dans les caves ni dans « toutes les ruines de cette antique demeure » ils ne trouvèrent rien qui pût éveiller les soupçons. Enfin, satisfaits et rassurés, ils rentrèrent à Blâmont à dix heures du soir, et dressèrent pour la postérité, un récit officiel de leur exploit ridicule (1).

Depuis lors, les orages et les vents achèvent de niveler les ruines de Turquestein. Elles ne reçoivent plus que de rares visiteurs, le plus souvent indifférents et ignorants du passé, mais qui du moins ne troublent plus le mystère de cette solitude solennelle, mélancolique et douloureuse, comme les souvenirs lorrains qu'elle abrite.

(A suivre.) E. AMBROISE.

APPENDICE

18 septembre 1613. — *Requête présentée au nom de François, comte de Vaudémont, à l'Empereur Mathias, à l'effet d'obtenir le privilège des droits régaliens sur la baronnie de Turquestein.*

Potentissimo Invictissimoque Principi ac Domino, Dno Matthiæ Romanorum Imperatori semper Augusto.

Cæsareæ Majestati vestræ supplex exponit Franciscus a Lotharingiæ, Marchio Hattonis-Castri, Comes Vaudemontensis se ab hinc paucis annis allodia quædam Comitatui Salmensi ex unâ parte, ex alterâ vero Episcopatui Metensi contermina liberrimo titulo acquisivisse, nempe ditione et Baronatum Turquesteinis et Sancti-Georgii, territorium d'Angomont et partem territorii Castillionensis, quæ quidem allodia quamvis juribus amplissimis sint decorata, quia tamen honorificum sibi esse

(1) *M. S. A. L.*, 1886, p. 163.

duceret, si ea ijsdem Regalibus dotata essent quibus Comitatus
Salmensis qui pro dimidiâ parte ad eum pertinet, ut ratione
ipsorum inter Vasallos et Clientes vestræ Majestatis Cæsareæ
connumerari possit, Idcirico obnixe eam rogat uti dignetur in
feudum sibi conferre jura regalia sequentibus expressa : vecti-
galia nimirum viæ quæ ducit ad pagos Rougernt, Landange,
S^{ti} Georgii et Neufmoulin, et quæ ex oppido de Blâmont, Falsebourg usque sese extendit, sicut et via quæ ex Ciré et Nidre-
hauf porrigitur in Baudonviller et Falsebourg, et tria semitum
quæ appellantur semita de boutelliers, quarum una lambit
arcem de Turquestein ; altera transit per pagum Saint-Quirin et
per Haichapron *(Lafrimbolle-Laxenborn)* descenditque in
hajeto, et tertia quæ transit super la Chette, est que in domi-
natu de Dorbo *(Dabo)* quæ quidem viæ sitæ sunt omnes in Ba-
ronatu Turquestenio et S^{ti} Georgii ; videlicet pro quolibet equo,
mulo vel majori quadrupede mercibus onusto vel aliis rebus
quatuor denarios, item pro singulis minoribus pecoribus uti
capris, ovibus, porcis, aliisque similibus denarios duos, item
pro singulis Charris onustis sicut supra quatuor denarios ;
item pro singulis curribus onustis octo denarios monetæ argen-
tinensis ; Præterea jus omne justitiæ exercendæ jurisdictionis
absolutæ, superioritatis et potestatis supremæ, sicut et effos-
sionis omnis generis metalli, auri, argenti, argenti vivi, mine-
ralium, minii, cupri, ferri, stanni et plombi ; venationis, pisca-
tionis, aucupii in omnibus libertatibus, jurisdictionibus, auc-
toritatibus ; nec non potestate exigendi ac obligandi subditos ad
operas gratuitas, et rationabiles ; similiter potestatem cudendi
in prædictis Territoriis et Baronatibus monetam auream et ar-
genteam ex materiâ et metallo, eodem quo Lotharingiæ dux et
Episcopus Metensis in sua utuntur, ijsque valorem assignare
secundum Imperii præscripta. Ad hæc ut tam præfatus suppli-
cans quam sui hæredes, successores futuri prædictorum terri-
toriorum et Baronatum, in casu quod reperirentur in suis vel
subditorum terris, aliquæ aquæ saleæ, possint salinarias officinas erigere et in perpetuum laborare cum iisdem immunita-
tibus, privilegiis et usibus sive consuetudinibus quibus alii
utuntur, qui salinarias officinas possident, nec non fructum et
emolumentum suum quærere optimo quo poterit modo, cum

fácultate eas vendendi, impignorandi, commutandi et faciendi quod ipsis bonum videbitur. Cujus beneficii causa affirmat se fidem et homagium præstiturum, eaque omnia facturum, quibus ratione dictorum Jurium regalium erga Cæsaream vestram Majestatem astringetur.

Concordat cum archivo Imperiali aulico, id quod hinc attestor. Vienna, 26 julii 1701. Rab : Herm : de Bertram secretarchiv. — avec sceau.

(Arch. M.-et-M., B. 463, n° 30.)

Une trouvaille de monnaies.

Notre confrère, M. Cartier-Bresson, nous a fait remettre, pour le Musée, un certain nombre de monnaies des xvi⁰ et xvii⁰ siècles trouvées, il y a une vingtaine d'années, à Celles-sur-Plaine, lors de l'établissement et sur l'emplacement d'une voie ferrée reliant ses deux usines. Elles avaient dû être renfermées dans une bourse en cuir, dont il ne restait que des traces. La trouvaille, telle qu'elle nous est parvenue, se compose des monnaies qui suivent :

LORRAINE

Charles III — quart de teston sans date, du premier type à la tête couronnée, avec une ancre comme différent monétaire (vers 1560), — denier contremarqué d'un alérion en 1621 ;

Henri II — sept doubles deniers dont un brisé, et un denier ;

Charles IV et Nicole — un double denier de 1625 et un denier sans date ;

plus deux deniers indéterminables de la même époque ;

METZ

Teston messin de 1598 ;

Fʀᴀɴᴄᴇ

Henri II — deux douzains dont un aux armes de France et Dauphiné ;

Charles IX — un quart d'écu, deux testons et un douzain ;

Henri III — demi-franc frappé à Limoges ;

Henri IV — quarts d'écu de 1603 et 1607 ;

Louis XIII — quart d'écu dont la date est illisible ;

Pʀɪɴᴄɪᴘᴀᴜᴛᴇ́ ᴅᴇѕ Dᴏᴍʙᴇѕ — deux testons d'Henri de Montpensier, prince des Dombes, de 1605 et 1606 ;

Sᴏᴜᴠᴇʀᴀɪɴᴇᴛᴇ́ ᴅᴇ Nᴇᴜᴄʜᴀᴛᴇʟ — demi-batz de 1648 d'Henri II d'Orléans-Longueville ;

Fʀᴀɴᴄʜᴇ-Cᴏᴍᴛᴇ́ — demi-écu de Philippe IV, roi d'Espagne, duc et comte de Bourgogne, frappé à Dôle en 1625 ;

Bᴇѕᴀɴᴄ̧ᴏɴ — carolus de 1613 au type de Charles-Quint ;

Bʀᴀʙᴀɴᴛ — écu de Philippe IV, roi d'Espagne, 1632 ;

Pᴀʟᴀᴛɪɴᴀᴛ — monnaie de bas argent dite *raderalbus* de Louis, comte palatin du Rhin, duc de Bavière, paraissant remonter au moins à la première moitié du xvɪe siècle ;

Sᴀɪɴᴛ-Sɪᴇ̀ɢᴇ — billon en mauvais état du pape Clément VIII, 1595 ;

Vᴇɴɪѕᴇ — écu au nom du doge Pascal Ciconia (1585-1595).

La bourse a donc été perdue ou cachée après 1648, date de la plus récente des monnaies qui y étaient contenues.

—

M. Cartier-Bresson nous a donné également un certain nombre de bractéates de Strasbourg, petites monnaies municipales (xɪɪɪe-xve siècle), trouvées en 1883, dans les ruines du château de Pierre-Percée, avec un fragment du vase en terre qui les a contenues ; d'autres bractéates semblables, provenant de la même trouvaille et ayant appartenu au Dr Masson, de Raon-l'Étape, nous étaient déjà parvenues par l'entremise de M. Ch. Sadoul.

R. M.

Isabelle Baudoire, à propos du Nécrologe de Gorze.

A la suite de son excellente étude sur le Nécrologe de l'abbaye de Gorze (1), notre confrère M. Ch. Aimond a publié un autre nécrologe, très court, qui passait à tort pour se rapporter au même monastère ; notre savant confrère serait disposé à l'attribuer au prieuré de Varangéville ou bien à celui de Saint-Nicolas-de-Port, car l'une des notices nécrologiques cite Jean de Fresnel, prieur de Saint-Nicolas (2).

Je suis persuadé que M. Aimond a vu juste, comme de coutume, et c'est plutôt, je crois, au prieuré de Varangéville qu'il conviendrait de rattacher le document dont il s'agit.

Cela me paraît résulter de l'identification suivante, qui peut être de quelque intérêt.

On remarque dans le petit nécrologe cette mention :

« 20 Juillet. xiii Kal. d'Aout. Obiit Isabella Baldoria, 1534, die dominico (3). »

Il ne saurait être douteux, à mon avis, que cette dame est Isabelle Baudoire, femme de Didier Moycette, marchand à Saint-Nicolas, anobli en 1487, et dont elle se trouvait veuve en 1525 (4). Didier était frère du célèbre Simon Moycet ou Moycette, curé de Saint-Nicolas, qui fit reconstruire l'église (5). Elle devait être proche parente d' « Adrian Bauldoire de Lunéville ou Lemainville », prieur

<hr>

(1) *B. S. A. L.*, avril 1914, p. 76-85.

(2) *Idem*, p. 77, note 3.

(3) *Idem*, p. 85.

(4) Dom Pelletier, *Nobiliaire*, p. 587.

(5) Abbé Edm. Chatton, *Note sur Simon Moycet*, dans *J. S. A. L.*, 1893, p. 253.

commendataire de Varangéville en 1555 (1), et c'est de préférence à ce monastère, peut-on supposer, qu'Isabelle fit une donation importante.

Cette dame appartenait à une famille considérable; elle était issue, sans doute, de Colin Baudoire, d'Einville, anobli en 1474 et dont les descendants furent reconnus gentilshommes en 1584 (2); on rencontre des membres de cette famille à Lunéville, à Saint-Nicolas (3), à Nancy.

Il semble même qu'elle avait des racines nobiliaires plus anciennes : « Le 18 mars 1451, Claude Baudoire, écuyer, donne... son dénombrement pour ce qu'il possède à Uruphe (4). »

Dans son *Commentaire sur la Chronique de Lorraine* et au nombre des gentilshommes (5) qui prirent parti pour Charles le Téméraire, Henri Lepage cite « un nommé *Nicolas Badore*, ou Baudoire, de Lunéville, qui avait adhéré avec les Bourguignons et continuait à servir dans leurs rangs. Faute de seigneurie, on confisqua sa maison (6) ».

Il serait hors de propos de chercher à dresser ici une généalogie de la famille Beaudoire, œuvre assez compliquée. Mais j'ai cru que l'on verrait avec plaisir, dans l'identification d'*Isabella Baldoria*, une confirmation de l'opinion émise par notre très estimé confrère.

L. GERMAIN DE MAIDY.

(1) *Bulletin de la Soc. philom. vosgienne*, t. XXX, p. 405.

(2) Dom PELLETIER, *Nobiliaire*, p. 37.

(3) Voici encore une contemporaine et apparemment une proche parente d'Isabelle : le poète Louis des Masures, mort en 1574, « avait épousé, à Saint-Nicolas de Port, une jeune fille, nommée Diane Baudoire, morte vers 1557, peu après avoir donné le jour à un enfant... » (Arthur BENOIT, *Date de décès du poète des Masures*, dans *J. S. A. L.*, 1886, p. 9.)

(4) Henri LEPAGE, *Les Communes de la Meurthe*, t. II, p. 597.

(5) Il ne convient pas de donner ici au mot *gentilhomme* le sens spécial qu'il avait dans la législation lorraine.

(6) *M. S. A. L.*, 1859, p. 309.

Un document sur Immonville, 1627.

Dans le catalogue d'une vente d'autographes et de documents faite par la maison Charavay le 28 mai 1887, j'ai relevé l'analyse suivante :

« 241 LORRAINE.

Pièce sur vélin ; Rome, 20 novembre 1627, in-fol obl.

Bref d'Urbain VIII accordant indulgence plénière à ceux qui, le jour de l'Assomption, prieront pour l'extirpation de l'hérésie et l'accroissement de la chrétienté dans l'église paroissiale d'Inonville, au diocèse de Verdun. »

Je pense qu'au lieu d'*Inonville*, il faut lire *Imonville*, forme connue (1779) du nom du hameau, ancienne seigneurie de haute-justice, que le *Dictionnaire topographique de la Moselle* appelle Immonville. Ce hameau est situé sur le territoire de la commune de Lantéfontaine, au canton de Briey. Mais, tandis que Lantéfontaine était de la paroisse de Génaville, — dans l'archiprêtré de Hatrize, dépendant de l'archidiaconé de Vic, au diocèse de Metz, — Immonville formait une « cure du diocèse de Verdun, doyenné d'Amelie ».

Une forme antérieure du même nom est *Ymonville* ; le *Dict. top.* la note en 1519, précédée de *Ymonvilla*. 1333, qui est la plus ancienne mention citée. J'ai trouvé moi-même Guillaume d'Augy, bailli de Saint-Mihiel, qualifié seigneur d'Ymonville en partie, l'an 1462 (1).

Il m'a paru intéressant de restituer à Immonville le bref de 1627.

L. GERMAIN DE MAIDY.

(1) *Recherches généalogiques sur la famille d'Augy*, Nancy, 1885, p. 15.

BIBLIOGRAPHIE

Dans des publications déjà un peu anciennes, nous trouvons des renseignements qu'il est utile de reproduire ici sur les chartriers de deux familles qui ont tenu une place éminente et en Lorraine et au dehors : celui de la famille de Linange passait pour avoir été brûlé en 1794 ; il n'en est rien, il est conservé dans le Palatinat, à Mannheim, semble-t-il, et il est classé et abordable. Ce renseignement nous est donné par la *Revue des études historiques* de 1900, p. 470. — Le chartrier de la famille de Bassompierre appartenait au marquis de Chantérac, qui s'en était servi pour annoter l'édition des *Mémoires* du célèbre maréchal publiée par lui en 4 volumes in-8, de 1870 à 1877, dans la collection de la Société de l'histoire de France. Peu après, en 1891, cet érudit l'a donné aux Archives nationales, où il est classé sous les cotes AB xix 216-260. Ce chartrier se compose de titres de toutes sortes, de comptes, de pièces de procédure, pour la plupart du xvi\u1d49, du xvii\u1d49 et du xviii\u1d49 siècle. Nul doute qu'on y trouve bien des documents se rapportant au passé de notre Lorraine, et l'on sait que les recherches sont très faciles dans le grand dépôt parisien libéralement ouvert au public.

— Dans le *Bulletin* de février-mars 1914 des séances de l'Académie des Inscriptions et Belles lettres, p. 195, on voit qu'à la séance du 27 mars, M. Camille JULLIAN a combattu une opinion récente d'après laquelle César se serait trompé en disant que le peuple gaulois des Médiomatrices s'étendait jusqu'au Rhin.

MUSÉE HISTORIQUE LORRAIN

DONS

Section II

Par M. Charles Cartier-Bresson, industriel : Trouvaille de monnaies diverses faite à Celles-sur-Plaine vers 1893. (Voir dans le *Bulletin*, p. 158, une note relative à cette trouvaille.)

— le docteur Émile Coliez, à Longwy : Moulage en plâtre du sceau de l'Ordre noble de Saint-Hubert de Lorraine et Barrois.

— M. Paul Laprevote : Plomb des salines de Château-Salins, aux fleurs de lis ; sceau en cuivre de la paroisse de Gerbéviller, diocèse de Nancy (xixe siècle).

— le comte des Michels : Moulage en plâtre du cachet de Mgr des Michels de Champorcin, dernier évêque de Toul.

— M. Edmond des Robert : Plomb des tabacs de Lorraine et Barrois, aux écus accolés surmontés de la couronne ducale.

— M. Royer, pharmacien : Teston de Charles III, dernier type.

— le docteur Louis Spillmann : Plaquette à l'effigie du professeur Paul Spillmann, par Prud'homme.

— M. Robert Velu : Croix bénédictine en cuivre des saints Ulrich et Afra.

Sections III et IV

Par la Commission administrative du Bureau de bienfaisance : Plaque de marbre noir portant en lettres dorées :

ÉCOLE DES SŒURS
DE L'HOPITAL SAINT-CHARLES, 1773

et provenant de l'immeuble sis à Nancy, rue Clodion, n⁰ 6.

— M. André : Taque aux armes de France ; supports : deux coqs.

— Mme Bouchon, place des Dames : Ancien insigne de Rose-Croix, en argent doré, suspendu à une écharpe brodée ;

Brevet maçonnique, en blanc, de la région messine ; au bas : *Se vend à Metz chez le F.·. Verronnais* (commencement du XIXᵉ siècle).

— Mᵐᵉ G. BRUNET : Taque, datée de 1608, aux armes de Philippe III d'Espagne.

— M. Albert DÉPRÉAUX, à Orléans : Gardes d'honneur de Nancy et de Metz, planches tirées de son ouvrage : *Les gardes d'honneur d'Alsace et de Lorraine à l'époque du premier Empire.*

— le général de division GEBHART, ancien gouverneur de Nice : Portrait du lieutenant-général comte Drouot, miniature signée de Boichard et exécutée en 1815 ou 1816 ;

Lettre autographe de Drouot à sa sœur, Mᵐᵉ Gustave Mayer, grand'mère maternelle du donateur (30 décembre 1845).

— M. Victor GEORGE, ancien négociant : Portrait de la Mère Catherine-Agnès Arnauld de Port-Royal, par Philippe de Champaigne (1635).

— M. Albert JACQUOT, maître luthier : Moulages d'un certain nombre de bas-reliefs de Clodion ;

Sept moulages, encadrés, de dessus de porte du Château-Grignon, à Nancy ; les originaux ont été détruits lors de la démolition de cette maison, vers 1910 ;

Moulages de deux bas-reliefs de Clodion, aujourd'hui détruits et qui décoraient la salle de bains de la propriété Jacquot-Mayer (ancienne campagne de Mgr Darboy), quai de la Bataille ;

Deux vases, moulages de Clodion, provenant du château de Saint-Benoît-en-Woëvre (Meuse) ;

Moulages de quatre bas-reliefs (cavaliers et soldats à l'antique) de la porte Notre-Dame, à Nancy ;

Deux médaillons : Louis XV et Marie Leszczynska, moulages anciens ;

Têtes de saint Jean et d'une sainte femme, moulages des originaux de l'église Saint-Martin de Pont-à-Mousson ;

Ambroise Thomas, médaillon original par Bussière ; modèle du médaillon qui figure dans l'encadrement de la scène de la salle Poirel, à Nancy ;

Tête de sainte Thérèse, peinture originale à fresque de Provençal, provenant de l'ancienne chapelle des Petites-Carmélites de la rue Saint-Joseph, à Nancy ;

Serinette ancienne signée : *Chevreux, organiste à Bouzonville en 1748.*

— M. Paul JEAN : Boutons d'uniformes d'écoles, lycées et collèges de la région lorraine (second Empire).

— M. Paul LAPREVOTE : Écharpe, en soie brodée, de Maître∴ de la Loge Saint-Jean-de-Jérusalem de Nancy.

— M. LEFEBVRE DE MONTJOYE : Plat en majolique italienne, aux armes du duc Charles III, entourées du collier de l'Ordre de Saint-Michel (premières années du xviiᵉ siècle).

— M. Henri MENGIN, avocat à la Cour, ancien bâtonnier : Brevets, tabliers et emblèmes maçonniques, ayant été délivrés ou ayant appartenu au grand-père du donateur, François-Auguste-Louis, avocat, conseiller général de la Meurthe, orateur de la Loge Saint-Jean-de-Jérusalem de Nancy, l'un des fondateurs de la Loge des Amis-de-la-Bienfaisance de Lunéville (1802-1860) ;

Brevet de sergent de la garde nationale, bataillon de Lagney.

— MM. PELLERIN ET Cⁱᵉ, imprimeurs-imagiers, à Épinal : Grand bois d'impression de l'imagerie d'Épinal, sujet : *Le général Drouot.*

— M. DE PRANEUF, ancien officier de cavalerie : Quatre tableaux représentant l'entrée du duc François III à Florence et les fêtes données à cette occasion (arrivée au palais Pitti, fête de nuit à la Galerie des Offices, courses de quadriges sur la place Santa-Maria-Novella, fête du *Calcio* sur la place Santa-Croce).

— M. Gustave PRÉVOT, orfèvre : Poids de huit onces.

— M. Edmond DES ROBERT : Deux taques de foyer aux armes pleines de Lorraine; taque datée de 1733, sujet : Jésus et la Samaritaine; plaque de poêle, sujet : Jugement de Salomon ; deux plaques de poêle, sujet : Noces de Cana; autre plaque de poêle, sujet : Conversion de saint Paul.

— M. VERDEAUX, gardien au Musée lorrain : Bouton militaire de la première République, trouvé à Nancy dans un jardin de la rue des Prés.

Section V

Par le docteur Paul Briquel, à Lunéville : Pot à moutarde en faïence, portant l'adresse d'un fabricant de Lunéville.

— M. Bruntz, directeur de l'École de pharmacie : Boucles de culottes, métal ciselé.

— M. l'abbé Clanché, curé de Dieulouard : Petit dévidoir en fer forgé; une paire de mouchettes, fer forgé.

— M. Th. Havette, à Harville (Meuse) : Corsages et bonnet de paysans; divers objets servant à l'habillement.

. — Mme Liouville, rue Pierre-Fourier : Paire de chenets, cuivre et fonte de fer; cuiller de fondeur; gril en fer forgé; bénitier en faïence polychrome; dévidoir en bois; roulette à pâte et divers ustensiles de cuisine.

— MM. Pellerin et Cie, à Épinal : Bois gravé, grand format, ayant servi à l'impression d'enseignes de débits de tabac.

— M. Charles Sadoul : Lampe à suspension, fer forgé et cuivre.

ACQUISITIONS

Section II

Étoile, insigne en argent de la Loge Saint-Jean-de-Jérusalem de Nancy.

Sceau en cuivre de la Municipalité de Longwy (époque de la Révolution; retouché).

Sections III et IV

Aquarelles représentant des uniformes de corps lorrains ou recrutés en Lorraine : Gardes lorraines et Royal-Lorraine en 1737; drapeau du régiment des Gardes lorraines; drapeau des régiments provinciaux de Nancy et de Bar-le-Duc en 1772.

Flacons de campagne ayant appartenu au lieutenant-général Villatte (Eugène-Casimir).

Brevets, commissions et lettres de service délivrés an lieute
nant-général Villatte ainsi qu'à son frère le baron Villatte (Jean-
Baptiste-Alexandre), aide de camp de Bernadotte.

Aquarelle de la fin du xviiie siècle, représentant le parloir du
couvent de Sainte-Glossinde à Metz.

Heurtoir de porte provenant de la maison sise à Nancy, rue
Callot, no 13.

Poignard et éperon du xviie siècle, double tournois de
Louis XIII, jeton à l'effigie de Louis XIV frappé en Allemagne,
le tout découvert à Nancy lors de terrassements exécutés dans
le fossé de la ville. près de la porte de la Craffe.

Agnus Dei (1741) et médailles trouvés dans la première pierre
de l'immeuble sis à Nancy, rue Saint-Dizier, no 49. La boîte qui
les contient porte la mention suivante : *24 avril 1751, Jeanne
Fremy a eu l'honneur de poser les reliques qui sont dessus
la premiere pierre de la maison de Marc Fremy*. Cette première pierre est entrée au Musée lorrain en avril 1913.

Section V

Dévidoir et coffrets en bois sculpté.
Cires habillées : saint Joseph et saint François-Xavier.
Bénitiers en faïence.
Matrice d'impression pour étoffes, bois gravé.
Bonnets lorrains; objets d'habillement.
Moules à gaufres et gril en fer forgé.
Pelle à *couvot*, fer forgé.
Ustensiles de cuisine, poterie, fer et bois.

Pour la Commission de rédaction, le Président : PIERRE BOYÉ.

L'imprimeur-gérant : A. CRÉPIN-LEBLOND, 21, rue Saint-Dizier, Nancy.

Bulletin mensuel

DE LA

SOCIÉTÉ D'ARCHÉOLOGIE LORRAINE

ET DU

MUSÉE HISTORIQUE LORRAIN

14e ANNÉE. — Nos 8-9. — AOUT-SEPTEMBRE 1919.

Avec la séance de rentrée du 10 octobre 1919, notre Société a enfin repris ses travaux, interrompus par de tragiques et grandioses événements.

Au cours de cette réunion, en raison des circonstances difficiles et tout particulièrement de l'augmentation considérable des frais d'impression, les résolutions suivantes ont été arrêtées :

1º La cotisation de 10 francs, donnant droit aux *Mémoires* et au *Bulletin*, ne sera pas majorée; par contre, la cotisation réduite de 6 francs, d'ailleurs tombée de fait peu à peu en désuétude, sera supprimée à dater du 1er janvier 1920. En conséquence, tous les membres recevront à l'avenir le *Bulletin*.

2º De mensuel, ce *Bulletin* deviendra trimestriel à partir du prochain fascicule.

3º Il ne sera plus envoyé de convocations individuelles. Les dates des séances seront indiquées dans le *Bulletin* ; l'ordre du jour, annoncé par la presse locale.

Le tome LXIV (1914-1919) des *Mémoires* est sur le point de paraître. Il sera remis aux membres habitant Nancy et envoyé franco aux membres du dehors contre paiement de la cotisation pour 1920.

On est instamment prié de faire connaître au Secrétaire de la Société, au Palais ducal, les changements d'adresses et de qualités survenus pendant les cinq dernières années.

Les parents et les amis de nos glorieux confrères morts au champ d'honneur sont également invités à fournir toutes précisions désirables en vue de l'établissement d'un Livre d'or.

Procès-verbal de la séance du vendredi 11 juillet 1914.

Présidence de M. Pierre BOYÉ, président.

Le procès-verbal de la dernière séance est lu et adopté.

Communications.

M. l'abbé Chaudeur adresse ses remerciements à l'occasion de son admission comme membre titulaire.

M. le Président donne communication de la circulaire par laquelle la Société historique de Haute-Picardie annonce sa fondation.

M. le Président dépose sur le bureau le programme du premier Congrès national des études locales dans l'Enseignement public qui doit se tenir à Lyon les 4, 5 et 6 août 1914.

L'Académie française a décerné un de ses prix Monthyon à M. Charles Berlet pour son ouvrage: *Les provinces au XVIIIe siècle et leur division en départements*

L'Académie des Inscriptions et Belles-Lettres a décerné, sur la fondation Prost, un prix de 500 francs à M. Jean-Julien Barbé pour son travail sur *le Vieux Metz*.

Admissions.

MM. Émile Bertin, Lucien George, Marc Imhaus, l'abbé Charles Massenet, Georges Maurice, l'abbé Paul Moncel, Émile Rampacher et Robert de Roton.

Présentation.

Est présenté en la même qualité : M. le Comte Paul **de Hennequin de Villermont**, château de Vireux (Ardennes), par MM. Edmond des Robert, Émile Duvernoy et Pierre Boyé.

Ouvrages offerts à la Société.

Note sur l'origine de la croix de Lorraine, par Léon GERMAIN DE MAIDY. Metz, 1913, in-8 de 6 p.

Les types iconographiques de l'Immaculée Conception, par le même. Nancy, 1914, in-8 de 30 p. ⌣

Jean de Montécler, dit le Lorrain, canonnier au siège d'Orléans (1429), par le même. (Extrait de 4 p. in-8.)

Un dessin de la collection Stiebel, présumé aux armes de Gaspard Rouyer, anobli en 1581, par le même. (Extrait de 4 p. in-8, 1 fig. et 1 pl.)

Les différentes familles nobles du nom de La Ruelle, en Lorraine, par le même. (Ext. de 3 p. in-8.)

Sur les armoiries de François Bouvet, anobli en 1501, par le même. (Ext. de 3 p. in-8.)

Un symbole graphique cruciforme d'origine carolingienne, par le même. (Ext. de 8 p. in-8 avec 1 fig.)

Une problématique façade de l'église de Sion-Vaudémont au XVIIᵉ siècle, par le même. (Ext. de 7 p. in-8.)

Sur l'église de Saint-Dagobert de Stenay, par le même. Verdun, 1914, in-8 de 13 p.

Notes sur les familles et les personnes qui ont porté le nom de Maidy el de Montmédy jusqu'au XVIe siècle, par le même. Verdun, 1914, in-8 de 19 p.

L'inscription du tabernacle d'Avioth, XVe siècle, par le même. Verdun, 1914, in-8 de 19 p.

Souvenirs sarrebourgeois. Deux fous : le Suzel, le fou Yégoff, par le même. Nancy, 1913. (Ext. de 5 p. in-8.)

Les armoiries du duc de Reichstadt, par le même. Ext. de 3 p. in-8.

Le maréchal Bazaine à Montmédy, en 1868, par le même. Ext. de 7 p. in-8.

Famille Riston, tableau généalogique par le baron Victor Riston.

Nancy, nouveau guide complet, 2e édition (par Émile Badel) ; 227 p. et un plan.

Lectures.

M. Schaudel lit son travail sur : *Le petit monument gallo-romain de Charency-Epiez (Meurthe-et-Moselle)*.

La Société en vote l'impression dans un prochain volume des *Mémoires* et nomme pour former la Commission de revision : MM. Martz, Grenier et Jean Bohin.

Le comte Antoine de Mahuet donne lecture de son étude sur : *Didier Bugnon, géographe du duc Léopold. Sa correspondance pendant les années 1714 et 1715.*

La Société en vote l'impression dans un prochain volume des *Mémoires*. MM. Justin Favier, de Lallemand de Mont et Schaudel sont nommés membres de la Commission de revision.

MÉMOIRES

Une nouvelle hypothèse sur l'emplacement du Castrum Vabrense.

Communiquée à la séance du 12 juin 1914, l'intéressante dissertation sur l'emplacement du *Castrum Vabrense* qu'on va lire faisait suite aux notices que M. Jean Bohin, auteur d'un *Répertoire archéologique du canton de Fresnes-en-Woëvre*, rédigé en collaboration avec feu le docteur Henri Thorion, avait consacrées, la même année, dans le *Bulletin*, à des *Ruines gallo-romaines à Billy-sous-les-Côtes* et à des *Habitations gauloises à Hattonville*. Qui des auditeurs du jeune érudit eût alors pensé que les Hauts-de-Meuse deviendraient, quelques mois plus tard, le théâtre d'une lutte autrement épique, autrement sanglante que celle dont sa sagace critique réveillait pour eux, aux Éparges, l'écho dans le recul des siècles ? Qui eût prévu, aussi, qu'il nous allait falloir déplorer la perte du futur historien d'une région qui n'est plus aujourd'hui que ruines et désolation ?

Reçu docteur en droit avec une thèse remarquée sur *la Crise viticole en Lorraine* (1911), Jean Bohin, son service militaire accompli, était devenu un membre assidu de nos séances mensuelles, de nos causeries hebdomadaires, où son caractère affable, sa physionomie si ouverte lui avaient gagné toutes les sympathies. Nous nous plaisions à beaucoup compter sur lui. Mais un tragique et glorieux destin l'attendait. Sergent mitrailleur au 361e régiment d'infanterie, notre confrère est tombé au champ d'honneur le 21 décembre 1914, à l'âge de 24 ans. Il était riche de généreuses promesses. *Pendent opera interrupta....*

Jean Bohin n'a fait que passer parmi nous. Du moins, tant pour les dons du cœur et de l'intelligence que pour le bel héroïsme de sa fin, laissera-t-il à la Société d'archéologie lorraine un souvenir ému et durable. P. B.

LA CÔTE SAINT-MARTIN DES ÉPARGES

Dans son intéressant ouvrage, *Notre Meuse*, M. Ernest Beauguitte écrit : « Au cours de mes pérégrinations dans la Woëvre, j'ai vu le *Castrum Vabrense*. J'en ai même vu plusieurs. Sept villes se disputaient l'honneur d'avoir été le berceau du divin Homère ; autant de collines et d'éminences jouent ici à laquelle sera le *Castrum Vabrense* (1). »

Grégoire de Tours, au livre IX, chapitre 12, de l'*Historia Francorum*, nous apprend que, vers l'an 587, quatre ducs ou leudes d'Austrasie, Ursion, Berthefried, Gontran le Böse et Rauching conspirèrent l'assassinat du roi Childebert et le partage de ses États. Le complot fut découvert : Gontran et Rauching furent arrêtés.

Ursion et Berthefried, à la tête d'une petite armée, s'étaient avancés vers Metz, à travers le pays verdunois. Arrivés dans le *pagus wabrensis*, ils apprirent le sort tragique de leurs alliés. Ils s'arrêtèrent alors dans une ville du pays de Woëvre, « dominée par une montagne escarpée. Sur la cime de cette montagne, on avait construit une basilique en l'honneur du bienheureux Martin. On disait qu'il y avait eu aussi là, autrefois, un château (*castrum*), mais les fortifications des hommes avaient fait place à celles de la nature » (2).

Les troupes austrasiennes, commandées par Godégésile, gendre du duc Lupus, attaquèrent vigoureusement l'armée des deux rebelles, retranchée au sommet de la côte, autour de la basilique. Après un combat meurtrier, au cours duquel Ursion fut tué, la victoire resta aux troupes royales. Berthefried s'enfuit à Verdun.

(1) Ernest BEAUGUITTE, *Notre Meuse*, Paris, Lemerre, 1911, p. 182.

(2) GRÉGOIRE DE TOURS, *Histoire des Francs*, traduction GUIZOT, rééditée par Alfred JACOBS. Paris, 1874, tome II, pp. 18-20.

Bien des archéologues ont disserté longuement sur ce point fameux d'histoire locale, sans jamais aboutir à une conclusion ferme et indiscutable. Ils ont émis sur l'emplacement du *Castrum Vabrense* un certain nombre d'hypothèses.

Il est inutile de rappeler ici les arguments apportés en faveur de chaque opinion. Disons seulement que le *Castrum Vabrense* a été situé : à Hattonchâtel, par Wassebourg ; à Latour-en-Woëvre ou Mars-la-Tour, par Mabillon et dom Calmet ; à Saint-Walfroy, par Berthollet, de Valois, Delahaut, Jeantin et Jacobs ; à Montsec, par Denis et Labourasse ; à Quincy, par Lallemand ; à Marville, par Digot ; à la Côte-des-Hures, par Roussel, Brizion et Longnon ; au Châtelet de Watronville enfin, par le père Le Bonnetier, l'abbé Clouët, Bonnabelle, Liénard et Pfister (1).

Une nouvelle hypothèse a été émise, il y a quelques années, par M. Mathieu, chirurgien-major en retraite à Combres, et son gendre, M. Alexandre Gabriel, contrôleur principal des mines en retraite à Montville (2). Leur opinion n'a jamais été publiée. M. Gabriel s'est contenté de réunir ses arguments en un petit cahier manuscrit qui se trouve aujourd'hui en ma possession. J'ai cru intéressant de la signaler, bien que, après une étude approfondie, je ne me sois pas rallié aux idées de M. Gabriel.

MM. Mathieu et Gabriel placent le *Castrum Vabrense* à la *côte Saint-Martin des Éparges*. Cette éminence, voisine de la côte des Hures, mais beaucoup moins élevée, fait partie de la chaîne des côtes de Meuse. Située entre les pittoresques villages de Combres et Trésauvaux (3),

---

(1) Cf. Madeleine Buvignier-Clouet, *Notice bibliographique des dissertations relatives au Castrum Vabrense*. Verdun, 1894, in-8 de 14 p.

(2) Montville, maison isolée, Meuse, arr. Verdun, cant. Fresnes-en-Woëvre, comm. Combres.

(3) Les Éparges, Trésauvaux, même cant.

elle domine le château de Montville, maison bourgeoise, isolée au milieu de la campagne.

Sur cette côte, s'élevait, avant la Révolution, une église, dédiée à saint Martin, qui, jusqu'au milieu du xviiie siècle, demeura le chef-lieu paroissial de quatre villages : Les Éparges, Saulx, Trésauvaux et Combres. Autour de l'église se trouvait un vaste cimetière où l'on enterrait les morts de ces quatre bourgades.

Après une rapide revue des diverses conjectures de l'emplacement du *Castrum Vabrense*, M. Gabriel présente et développe ses arguments en faveur de la côte Saint-Martin des Éparges.

D'après le texte de Grégoire de Tours, le *Castrum Vabrense* était situé sur une montagne au sommet de laquelle on avait construit une église en l'honneur de saint Martin : « *Et in erat basilicam sancti Martini* ».

Or la montagne qui domine Montville (la ville de la montagne) se nomme côte Saint-Martin.

Cette côte Saint-Martin a porté à son sommet, jusqu'au début du xixe siècle, une église dédiée à saint Martin.

Et ce premier point, établi d'une façon certaine, concorde avec le texte de l'*Historia Francorum*.

. .

Examinons maintenant la question de l'altitude de la côte. Auguste Longnon, dans sa *Géographie de la Gaule au VIe siècle* (1), nous dit que « la faible altitude et le peu d'étendue de la côte Saint-Martin des Éparges ne permettent pas de lui attribuer le titre de *Castrum Vabrense* ».

Et M. Gabriel en conclut que, si la côte Saint-Martin était plus élevée et d'une superficie plus grande, Longnon y situerait le célèbre *Castrum*. Donc, continue-t-il, il s'agit

(1) Paris, 1878, grand in-8.

ici, pour déterminer cet emplacement, de solutionner cette question d'altitude et d'étendue. Or, le mot *castrum* ne signifie pas un camp proprement dit (*castra*), mais un fort au sens actuel du mot.

Les Romains choisissaient de préférence, pour établir un *castrum*, un cap ou un plateau étroit, s'avançant au-dessus d'une vallée ou d'une plaine. Ils installaient rarement leurs fortifications sur des pics élevés, mais au contraire à mi-côte, dans le but surtout de s'approvisionner facilement en vivres et en eau. La côte Saint-Martin remplissait parfaitement toutes ces conditions.

.
. .

Cette montagne et l'église, nous apprend l'*Histoire des Francs*, dominaient une villa appartenant à Ursion. Après sa mort, ses biens furent confisqués par Childebert, roi d'Austrasie, qui les donna au clergé.

D'après M. Gabriel, la montagne ou côte Saint-Martin des Éparges et l'église Saint-Martin, située à son sommet, dominaient un prieuré de l'ordre de Saint-Benoît, appelé Monvilley au XVIIe siècle, aujourd'hui le château de Montville.

Les religieux bénédictins, devenus possesseurs des propriétés d'Ursion, auraient construit ce prieuré sur les ruines de la villa incendiée par Godégésile. Ils lui donnèrent le nom de Montville (ville de la montagne).

A la Révolution, l'église et le prieuré devenus biens nationaux furent vendus à des laïcs.

Et à l'appui, M. Gabriel nous présente deux cartes conservées à la Bibliothèque nationale, l'une datant de la fin du XVIe siècle, l'autre du début du XVIIe, sur lesquelles figurent la côte Saint-Martin et Montville.

Remarquons de suite que cette assertion de M. Gabriel est purement gratuite : il n'y a jamais eu à Montville de prieuré de l'ordre de Saint-Benoît. Nous n'en avons trouvé

de traces nulle part, malgré nos recherches, et le conscien-
cieux *Pouillé du diocèse de Verdun,* de l'abbé Robinet, est
muet sur ce point.

Tout au plus, quelque frère ermite a-t-il pu prendre une
retraite en cet endroit isolé. Le château de Montville est
d'ailleurs une maison moderne.

« On disait, ajoute Grégoire de Tours, qu'il y avait eu
là autrefois un *Castrum,* mais il paraît qu'au vi^e siècle ce
lieu n'était plus fortifié que par la nature, et il n'en con-
servait pas de traces » (1). Or la côte Saint-Martin des
Éparges ne conserve aucune trace de fortification romaine.

L'église de la côte servit de refuge aux deux conjurés.
Les soldats croyant avoir brûlé la propriété d'Ursion
escaladèrent la montagne. Ursion périt dans la lutte.

D'après Grégoire de Tours, l'église semble avoir été
sauvée ; elle subit simplement le pillage. Elle ne fut pas
brûlée, explique M. Gabriel, comme l'avaient été les
autres propriétés des deux conjurés. C'eût été un sacrilège : le Concile d'Orléans, en 511, avait reconnu le droit
d'asile le plus illimité dans les temples chrétiens. Mais
les soldats royaux, usant d'un stratagème, montèrent sur
le toit avec des échelles, puis, enlevant quelques tuiles,
tuèrent Ursion réfugié dans l'église.

Berthefried, bon cavalier, put s'enfuir par le bois de
Montgermont et gagner Verdun où il alla chercher aide
et protection près de l'évêque Airy.

Relevons, sans plus tarder, l'erreur flagrante de M. Gabriel, qui confond la mort d'Ursion, blessé à la cuisse, en
plein champ de bataille, puis achevé par les soldats de
Godégésile, avec l'assassinat de Berthefried, assailli à
Verdun, dans l'oratoire de l'évêque Airy.

(1) « *Ferebant enim ibi castrum antiquitus fuisse ; sed nunc, non
cura, sed tantum natura, munitus erat.* »

Sur le refus du prélat de livrer le duc rebelle, les gens du roi Childebert montèrent sur le toit et, après avoir enlevé une partie de la toiture, tuèrent Berthefried avec trois de ses serviteurs.

M. Gabriel cite enfin quelques faits qui, selon lui, viennent corroborer sa thèse.

En creusant un fossé autour du jardin de sa maison de Montville, vers le fond de Fragoule, il a trouvé un certain nombre de fragments de tuiles plates à rebords. Et il en conclut que ce sont les débris des tuiles qui couvraient au VIe siècle la villa d'Ursion.

Il est de notoriété publique, ajoute-t-il, qu'une cloche d'argent existait dans l'église Saint-Martin. Au moment de la Révolution, elle fut enterrée dans la propriété de Montville. De nombreux sondages furent opérés dans la prairie, au bas de la côte : la cloche d'argent ne fut jamais retrouvée.

Que penser d'une simple église de village qui possédait une cloche d'argent ?

Mais l'église Saint-Martin n'était pas une simple église de village. C'était un sanctuaire antique et vénéré, objet de nombreux pèlerinages. Et, grâce aux libéralités des fidèles, elle put acquérir une cloche d'argent, preuve de son importance ancienne.

Et M. Gabriel de conclure :

« Le *Castrum Vabrense*, le fort de la Woëvre, était situé sur la côte Saint-Martin des Éparges, emplacement qui permettait aux légionnaires romains de surveiller la tribu fort indépendante des Médiomatriciens, toujours prêts à la révolte, et dont la frontière se trouvait à quelques kilomètres du castrum, à Fresnes-en-Woëvre (*Fines*). »

L'hypothèse de MM. Mathieu et Gabriel, toute intéressante qu'elle puisse paraître, nous semble difficile à soutenir, et nous allons, rapidement, rétorquer les arguments que nous venons d'exposer. Nous avons d'ailleurs déjà réfuté leur opinion sur le prieuré de Saint-Benoît et la mort d'Ursion.

Une église Saint-Martin existait bien sur la côte Saint-Martin des Éparges, avant la Révolution. Elle servait, comme nous l'avons dit, de chef-lieu paroissial aux villages des Éparges, Saulx, Combres et Trésauvaux.

Or, d'après Longnon et Brizion, et d'après la tradition locale, unanime dans ce sens, cette église fut construite, sans grands frais et sans luxe, après la guerre de Trente ans. A cette époque, une autre église Saint-Martin, située sur la côte voisine, la côte des Hures, et dont on a d'ailleurs retrouvé les fondements ainsi que divers objets (bénitier, chapiteau), fut détruite par les Suédois, en même temps que celle de Saulx.

A la paix, on songea à rebâtir une église, et, comme les villages étaient appauvris et dépeuplés, on ne reconstruisit qu'un seul édifice. On le plaça sur un nouvel emplacement, la côte Saint-Martin des Éparges, équidistante des quatre bourgades et d'un accès plus facile que sur la côte des Hures. A l'époque de Grégoire de Tours, il n'existait donc pas d'église sur la côte Saint-Martin des Éparges.

La nouvelle église, vendue comme bien national à la Révolution, tomba en ruines ; en 1804, il ne restait debout qu'une chapelle, démolie un peu plus tard. Elle n'avait d'ailleurs plus aucune utilité, car chaque village possédait son édifice cultuel.

Le cimetière, contemporain de l'église, est aujourd'hui abandonné et envahi par d'épais taillis. On y fit encore des inhumations au siècle dernier. Il y a une quinzaine d'années, les parents de M. Gabriel y furent enterrés.

Par sa position même, la côte Saint-Martin ne pouvait servir d'emplacement pour un *castrum,* si minime fut-il. Elle ne rappelle en rien le « *mons arduus* » de Grégoire de Tours. Le plateau qui la couronne est très étroit ; d'un abord facile, son sommet est beaucoup moins élevé que celui des éminences voisines, côte des Hures et Montgirmont. Y établir un *castrum* eut été commettre une lourde faute stratégique : le moindre assaut l'aurait livré aux ennemis.

Les tuiles romaines trouvées au fond de Fragoule ne suffisent pas à prouver l'existence d'un camp romain aux environs. La voie secondaire, connue sous le nom de « *diverticulum* d'Haudiomont à Scarpone » par Hattonchâtel et le camp de Bathelémont, passait d'ailleurs non loin de là.

Quant à l'histoire de la cloche d'argent, c'est une pure légende.

Ajoutons enfin que, si des fouilles proprement dites n'ont jamais été faites à la côte Saint-Martin, le versant sud de la côte a été remué depuis cinq ans : douze hectares ont été planté en sapins, et la pioche des ouvriers n'a mis à jour aucune monnaie, aucun débris pouvant attester le séjour ou même le passage des Romains en cet endroit.

M. Gabriel a fait, en émettant son hypothèse, un plaidoyer *pro domo.* Habitant une partie de l'année le château de Montville, il lui était agréable de songer qu'il vivait au pied du *Castrum Vabrense,* à l'emplacement même de la villa du duc rebelle Ursion.

Ses arguments n'ont sans doute pas grande valeur ; mais il nous a semblé intéressant de les publier, quitte à les rétorquer ensuite.

D'ailleurs, la solution de notre problème est, à l'heure actuelle, quasi insoluble. Pour déterminer l'emplacement exact du *Castrum Vabrense*, des dissertations sont impuissantes. Il faut des trouvailles suffisamment caractéristiques.

Ce sera notre conclusion, et, en attendant que de nouvelles fouilles viennent confirmer ou réfuter telle ou telle hypothèse, nous éviterons de porter un jugement définitif. Souhaitons seulement que notre incertitude vienne un jour à cesser, et espérons être enfin fixés sur les lieux qui furent les témoins de la lutte épique entre les soldats des ducs rebelles et les troupes du roi d'Austrasie.

Jean BOHIN.

Sur un compte de Jean Plançon,
receveur de Coucy (1386-1387) [1].

Sommaire : Enguerrand VII, sire de Coucy, épouse Isabelle de Lorraine, fille du duc Jean Ier. — Le carosse de la princesse Isabelle.— Le sire de Coucy réclame au duc Jean sa dot. — Saisie des terres appartenant au duc de Lorraine. — Enguerrand, alchimiste, et Guillaume de Verdun, son « astronomien ». — Le singe de la dame de Coucy. — Destruction de Coucy par les Allemands.

Enguerrand VII, sire de Coucy, comte de Soissons (1346-1397), le plus fier chevalier de la chrétienté, épousa en 1386 Isabelle de Lorraine, fille du duc Jean Ier et de Sophie de Wurtemberg, sa première femme (2). Il avait pour receveur de ses domaines un certain Jean Plançon, dont on a, récemment, retrouvé un compte, précieux pour l'histoire du vieux castel (3), intéressant parfois pour nos propres

(1) Coucy, *Codiciacum* (530), *Coci* (1134), *Couciacum* (1135), Coussey (1387), Coussy (1436).

(2) Voir notre étude : *Coucy et la Lorraine*, dans la *Revue lorraine illustrée*, 1912, p. 113-128.

(3) Lucien Broche, *Notes sur d'anciens comptes de la châtellenie de Coucy (1386-1387)*, dans le *Bulletin de la Société académique de Laon*, t. XXXII, 1908, p. 339 et ss.

annales. Il est en effet plusieurs fragments de cet ancien registre qui concernent la dame de Coucy, notre princesse, et le duc Jean, notre souverain : nous les reproduisons ici avec un commentaire. Ce document, conservé aux archives de l'Aisne, comportait 168 feuillets, dont 20 ont disparu. Il est inscrit sous la cote provisoire : E. 672. Ce compte des recettes et des dépenses commence au 1er octobre 1386, pour finir au 30 septembre 1387, période consécutive à la venue de la jeune épousée.

.*.

Isabelle de Lorraine arriva au castel en un char inconnu, traîné par six chevaux apparemment. Jamais, en vérité, on ne vit en pareil équipage les nobles dames des alentours, ni même Monseigneur de Laon, duc et pair. Coucy, par son plan, par son appareil, par ses proportions, est une œuvre comme en bâtissaient les Romains : et, cependant, les chemins de la châtellenie, où passaient les cortèges de chasse et de guerre, se trouvèrent tout à coup trop étroits pour recevoir le colosse amené de Lorraine. Il fallut « restrécier » le chariot, lui donner « voie juste et raisonnable », dédoubler même son attelage. En quoi Jean Plançon, à son insu, confessait la primauté de nos vieilles routes, un peu inquiétantes toutefois, avant de faire, au xviiie siècle, la gloire de nos intendants et le cauchemar des malheureux corvéables (1). Nous allons assister à cette métamorphose, qui dut arracher à la princesse quelques soupirs nostalgiques. Ce document étranger est le seul que nous possédions touchant notre an-

(1) Cf. : Pierre Boyé, *Les Travaux publics en Lorraine au XVIIIe siècle*, dans les *Annales de l'Est*, 1899, p. 380-431, 529-559 ; Émile Duvernoy, *Les Travaux des routes en Lorraine au XVIIIe siècle* dans le *J. S. A. L.*, 1900, p. 161-162.

cienne carrosserie, les comptes de cette époque ayant disparu de nos archives.

Autre mise d'argent faite par ledit receveur oudit an pour faire remettre à point et restrécier le charriot de ma très redoubtée dame, madame de Coucy, lequel elle amena avec lui de Lorrainne, quant elle vint premiers à Coucy, et lequel charriot estoit à timons et si avoit trop de voye. Pie (puis) et fu restréciez et remis à limons, pour la painne duquel ouvrage la mise s'en ensuit. Et premiers :

A Gilet de la Crois, demourant à Brainne (1), auquel, par l'ordonnance et commandement de mon très reboubté seigneur, monseigneur de Coucy, fu marchandé, présent Esméré de Bousies, receveur général de mondit seigneur, de faire bien et souffisamment et assoir une nouvelle fourchette de bos oudit charriot, faire et assoir en ycellui charriot II nouvelles chaières, lever les IIII moutonnés, à quoy ledit charriot pent, ycellui charriot restrécier et donner voie juste et raisonnable, tant que il fust à son droit, et rasscir les IIII moutonnés bien et souffisamment en leurs lieux et siéges, et deut pour tout ce faire avoir par marchié fait IIII frans pour sa painne et ses despens de remenant à Coucy, en tant qu'il méteroit à faire le dit ouvrage ; pour ce paié à lui, comme il appert par quittance rendue en cest présent compte, IIII frans qui valent. . . . . livres XIIII sols parisis.

A Gobin de Merlieu, demourant à Coucy, en l'ostel duquel Gobin ledit Gilet et son varlet furent logiez et firent leurs despens, une sepmainne entière que il vacquèrent en faisant ledit ouvrage ou quel espace ils despendirent oudit hostel, par compte fait oudit Gobin présens ledit Gilet, XV sols IIII deniers, comme il appert par là devant dite quittance, pour ce paié audit Gobin. . . . . XV sols IIII deniers parisis.

A maistre Pierre de Puiseux, estrivier, demourant à Soissons, auquel par l'ordonnance et commandement de mondit seigneur fu marchandé, présent et par le consail de Rasse Delincourt maistre d'ostel de mondit seigneur, de restrécier le fons du devand

(1) Braisne, Aisne, arr. Soissons, ch.-l. cant.

dit charriot, lever la chappe d'icelluy, et ycelle chappe rabaissier et restrécier, sans dommagier et sans deffaire les pamtures d'icellui charriot, et en deut pour ce faire avoir par marchiet fait VIII frans VIII sols pour sa painne et se vit sus pour ce paié à lui, comme il appert par quittance rendue en cest présent compte, VIII frans VIII sols qui valent................................

.... VI livres XVI sols parisis.

Celui qui a pratiqué la lecture des vieux comptes trouvera à cette citation, dont les autres goûteraient uniquement la saveur, un intérêt particulier. Il sera frappé, en rapprochant deux siècles, deux pays et deux documents, de rencontrer les mêmes termes de métier, termes imagés, comme est en général le langage du peuple, et dont plusieurs sont encore usités de nos jours. En 1386, comme en 1620 par exemple, sous Enguerrand VII comme sous notre duc Henri II, les artisans se répètent et pourraient converser ensemble à travers le temps et l'espace. Le « moutonné » de Jean Plançon se muera en « mouton », plus de deux cents ans après, sur les mémoires de nos compagnons, pour revenir encore aux lèvres de nos modernes carrossiers. Sur une facture de Nicolas Thiébault, rouyer — on remarquera cette origine d'un nom assez répandu — nous lisons, à la date de 1620 : « avoir faict deux moutons aux devant du caroche... » (1). Jean Plançon nous donne la définition de cette pièce : ce sont les tiges, supportant la caisse de la voiture sur les essieux au moyen âge, sur un système de courroies (2) au XVIIe siècle et, de nos jours, sur les ressorts. Quant à la « fourchette », désignant un organe de l'avant-train, ce mot nous est resté, après avoir été employé également par le rouyer de

(1) Arch. M.-et-M., B. 1413, mémoire de Nicolas Thiébault, rouyer.
(2) « Avoir fourny les fort portent, sainture et longe à quoy ladict charoche et suspenduz sur le cher. » Arch. M.-et-M., B. 1335, mémoire de Bernard Lenoir, sellier.

Son Altesse : « avoir faict deux neuve loque (loquet, patte de fer), et deux fourchette, et racommodé les motons de devant (1) ». De même, « pamtures » et « pantes » (panneaux), « chappe » et « chapelle » correspondent incontestablement. Sous cette dernière dénomination un peu étrange le contexte nous permet de reconnaître la couverture du carrosse, appelée encore aujourd'hui, mais dans un sens plus restreint : la capote. En poursuivant ce rapprochement, nous trouvons deux « chaières » (2), assises « en ycellui charriot », à la place de celles, trop larges, façonnées par nos artisans. Ce sont les « chères », où trôneront au XVIIe siècle nos princes et nos princesses en ces beaux carrosses tendus de velours et drapés aux portières de damas à grand ou à petit feuillage. Ouvrons un mémoire du « bonnetier » Henry Philippe, qui nous donnera par surcroît une description intéressante, en transposant parfois Jean Plançon.

Délivré vingtz quatre aulnes de velour vert fort de Gênes à deux poil, à garnier et doubler tout le dedans d'ung caroche pour Son Altesse, comme aussy à garnier une *chère*, le coffre, faire les carreau (coussins) et accoustoire (accoudoirs), à vingtz huict frans six gros l'aune.

Délivré seize aulnes de satin vert, grand drap fort de Florance, à doubler les rideau dudict caroche, les couverte de dessus, les pourtier, la *chapelle* et alantour d'icelle, à seize frans six gros l'aune.

Délivré cinquante six aulnes de passement de soye vert large luysant, à chamarer et anrichier tout le dedans dudict caroche, le fond, les *pantes* et la *chère*, pesant vingtz huict onse, à trante deux gros l'onse » (3).

(1) *Ibid.*, B. 1413, mémoire de Nicolas Thiébault.

(2) *Chaière, chère*, en patois messin *chire*, chaire (*cathedra*).

(3) Arch. M.-et-M., B. 1377, mémoire de Henry Philippe, « bonnetier » de Son Altesse.

La dame de Coucy avait, certes, un moins riche équipage. Point de tissus chatoyants, entaillés par une main sacrilège ; point de ces franges de soie, courant sur le velours, ni de ces aiguillettes de ruban, ferrées à façon d'argent, piquant la tapisserie ; point de trompette à la banderole de satin jaune chevauchant à la portière, comme, sous le duc Henri II, devant le carrosse de Madame (1) : ce chariot légendaire nous apparaît néanmoins comme un prototype avancé, un peu trop avancé pour les chemins de la châtellenie.

.·.

Le mariage du chevalier avec la fille de nos ducs fut une idylle à travers une épopée ; ou, du moins, le bon Froissart nous induit en cette rêverie, en nous dépeignant après Nicopolis la douleur tragique du preux et de la preuse à jamais séparés. Avec Jean Plançon, il nous vient un sursaut ; nous sommes précipités dans la vie, dans notre siècle. On voit surgir, tout à coup, une question un peu vulgaire de dot, qui sera réglée par Enguerrand de la façon la plus pittoresque et la plus expéditive.

Le traité de mariage fut conclu le 26 février 1386. Un acte postérieur de renonciation de la jeune princesse à ses droits et prétentions sur le duché de Lorraine nous fait connaître les clauses de cet accord. Le duc Jean promettait à sa fille les deux châtellenies de Florines (2) et de Pelx (3), sises en l'évêché de Liége, avec une somme de 8 000 francs, monnaie de France, « de bon or et de juste pois », payables aux termes indiqués, pour être employés en acquêts de terres et héritages. Cet acte fut passé au

(1) *Ibid.*, B. 1335, mémoire de Charles Chuppin, peintre.

(2) Florines, Florennes, Belgique, prov. Namur, arr. Philippeville, ch.-l. cant.

(3) Pelx, Pesche, *ibid.*, cant. Couvin.

château de Nancy, le 8 mars de la même année, « environ houre de nonne », devant Pierre Aubert de Nancy, tabellion apostolique, signataire, en présence de Robert, vicomte de Meaux, Vidal de Lais, Jean de Toulon, Jacques d'Amance, chevaliers, « avec plusieurs autres dignes de foy ad ce appeleis et requis pour tesmoingnage ». Il était scellé de deux scels en cire vermeille ; le premier figurait Enguerrand debout et armé, tenant de la dextre une lance et de la senestre le blason des Coucy écartelé d'Autriche (1) ; le second, pour Isabelle, un écu parti de Coucy et de Lorraine (2).

Armoiries d'Enguerrand VII, Sire de Coucy (3).

La terre de Florennes, pour lui restituer son nom actuel, avait été apportée à la maison de nos princes par Isabelle de Rumigny (4), femme du duc Thiébaut II, vers 1281. Elle faillit bientôt en être détachée par le remariage de cette dernière, en 1312, avec Gaucher de Châtillon, connétable de France (5), lequel renonça cependant —

(1) Le sire de Coucy élevait des prétentions sur la couronne impériale, du chef de sa mère, Catherine d'Autriche, fille du duc Léopold et de Catherine de Savoie. En 1375, on le vit paraître en Lorraine, à la tête des *Routiers,* pour aller conquérir un trône illusoire.

(2) Arch. M.-et-M., B. 414, cartulaire des mariages et testaments, fol. 84-85. Pour les sceaux, voir Du Fourny, t. IX, p. 222-223, ms. bibl. publ. Nancy, 754-765 (177).

(3) *Fascé de vair et de gueules de six pièces.* Nous devons ce dessin au talent de notre obligeant confrère, M. Edmond des Robert, auquel nous présentons nos meilleurs remerciements.

(4) Elle était fille de Hugues II, seigneur de Rumigny, Florines, Martigny et Aubenton et d'Ade de Boves, laquelle appartenait à une branche cadette des Coucy, détachée par le fameux Thomas de Marle, sire de Coucy et seigneur de Boves.

(5) Gaucher, IV* du nom, seigneur de Châtillon, était fils de Hugues II, seigneur de Châtillon, Crécy, Crévecœur, Troissy, Marigny et autres lieux et d'Isabelle de Villehardouin, dame de Lusignan.

est-il écrit dans le contrat — « à toutes coustumes et usages, par lesqueles nous pourrions droit acquerre » (1). Elle échut depuis à Mathieu, second fils de Thiébaut, pour retourner à la branche aînée en la personne du duc Jean, lequel frappa des monnaies comme seigneur de ce comté (2).

Hormis Vidal de Lais, les témoins présents à la signature de ce contrat ont laissé quelques traces en nos annales.

Robert de Béthune, vicomte de Meaux, était fils de Jean de Béthune, seigneur de Vendeuil (3), du Verger (4), Lifontaine (5), Rumigny (6) et Anisy (7) et de Jeanne de Coucy, laquelle appartenait à une branche cadette de cette maison. Il avait succédé à Aliénor de Coucy, dame de Ligne, sa cousine germaine, recueillant ainsi la vicomté de Meaux. Il fut le père de cette Jeanne de Béthune, vicomtesse de Meaux, qui épousera Robert de Bar, comte de Marle (8), fils de Henri de Bar et de Marie de Coucy, petit-fils d'Enguerrand VII et de Robert Ier, duc de Bar (9). La

(1) Cf. *Traité de mariage entre Gaucher de Châtillon et Isabelle de Rumigny*, dans *J. S. A. L.*, 1882, p. 215-219. Relevons parmi les notes une identification erronée : Rozoy-en-Thiresche est bien Rozoy-sur-Serre, Aisne, arr. Laon, ch.-l. cant. (aux confins de la Thiérache) — et non Rozoy-le-Grand, Aisne, arr. Château-Thierry. cant. Oulchy-le-Château (dans le Tardenois).

(2) Notes d'Auguste BRETAGNE sur une étude de Renier CHALON, *Les seigneurs de Florennes, leurs sceaux et leurs monnaies*, dans *J. S. A. L.*, 1869, p. 32 et ss.

(3) Vendeuil, Aisne, arr. Saint-Quentin, cant. Moy.

(4) Le Verguier, *ibid.*, cant. Vermand.

(5) Ly-Fontaine, *ibid.*, cant. Moy.

(6) Remigny, *ibid.*

(7) Vraisemblablement Anizy-le-Château, Aisne, arr. Laon, ch.-l. cant.

(8) Marle, *ibid.*

(9) André DU CHESNE, *Histoire généalogique des maisons de Guines, Ardres, Gand et Coucy*, Paris, 1631, in-fol., p. 292 et ss. Dans *Coucy et la Lorraine, op. cit.*, nous avons identifié par erreur le vicomte de Meaux avec le sire de Coucy. Enguerrand III et Enguerrand IV étaient vicomtes de Meaux : mais cette seigneurie passa depuis à une branche cadette, en la personne de Jean de Coucy.

vicomté avait été apportée aux Coucy par Marie de Montmirail (1), troisième femme d'Enguerrand III, dit *le
Grand,* le bâtisseur du vieux castel et le prétendant à la
couronne de Saint-Louis.

Nous avons consacré une étude à Jacques d'Amance,
chevalier, maréchal de Lorraine (2), exécuteur testamen-
taire d'Enguerrand VII. Mais, avec ce document, nous
ignorions alors cette première entrevue des deux personnages, qui purent d'ailleurs se rapprocher en 1383, quand
le sire de Coucy mena avec Robert Ier, duc de Bar, son
expédition contre Évrard ou Édouard, comte de Deux-
Ponts. Nous avons rencontré également Jacques d'Amance,
avec le titre de maréchal de Lorraine, en un acte antérieur du 13 janvier 1381, par lequel le duc Jean et Olry de
Rosières (3), chevalier, fils de feu Jehan de Rosières,
écuyer, demeurant à la Neuve-Warsberg (4), échangent,
le premier, la ville de Ham avec ses dépendances et la
forteresse de la Neuve-Warsberg avec les fossés, le pour-
pris et la montagne ; le second, la succession de petit
Brun de Rosières, écuyer, « escheute » audit Olry, tant en
la ville, ban et finage de Rosières (5), que partout ailleurs au duché de Lorraine. Jacques d'Amance est requis
par Olry, son cousin, pour apposer son scel au pied de
cet instrument (6). Il faut donc écrire : maréchal de Lorraine de 1381 à 1398 et non plus, comme Henri Lepage,
de 1385 à 1392.

<hr>

(1) Elle était fille de Jean, seigneur de Montmirail, et de Helwide
de Dampierre.

(2) Hippolyte Roy, *Jacques d'Amance, chevalier, maréchal de Lorraine,* dans *B. S. A. L.,* 1912, p. 279-285.

(3) Cité également en un acte du 3 décembre 1363. Arch. M.-et-M.,
H. 3120.

(4) Ce château était situé près de Ham-sous-Warsberg, Moselle
désannexée, arr. Metz, cant. Boulay.

(5) Rosières-aux-Salines, M.-et-M., arr. Nancy, cant. Saint-Nicolas-
du-Port.

(6) Arch. M.-et-M., B. 375, cartulaire du domaine de Nancy, fol.
74-75 v°.

Quant à Jean de Toulon, on le voit figurer comme exécuteur, avec Ferry de Parroy (1), « ameis et fiables conseiliers », au testament dicté en 1377 par le duc Jean (2) ; puis comme caution avec Jacques d'Amance, Jean de Puligny, le beau-père de ce dernier vraisemblablement, Ferry de Parroy et Olry de Rosières susnommés, Henri de Blâmont (3), Jean de Thélod (4), André de Ville dit *Carillon* (5), Thierry de Lenoncourt (6), Ferry de Dombasle (7), Henri de Morhange (8), Jean et Henri d'Ogéviller (9), Guy de Haroué (10), Aubert, bâtard de Lorraine (11),

(1) Ferry de Parroy figure comme caution en une obligation de 3 400 petits florins, souscrite le 21 octobre 1362 par le duc Jean au profit de Thiébaut, seigneur de Blâmont. Arch. M.-et-M., B. 575, n° 139.

(2) Arch. M.-et-M., B. 414, carlulaire des mariages et testaments, fol. 229.

(3) Fils de Thiébaut, seigneur de Blâmont, et marié à Valburge de Fénétrange.

(4) Il figure comme caution en cette obligation sus-mentionnée du 21 octobre 1362.

(5) De même pour André de Ville.

(6) De même pour Thierry de Lenoncourt. Fils de Gérard III, seigneur de Lenoncourt, et de Catherine de Haraucourt.

(7) Cité en un acte du 30 mars 1416 et en un autre de 1429, par lesquels dame Hillevix, fille de feu messire Ferry de Dombasle, chevalier, femme dans le premier et veuve dans le second de Vautrin de Bouxières, écuyer, confirme la fondation faite par Ferry de la chapelle Notre-Dame en l'église de Dombasle. Arch. M.-et-M., G. 413.

(8) Par lettres du 16 juin 1362, Henri de Morhange se déclare homme-lige du duc Jean, moyennant 20 florins de terre « de bon or et de juste pois », à prendre sur la saline de Dieuze. Arch. M.-et-M., B. 658, n° 19.

(9) Par un acte de 1395, le duc Charles II accorde à Henri d'Ogéviller le droit de jouir, pendant un an encore, de la terre du Val de Liepvre, à lui précédemment engagée. Arch. M.-et-M., B. 955.

(10) Fils de Jean, seigneur de Haroué.

(11) Sur ce personnage, consulter : René HARMAND, *Lettres d'Alix de Champé, dame de Vandières*, dans les *M. S. A. L.*, 1909, p. 101-128 ; René HARMAND et Paul MARICHAL, *Notes de toponymie lorraine : Nabécor*, dans le *B. S. A. L.*, 1913, p. 29-39 ; Edmond des ROBERT, *A propos de Nabécor*, dans le *B. S. A. L.*, 1913, p. 249-250.

Jean de Prény (1), Dominique de Gerbéviller (2) et autres personnages, en une obligation de 4000 florins, souscrite, le 8 novembre 1378, par le duc Jean, au profit de Cunon de Falkenstein, archevêque de Trèves, qui lui avait prêté cette somme (3).

Cependant, le duc Jean, dont cet acte et d'autres encore nous révéleraient les premiers embarras, refusait de tenir ses engagements envers le sire de Coucy, conservant au fond de ses coffres les écus matrimoniaux. On peut être un preux chevalier et un vrai gendre à la fois. Las de belles promesses, Enguerrand dépêche à la cour de Nancy une assez singulière ambassade. Jean Plançon narre ainsi cette équipée :

Autre mise d'argent extraordinaire faite par ledit receveur oudit an des deniers de sa recepte

. . . .

A messire Gobert le Tablier, prévost et tabellion apostolique, demourant à Soissons, lequel par l'ordenance de mon dit seigneur ala en Lorrainne avec monseigneur le vicomte de Meaux, pour estre présens et avoir instrument de certainnez sommations et requestez que mon dit seigneur entendoit à faire faire à monseigneur le duc de Lorrainne ; pour ce paié à lui pour certains despens que il avoit fait oudit voyage, comme il appert par lettres testimoniaux de monseigneur le bailli de Coucy et par quittance dudit messire Gobert rendu en cest présent compte IIII frans et demi qui valent......... livres XXII sols parisis.

A Colinet Hastin, demourant à Soissons, pour le louier de I cheval que ledit messire Gobert mena oudit voyage et le tint XXIIII jours, et coustoit chascun jour II sols parisis. Valent les XXIIII jours X livres VIII sols parisis. Pour ce paié audit Colinet Hastin, par mandement de mondit seigneur, donné le

(1) Receveur au duché de Lorraine.

(2) Archidiacre de Rinel, archidiaconé du Barrois, dépendant de l'évêché de Toul.

(3) Arch. M.-et-M., B. 950, n° 20.

XXIXe jour de juing et rendu en cest présent compte.......
.... X livres VIII sols parisis.

Le bon duc fut un peu décontenancé de voir surgir le vicomté de Meaux, dont nous avons fait la rencontre, avec son tabellion apostolique. Après avoir ouï messire Gobert le Tablier, il fit un geste impuissant, avança peut-être un petit acompte et licencia les deux envoyés.

Si le gendre échoua, le beau-père fut plus heureux. Toujours sans argent, à force de courir, lance au poing, les routes de la chrétienté, bâtisseur par surcroît, Enguerrand avait engagé ses joyaux chez les lombards de Metz. En 1387, cette année par conséquent, Robert Ier, duc de Bar, dont le fils aîné Henri avait épousé Marie de Coucy, fruit d'un premier mariage de notre chevalier avec une autre Isabelle (1), Robert leva une aide de 560 florins sur la prévôté de Gondrecourt (2), une autre de 1 258 francs sur la recette générale du duché et sur les prévôtés d'Étain (3), Sancy (4), La Chaussée (5), Trognon (6), Saint-Mihiel (7) et Foug (8), « pour rachiteir des juiels le sire de Coùssey » (9).

La délicatesse était donc étrangère à ces puissants seigneurs et le fier Enguerrand se fit payer sans trouble des services rendus précédemment au duc de Bar. Il ne faut point chercher en ces âmes nobles mais simples un jeu subtil de sentiments affinés. Ces héros démesurés étaient

---

(1) Isabelle d'Angleterre, fille du roi Edouard III.
(2) Gondrecourt, Meuse, arr. Commercy, ch.-l. cant.
(3) Étain, *ibid.*, arr. Verdun, ch.-l. cant.
(4) Sancy, M.-et-M., arr. Briey, cant. Audun-le-Roman.
(5) La Chaussée, Meuse, arr. Commercy, cant. Vigneulles.
(6) Trognon, aujourd'hui Heudicourt, *ibid.*
(7) Saint-Mihiel, *ibid.*, ch.-l. cant.
(8) Foug, M.-et-M., arr. et cant. Toul.
(9) Servais, *Annales histor. du Barrois*, Bar-le-Duc, 1867, 2 in-8, t. II, p. 125.

capables à la fois des gestes les plus grands et des actions
les plus communes.

Cette année encore, Raoul de Coucy (1), cousin-ger-
main de notre personnage, succédait au bienheureux
Pierre de Luxembourg sur le siège épiscopal de Metz. Son
intronisation se fit avec solennité le 6 janvier suivant,
jour des Rois. Enguerrand chevauchait à côté du nouveau prélat avec les comtes de Salm, de Blâmont (2), de
Deux-Ponts (3), de Meaux (4) et autres chevaliers. Mais
une scène imprévue traversa cette apothéose. Raoul avait
reçu des Messins 400 florins, Enguerrand 200 florins :
mécontents de cette parcimonie, les deux Coucy partirent
brusquement, sans rien donner, ni aux valets des Treize,
ni aux sergents de la ville (5). Une aimable hypocrisie a
remplacé depuis cette franchise un peu brutale.

Ces menus détails, sans altérer la beauté d'une figure
comme celle de notre héros, nous initient, du moins, à la
vie parfois difficile des châteaux, à la dualité singulière
de l'homme et du chevalier. Ces nobles personnages
avaient peut-être une tendance à violer leurs engagements, faute de ne pouvoir les tenir : d'où ces témoins et
ces cautions, assistant à cette époque les parties contrac-
tantes, pour multiplier les garanties, plutôt que pour
solenniser le traité. Ainsi, en cette obligation, dont nous
avons parlé, souscrite au profit de Cunon, on voit les figu-
rants promettre de se présenter comme otages, avec le

(1) Fils de Raoul de Coucy, seigneur de Montmirail, La Ferté-Gaucher,
Havraincourt et autres lieux et de Jeanne de Harcourt.

(2) Jean de Salm et Henri de Blâmont, qui prêtèrent leurs bons
offices, pour réconcilier Robert I⁰ʳ, duc de Bar, avec Évrard de Deux-
Ponts, dont nous avons effleuré la querelle.

(3) Évrard ou Édouard, comte de Deux-Ponts.

(4) Dom Calmet écrit : le *vieux comte* de Meaux. Il faudrait lire :
le *vicomte* de Meaux, Robert de Béthune, compagnon, comme on le
sait, du sire de Coucy.

(5) CALMET, *Hist. de Lorr.*, 2ᵉ éd., t. III, col. 461.

nombre indiqué de personnes et de chevaux, au château de Cochem (1) — un Coucy mosellan — ou à celui de Berencastel (2), si les 4 000 florins ne sont pas remboursés à la Nativité de Notre-Seigneur.

Le duc Jean, par sa faillite, nous inclinerait à cette interprétation. Il détenait toujours les fameux deniers. Enguerrand agira comme il savait agir. En 1389, la cause fut portée devant le Parlement (3). Au registre des arrêts sont énumérés les griefs du noble demandeur : *Dux certas terras, castra, et hereditagia, ac pecuniæ et florenorum summas, eisdem coniugibus tradere, soluereque et deliberare promiserat* (4). Plus tard, en vertu de certaines lettres, *virtute certarum literarum nostrarum*, dont la date nous est inconnue, le sire de Coucy saisira les terres de Rumigny (5), Aubenton (6), Martigny (7), Herbonnières (8) et Boves (9), limitrophes de ses domaines : *villas, terras, redditus, atque loca de Rumigniaco, de Aubentone, de Martigniaco, de Boves et de Herbonnieres cum suis appendiciis* — lesquelles terres appartenaient à Ferry Ier de Lorraine, futur comte de Vaudémont, son beau-frère, à qui elles avaient été attribuées par un récent partage entre Ferry et le duc Charles II, avec charge pour le premier de payer les dettes du feu duc Jean, leur père (10). Ce partage eut lieu vers le 15 mars 1391, et la saisie peu de temps après vraisemblablement.

(1) Cochem, sur la Moselle, en aval de Trèves, Prusse Rhénane.

(2) Berncastel, *ibid.*

(3) Dans *Coucy et la Lorraine, op. cit.*, nous avons indiqué par erreur cette date, comme étant celle de la saisie.

(4) André DU CHESNE, *op. cit.*, preuves, p. 418-419.

(5) Rumigny, Ardennes, arr. Rocroy, ch.-l. cant.

(6) Aubenton, Aisne, arr. Vervins, ch.-l. cant.

(7) Martigny, *ibid.*, cant. Aubenton.

(8) Harbonnières, Somme, arr. Montdidier, cant. Rosières.

(9) Boves, *ibid.*, arr. Amiens, ch.-l. cant.

(10) André DU CHESNE, *op. cit.*, preuves, p. 424-425.

Ferry de Lorraine se libéra par acomptes, lui ou son
frère, et nous trouvons un acte du 9 janvier 1394, par
lequel Enguerrand, seigneur de Coucy, et Isabelle de Lorraine, sa femme, reconnaissent que le duc Jehan, « cui
dieux pardoinst », et après lui le duc Charles II, son fils,
leur ont « parpaié entièrement et dehuement » une somme
de 13 000 francs, savoir : 8 000 francs pour dot et 5 000 francs
pour joyaux. La quittance est étendue, lisons-nous, « à
nostre très chier et amé frère Ferry de Loheraine, ad présent seigneur de Rumigny et de Bove et comte de Waldé-
mont » ; elle porte également sur les frais soutenus « pour
et ad cause desdis tresze mil frans non mie paiés aux propres termes et selon la propre fourme de l'obligation ». Cet
acte, signé G. de Vaulx, était scellé de deux sceaux en cire
vermeille, le premier, pour Enguerrand, aux armes écartelées de Coucy et d'Autriche, pendant à un arbrisseau,
avec un semis de couronnes par compartiments ; le second,
pour Isabelle, aux armes conjuguées de Coucy et de Lorraine (1).

La mainlevée de cette saisie historique fut ordonnée,
assez longtemps après, par un arrêt du parlement, rendu
le 2 avril 1397 ; elle suivit la mort d'Enguerrand VII, survenue le 18 février. Nous lisons : *Curia nostra dictam
manum nostram a dictis villis, terris, redditibus atque
locis, et fructibus exinde perceptis et percipiendis levavit
atque levat, ad ipsius Ferrici utilitatem* (2). Fut-ce une
simple formalité, reculée indéfiniment ? Le sire de Coucy,
au contraire, continua-t-il, jusqu'à sa mort, à percevoir
les fruits des seigneuries confisquées ? Cette dernière hypothèse infirmerait la quittance délivrée par Enguerrand.
La terre de Florennes, promise à Isabelle par son contrat

(1) Arch. M.-et-M., B. 414, cartulaire des mariages et testaments,
fol. 85 v° et 86 ; Du Fourny, t. IX, p. 223, ms. bibl. publ. Nancy, 754-
765 (177).

(2) André du Chesne, *op. cit.*, preuves, p. 424-425.

de mariage, ne lui fut, il est vrai, jamáis abandonnée.
Nous voyons en effet le duc Charles II rendre foy et hommage en 1391 au prince-évêque de Liége pour cette châtellenie (1), qui passa ensuite dans la maison de Vaudémont, pour échoir à Jean, quatrième fils de Ferry, qualifié par les généalogistes seigneur de Florennes (2). Mais,
par une transaction inconnue, la terre se mua en joyaux,
ce que semble indiquer la somme additionnelle de 5 000
francs, qui, ne figurant point au contrat de mariage, se
trouve portée sur la quittance du 9 janvier 1394. Cette
affaire de dot se réduit en résumé à une comédie bourgeoise, dont Jean Plançon écrivit une scène.

Isabelle de Lorraine, en arrivant à Coucy avec son fameux chariot, apporta au fond de ses coffres les plus
chers de ses objets familiers ; elle amena les plus fidèles
de ses vieux serviteurs. Ce Guillaume de Verdun, dont va
nous parler le document, semble en effet avoir appartenu
à son entourage.

Autre mise d'argent faite par ledit receveur pour despens
fais à Soissons par mon très redoubté seigneur, monseigneur
de Coucy, et ses gens en l'année de cest présent compte, des-
quelz despens la mise s'en ensuit. Et premiers :
A l'oste de l'ostel *Au mouton* à Soissons, pour despens fais
en son hostel par maistre Guillaume de Verdun, astronomien,
par son vallet et Côlin, l'orfèvre de mon dit seigneur, puis le
premier jour du mois de décembre jusques au IIIe jour du mois
de janvier ensuivant que il furent ou dit hostel, par le commandement et ordonnance de mon dit seigneur, pour faire au-
cunes besongnes pour lui, ou quel espace il despendirent en
somme XIIII livres, comme il appert par lettres testimoniaux

(1) Notes d'Aug. BRETAGNE, *op. cit.*, p. 34.
(2) Léon GERMAIN, *Ferry Ier de Lorraine, comte de Vaudémont*,
dans les *M. S. A. L.*, 1881, p. 120.

dudit maistre Guillaume, reportées en cest présent compte, pour
ce paié au dit hoste...................... XIIII livres parisis.
.. ..

A l'ostel « *Au mouton* », à Soissons, pour despens fais en son
hostel par le devant dit maistre Guillaume de Verdun, son varlet
et ledit Colin l'orfèvre, puis le IIIᵉ jour de janvier jusques au
IIIIᵉ jour de février ensuyvant que il ouvrèrent ou dit hostel
pour mon dit seigneur, ou quel espace il despendirent XII livres, parmi III frans qui du commandement mon dit seigneur
fureut bailliez au dit orfèvre, et comme il appert par lettres
testimoniaux du dit maistre Guillaume, lesquelles sont rendues
en cest présent compte ; pour ce paié au dit hoste du « *Mou-*
ton »................................. XII livres parisis.
....

Au dit Pierre, hoste, pour despens fais en son hostel, puis le
samedi second jour dn mois de février jusques au vendredi ensuivant, par maistre Guillaume de Verdun, Guedon, Bieuxy,
Gorgart et autres qui atendoient mon dit seigneur au lieu, lequel ne vint point ; auquel lieu et espace ils despendirent en
somme XV livres XII deniers ; pour ce paié ardit Pierre par
mandement de mon dit seigneur, rendu en cest présent
compte...................... XV livres XII deniers parisis.

A quoi pouvaient bien besogner, pendant deux longs
mois, cet astronome, loin de sa tour, et cet orfèvre au
nom lorrain, loin de son atelier ? Quel mystère était donc
élaboré en cette chambre du *Mouton ?* Nos deux compagnons, apparemment, poursuivaient « le grand œuvre » ;
Enguerrand aurait recouru à la vieille alchimie du moyen
âge pour transmuer les métaux en cet or que lui refusait
son beau-père et peut-être fondait-il de plus solides espérances sur le creuset de ces deux hermétiques que sur les
exploits de messire Gobert le Tablier. Nous avons rencontré à la cour de Lorraine, sous le duc Charles III, une
scène identique, enregistrée par Jean Vincent, trésorier
général des finances. En 1595, on trouve réunis, au logis
de Claude Jacquemart, « hostellain » à l'enseigne des

Quatre-Fils-Aymon, en la Ville neuve de Nancy, plusieurs alchimistes, dont un certain docteur juif, pour vaquer — lisons-nous ailleurs — « aux espreuves de multiplication d'or (1) ». Nos deux associés transportèrent ensuite leur industrie à Rosières-aux-Salines, où fut construit « ung lieu propre » pour faire leurs expériences.

A Nicolas Clément, hostellier, demeurant à Rozières-aux-Salines, la somme d'huict cents quarante neuf frans huïct gros, pour despense faicte en son logis par Friderich Fieurlé, gentil homme suysse, le capitaine Steynman et ung docteur juif avec leurs serviteurs (2).

Un certain scepticisme transparaît parfois au registre du trésorier général : Son Altesse avait la foi au contraire, si nous supputons les deniers déboursés, montant, pour 1595 seulement, à la somme de 1 891 francs 13 gros.

.·.

Isabelle de Lorraine, en son castel, menait la vie des nobles châtelaines, illustrée sur les vieilles tapisseries. Mais, au lieu du lévrier héraldique allongé à ses pieds, nous lui voyons un singe, assez déplacé en un pareil décor, et, au surplus, malicieux comme un démon. Jean Plançon nous relate un de ses tours, comme il suit :

Autre mise d'argent faite par ledit receveur oudit an pour ouvrages de plommerie et verrie fais ou chastel de Coucy.

. . . .

A Jehan de Rumugne, verrier, demourant à Laon, pour VI journées de lui et II de ses varlés que il ouvrèrent ou chastel de Coucy, à reffaire et restouper (boucher) plusieurs traux (trous), que le singe de ma très redoubtée dame, madame de Coucy, avoit fais en plusieurs peuniaux (panneaux) de voirre ou pailé (au paillé : grenier à paille), es galeries et es haultes chambres ;

(1) Arch. M.-et-M., B. 1243, fol. 168 v°.
(2) *Ibid.*, fol. 172 v° et 196 ; B. 1244, fol. 188.

et gangnoit ledit Jehan pour chascun jour, lui et ses varlés, VIII sols. Montent en somme lesdites journées XLVIII sols. Pour ce paié à lui................ :...... . XLVIll sols parisis (1).

Ce singe trouvera un jour des imitateurs à la cour de Lorraine. Nous lisons en effet sur un mémoire de Jean Martin, verrier en l'hôtel du duc Henri II :

Le 15 dudict moy (septembre 1616), avoir faict une nœufve verrière au cabinet de la garde robe de Son Altesse, qui fut rompue et my en pièce par les deux griffon de Son Altesse (2).

La légende, en magnifiant les grands gestes, élève les personnages historiques, loin de nous, au rang des demi-dieux. Ils nous ressemblaient cependant, connaissant nos troubles, nos misères, parfois nos défaillances. Avec Jean Plançon, nous sommes surpris, et bientôt charmés, de trouver un homme sous la cuirasse du héros, et notre Isabelle de Lorraine a dépouillé la preuse pour se révéler une femme. Or, comme la bourgade, bâtie un jour avec ses débris, ce vieux castel, le plus beau et le plus fier, même en ses ruines, de la chrétienté, gît maintenant pulvérisé, victime auguste de la Grande Guerre, ensevelie demain sous la ronce en broussaille des solitudes formidables. *Etiam periere ruinæ...* Coucy tomba, digne en sa mort des Enguerrand, comme un chevalier écroulé dans la bataille, dans la victoire.

Hippolyte ROY.

(1) Arch. de l'Aisne, E. 672 (provisoirement), fol. 92 v°, 130 v°, 131, 141, 141 v°.

(2) Arch. M.-et-M., B. 7729, mémoire de Jean Martin, verrier.

Pour la Commission de rédaction, le Président : Pierre BOYÉ.

L'imprimeur-gérant : A. Crépin-Leblond, 21, rue Saint-Dizier, Nancy.

Bulletin mensuel

DE LA

SOCIÉTÉ D'ARCHÉOLOGIE LORRAINE

ET DU

MUSÉE HISTORIQUE LORRAIN

14ᵉ ANNÉE. — Nᵒˢ 10-12. — OCTOBRE-DÉCEMBRE 1919.

Procès-verbal de la séance du vendredi 10 octobre 1919.

Présidence de M. Pierre Boyé, président.

Le procès-verbal de la dernière séance est lu et adopté.

Communications.

M. le Président exprime l'émotion qu'il ressent de se retrouver dans la salle des séances après 63 mois écoulés depuis notre dernière réunion.

Le Palais ducal, ses richesses sont sortis indemnes de la tourmente ; mais la mort, comme partout, à largement fauché dans nos rangs. Aussi le plaisir de nous voir regroupés aujourd'hui est-il troublé par le profond regret que nous inspire la disparition d'un grand nombre de nos confrères. Nous nous inclinons respectueusement devant leur mémoire. Une longue énumération de nos pertes, forcément encore incomplète, va être donnée plus loin.

MM. Émile Bertin, membre de l'Institut, Marc Imhaus et

l'abbé Ch. Massenet ont adressé leurs remerciements à
l'occasion de leur admission comme membres titulaires.

Au cours de la guerre, nombre de protestations contre
les multiples violations du droit des gens et actes de van-
dalisme commis par les armées allemandes ont été émises
par les principales Sociétés savantes. Dès 1914 nous nous
y sommes associés en ces termes : « La Société d'archéologie lorraine et du Musée historique lorrain s'associe de
cœur à l'éloquente protestation que la Société nationale
des Antiquaires de France élève contre « le crime de
« Reims » et « les outrages répétés de l'armée allemande
« aux droits les plus sacrés de la science, de l'art, de la foi
« et de l'humanité ». Comment, dans notre douloureuse et
héroïque province où, à l'heure présente, s'accumulent
tant de ruines, disparaissent tant de chers souvenirs, ces
atteintes portées par des mains barbares au trésor séculaire
du patrimoine national ne susciteraient-elles pas une
ardente, une unanime indignation ? »

Peu après l'armistice, le Bureau de notre Société, qui a
l'honneur de compter au nombre de ses membres l'illustre
vainqueur, envoyait au maréchal Foch l'adresse suivante :

Monsieur le Maréchal,

Le sourire de la victoire invite les Sociétés savantes à
reprendre leurs pacifiques travaux. Dès notre première
réunion, nous tenons à adresser un reconnaissant hommage au chef éminent qui rend son intégrité à notre
chère Lorraine.

En mai 1914, nous étions heureux d'inscrire au nombre
de nos membres le Commandant du 20e corps d'armée,
notre grave et vigilant voisin du Palais du Gouvernement.
Aujourd'hui que le maréchal Foch est ainsi des nôtres,
nous n'avons rien à envier aux Compagnies illustres qui
l'accueillent.

Veuillez être persuadé, Monsieur le Maréchal, que dans

cette Société où l'on s'est toujours plu à retracer les hauts faits du passé, de ce Musée historique lorrain où une salle est consacrée aux gloires militaires, c'est avec un frémissement de joie et de patriotique orgueil que l'on applaudit à l'œuvre libératrice dont vous fûtes l'admirable artisan.

Nancy, le 30 novembre 1918.

Pour le Bureau : Pierre Boyé, président; Charles Guyot, président honoraire; Justin Favier, vice-président; Léon Germain de Maidy, secrétaire perpétuel; Émile Duvernoy, secrétaire adjoint; René Martz, conservateur.

Le 7 décembre, le chef de cabinet du Maréchal répondait :

Monsieur le Président,

Vous avez bien voulu faire parvenir au maréchal Foch les félicitations que lui adresse le Bureau de la Société d'archéologie lorraine et du Musée historique lorrain.

Le Maréchal a été très sensible au sentiment qui en a inspiré les termes. Il me charge de vous exprimer, ainsi qu'à ses collègues de la Société, ses sincères remerciements.

Je vous prie d'agréer, Monsieur le Président, l'expression de ma haute considération. — C. Pupier.

La « Società piemontese di archeologia et belle arti », à Turin, demande l'échange de ses publications avec les nôtres. Le principe de cet échange est adopté.

Nécrologie.

Sont morts à l'ennemi :

MM. Paul Acker, homme de lettres; André Audéoud, chef d'escadron au 6e hussards; Charles Bazoche, capitaine au 237e R. I.; François Berlet, capitaine au 37e R. I.; le comte Jean de Bizemont, capitaine au 369e R. I.; Jean Bohin, docteur en droit, sergent mitrailleur au 361e R. I.;

François Boucher, archiviste-paléographe ; Marcel Bur-
chard-Bélavary, chef de bataillon au 356e R. I. ; Georges
Chrétien, lieutenant au 69e R. I. ; Daupleix, avoué,
conseiller général de la Meuse ; Maurice Dieterlen, archiviste-paléographe ; le lieutenant-colonel Driant, député
de Meurthe-et-Moselle ; Abel Ferry, député des Vosges ;
le baron de Finfe de Saint-Pierremont ; Marc Imhaus,
imprimeur-éditeur ; Louis Laffitte, secrétaire général de
la Chambre de commerce de Nancy ; le marquis de
La Fite de Pelleport, engagé volontaire à 65 ans, caporal
au 129e R. I. ; Thierry de Lambel, maréchal des logis au
20e R. A. C. ; le comte Jean de Landrian du Montet, lieutenant aviateur ; Edmond Mangeard, licencié ès lettres ;
Paul Margo, avocat, sous-lieutenant au 283e R. I. ; le
marquis de Marmier, capitaine au 18e B. C. ; René Mougenot, capitaine au 69e R. I. ; le comte Enguerrand de
Pully, docteur en droit, licencié ès lettres, avocat, lieutenant au 41e R. I. ; Henry Sechehaye, avocat, sergent au
37e R. I. ; Robert Tuffier, capitaine au 153e R. I. ; Robert
Velu, instituteur, sous-lieutenant au 37e R. I.

La Société a aussi a déplorer le décès de :

MM. le baron Ameil, ancien officier de cavalerie ; le
vicomte Auguste d'Avout, ancien magistrat ; Jules Baudot,
industriel ; le prince Th. de Bauffremont ; l'abbé Bazin ;
le commandant Boppe-Hermite ; Bossert, ancien bijoutier ;
Georges Boulangé, pharmacien ; Aimé Boulvain, directeur
des usines Solvay ; Désiré Bourgon, architecte en chef du
département ; Mme Brincourt ; MM. le docteur Cachet,
sénateur de l'Orne ; Jules Chaty, notaire ; Émile Chenin
(Moselly) ; Casimir Chévelle, juge de paix à Commercy ;
le docteur Émile Coliez ; Joseph Dassigny ; Élie-Lestre,
ancien officier de cavalerie ; Charles Evrard, notaire ;
Alfred Florentin, notaire honoraire, vice-président du
Conseil général de Meurthe-et-Moselle ; Mme Friot ; MM.
l'abbé Prosper Fruminet, curé-archiprêtre de Saint-Jacques

de Lunéville ; l'abbé Paul GARDEIL, vicaire à Rosières-aux-Salines ; Paul GARNIER, ancien magistrat ; Ernest GAUDCHAUX-PICARD, conseiller à la Cour d'appel ; l'abbé GEORGE, curé de Saint-Max ; Émile GÉRARD, ancien adjoint au maire de Nancy ; GILLET, conseiller à la Cour d'appel ; Gustave GOURY, avocat à la Cour ; Auguste GUYOT, ancien receveur principal des douanes ; l'abbé HARMAND, supérieur de l'Orphelinat agricole d'Haroué ; Gustave HONNORÉ, trésorier général honoraire ; Albert JACQUOT, maître luthier ; l'abbé Louis JEAN, curé de Châteauvoué ; le commandant de LA LANCE ; Léon LALLEMENT ; Ferdinand DE LANGENHAGEN, sénateur et conseiller général de Meurthe-et-Moselle ; le général LE COAT DE SAINT-HAOUEN ; Tristan DE L'HÉRAULE, ancien officier de cavalerie ; l'abbé LIÉBAUT, curé d'Outremécourt ; Camille LIMON, ancien magistrat ; LORTA, directeur des contributions indirectes en retraite ; le comte DE LUDRE, député et conseiller général de Meurthe-et-Moselle ; l'abbé MARTON, ancien aumônier militaire, chanoine titulaire de la Cathédrale ; l'abbé MATZ, curé de Courcelles-sur-Nied ; MERCIER, ancien inspecteur des eaux et forêts ; le docteur MESSIER, conseiller général de Meurthe-et-Moselle ; Alfred MÉZIÈRES, de l'Académie française, sénateur de Meurthe-et-Moselle ; François MICHEL ; le comte DE NETTANCOURT-VAUBÉCOURT, ancien conseiller général de la Meuse ; Abel NOEL, ancien conseiller général de Meurthe-et-Moselle ; Augustin PARISOT ; le docteur J. RÉGNIER ; l'abbé Félix RENAULD, chanoine titulaire de la Cathédrale, membre du comité du Musée ; Alexandre DE ROCHE DU TEILLOY, professeur honoraire au Lycée, membre de l'Académie de Stanislas ; le prince Alfred DE SALM-SALM ; le médecin-inspecteur SCHNEIDER, ancien directeur du Service de santé du 20e C. A. ; Edmond SPÉRY, ingénieur agronome, ancien élève de l'École du Louvre ; Edmond STOFFLET ;

Louis Thiriot, artiste peintre ; Émile Thomas, ancien
banquier ; A. Vincent, entrepreneur de peinture ;
Edmond Vesque, ancien pharmacien ; le docteur Zilgien,
professeur agrégé à la Faculté de médecine.

Distinctions honorifiques.

Il ne serait pas possible d'énumérer toutes les distinc-
tions dont un grand nombre de membres de la Société
ont été l'objet. M. le Président est heureux, tout au
moins, de saluer ses collaborateurs immédiats revenus
des armées : M. le commandant Théophile Thouvenin,
qui a reçu l'honorariat de son grade ; MM. Edmond des
Robert et Charles Sadoul, qui ont gagné les galons de
lieutenant ; M. Georges Demeufve, qui s'est vu décerner
la croix de guerre.

M. René Martz a été nommé premier président de la
Cour d'appel.

La Société se félicite du retour parmi nous, après une
dure captivité, de M. l'abbé Edmond Chatton, présent à
la séance. En raison de sa courageuse attitude, M. l'abbé
Chatton a été, ainsi que son frère, l'abbé Émile Chatton,
l'objet d'une belle citation.

En 1916, l'Académie des Inscriptions et Belles Lettres
a décerné un prix de 600 francs, sur la fondation Prost,
à M. Émile Duvernoy pour son *Catalogue des actes des
ducs de Lorraine*.

En 1918, le prix Prost lui-même a été décerné à M. Léon
Germain de Maidy pour l'ensemble de ses travaux
archéologiques.

Admission.

M. le comte Paul de Hennequin de Villermont est admis
comme membre titulaire.

— 183 —

Présentations.

Sont présentés en la même qualité : MM. Jean **Divoux**, commis des télégraphes, 28, rue Messier, par MM. Émile Duvernoy, l'abbé Dedenon et Hippolyte Roy ; Henri **Hunzicker**, compositeur de musique, 43, rue Saint-Jean, par MM. Hippolyte Roy, Émile Duvernoy et l'abbé Edmond Chatton ; Jean **Mauljean**, étudiant en philosophie, château de Villers-lès-Nancy, par MM. Hippolyte Roy, Émile Duvernoy et Eugène Corbin ; Émile **Monal**, docteur en pharmacie, rue des Dominicains, par MM. Justin Favier, René Wiener et Hippolyte Roy.

Ouvrages offerts à la Société.

Deux beaux volumes reliés aux armes des Bauffremont, recueils manuscrits intitulés : « Maison de Lorraine. Généalogies et mémoires historiques. » (Don du prince-duc DE BAUFFREMONT.)

Notes et fragments de journaux recueillis sur la Lorraine de 1866 à 1871, par J. Morius [plâtrier, Nancy, rue du Faubourg des Trois-Maisons, nᵒ 38]. Trois recueils factices. (Don de M. Émile BADEL.)

Les Allemands destructeurs de cathédrales et de trésors du passé. Paris, 1915, 1 vol. in-8 de 80 p.; avec photographies et pièces justificatives. (Envoi du Sous-Secrétariat des Beaux-Arts.)

Documents relatifs à la guerre 1914-1915. Rapports et procès-verbaux d'enquête de la commission instituée en vue de constater les actes commis par l'ennemi en violation du droit des gens. Paris, 1915, 3 vol. gr. in-8, de 252, 74 et 271 p.

Leurs crimes, par L. MIRMAN, préfet de Meurthe-et-Moselle, G. SIMON, maire de Nancy, et G. KELLER, maire de Lunéville. Nancy 1916, 1 vol. petit in-8 de 63 pages ; trois séries.

Pages d'histoire (1914-1916). Le même, exemplaire sur japon numéroté 5.

Le même (édition canadienne). Montréal, s. d., 1 vol. petit in-8 de 64 p.

Their Crimes (édition anglaise). London, New-York, Toronto, Melbourne. 1 vol. in-8 long, de 64 p.

Hunne Misdaden (édition hollandaise). Weltevreden, 1918, 1 vol. in-8 de 13 p.

Deutsche verbrechen (édition allemande). Nancy, Paris, Strasbourg, 1919, 1 vol. petit in-8 de 74 p.

Culture. — Les crimes allemands. — Kultur. — Die deutschen Verbrechen. Paris, Nancy, Strasbourg, 1919, 1 vol. petit in-8 de 59 p.

Sur la tombe des martyrs, sur la tombe des héros; Gerbéviller, 1916, par L. Mirman. 1 br. in-8 de 47 p.

Visite de S. E. M. Sharp, ambassadeur des États-Unis en France, aux cités éprouvées de Lorraine, par le même. Nancy, 1917, 1 br. in-8 de 16 p.

Certitudes. Liberté, Dieu, justice, par le même. Paris-Nancy, 1918, 1 vol. in-8 de 148 p.

De Verdun aux Vosges. Impressions de guerre (septembre 1914 à janvier 1915), par Gérard Campbell, correspondant de guerre du *Times.* 1 vol. in-8 de 376 p. (Don de M. L. Mirman.)

Hommage à la Belgique, par René d'Avril. 1 plaquette de 30 p.

Un héros lorrain. André Schmitt, sergent au 26e de ligne, 1893-1916, par Émile Badel. Nancy, 1915, 1 br. de 3 p. in-8, avec pl. et portraits.

A la mémoire de Émile Poussard et de mes amis morts pour la Patrie, par le même. Nancy, 1915, in-8 de 38 p., 1 portrait.

Le vœu de saint Louis à l'église Saint-Nicolas de Port, par le même. Nancy 1918, in-8 de 62 p., avec pl. et fig. dans le texte.

Les 60 saints de Toul. Les saints du Toulois, de Longwy, de Pont-à-Mousson, par le même. Nancy, 1919, in-8 de 181 p., 2 pl. hors texte.

Le tumulus de la Hogue à Fontenay-le-Marmion (Calvados), études des tumulus néolithiques du Calvados et de l'Orne, par Léon COUTIL. *Les ossements humains de Fontaine-le-Marmion,* par le docteur BAUDOUIN. Le Mans, 1918, in-8 de 138 p., 23 et 5 fig. et 1 pl. hors texte.

Une découverte de sépultures mérovingiennes à Vivier-Aucourt, par A. BAULMONT et P. LAURENT. 4 p. in-8, avec 1 fig.

Sir John Hepburn, maréchal de France, inhumé à la cathédrale de Toul en 1636, par G. CLANCHÉ, curé de Dieulouard. Toul, 1918, in-8 de 34 p.

Guide-express à la cathédrale de Toul, par le même. Nancy, 1918, in-8 de 114 p. avec fig., planches hors texte et 1 plan.

Bibliographie des publications archéologiques, historiques et artistiques, 1884-1911, par Léon COUTIL. Le Mans, 1911, in-8 de 8 p.

Étude sur les pointes de flèches de l'âge du bronze munies de barbelures à la douille. Objets de l'âge du bronze trouvés dans les sépultures mérovingiennes, par le même. Le Mans, 1912, in-8 de 12 p. avec 6 fig.

Enclumes de l'âge du bronze. — Cachette de haches de Jarzé (Maine-et-Loire). — Haches plates à bords contournés, par le même. Le Mans, 1912, in-8 de 15 p. avec 6 fig.

Les tumulus du premier âge du fer dans l'Est de la France et dans l'Europe centrale, par le même. Le Mans, 1913, in-8 de 31 p. avec 4 pl. et fig. dans le texte.

Les casques proto-étrusques, étrusques et gaulois, par le même. Gand, 1914, in-8 de 32 p. avec 8 pl. et nombreuses fig. dans le texte.

L'âge du bronze dans le Jura, par le même. Le Mans, 1914, in-8 de 54 p. avec 7 pl. dont 1 en couleurs et 11 fig.

La céramique des palafittes du lac du Bourget (Savoie), par le même. Le Mans, 1915, in-8 de 18 p., 12 pl. dont 2 en couleurs et 4 fig.

L'ornementation spiraliforme, période paleolithique et neolithique, âges de bronze et de fer, par le même. Le Mans, 1916, in-8 de 490 p., 155 fig.

Catalogue des actes des ducs de Lorraine, de 1048 à 1139 et de 1176 à 1220, par Émile DUVERNOY. Nancy, 1915, in-8 de 264 p.

Catalogue des actes de Ricuin, évêque de Toul, par le même. Paris, 1919, in-8 de 16 p.

Les sentiments français à Toul en 1709, par le même. Paris, 1916. 7 p. in-8.

Archives départementales de Meurthe-et-Moselle. — Répertoire numérique des séries antérieures à 1796, par le même. Nancy, 1916, in-4° de XXXVII et 240 p.

Généalogie des De Fiquelmont (par l'abbé GÉNIN). Autographie, 6 p. in-fol.

Les martyrs céphalophores Euchaire, Élophe et Libaire, par Marcel HÉBERT. Bruxelles, 1914, in-8 de 28 p.

La science sociale et le Congrès tenu à Nancy les 25-28 juin 1914, par M. Georges HOTTENGER. Nancy, 1915, in-8 de 52 p.

Le remembrement de la propriété rurale à l'étranger, par le même. Paris, 1914, in-8 de 68 p. avec 1 pl.

Les remembrements en Lorraine au XVIIIe siècle, par le même. Nancy, 1915, in-8 de 54 p.

Morcellement et remembrement, par le même. Paris, in-8 de 193 p., avec 2 pl. et 1 plan.

Les villes martyres hier et aujourd'hui, par Paul JARRY. Paris, 1916, in-8 de 36 p.

Généalogie complète de la famille de Musset, par le baron DE MANDRE. Paris, 1919, in-8 de 8 p., avec 7 pl. et 2 tableaux généalogiques.

Notice sur la famille Mique, par le général MENNES-SIER DE LA LANCE. Saint-Dizier, 1917, in-8 de 34 p., avec 1 blason.

Les maîtres apothicaires de Nancy au dix-septième siècle, par Émile MONAL. Paris-Nancy, 1917, in-8 de 237 p., avec 5 pl. hors texte, 5 fig. et 17 blasons.

Les Lorrains et la France au moyen âge, par le comte Maurice DE PANGE. Paris, s. d., in-8 de XXX-196 p., avec 1 portrait hors texte.

Contribution à l'histoire de la vigne et de sa culture dans la région lorraine, par le baron Jacques RISTON. Nancy, 1914, in-4º de 596 p. et un atlas de XXX planches et 3 cartes.

Lectures.

M. Léon GERMAIN DE MAIDY donne lecture de son article sur *le Sceau de la Société d'archéologie lorraine*.

M. Pierre Boyé lit une note de M. Auguste POIROT sur *les Lignes de pierres dans les forêts de l'Est*.

Ces deux communications sont destinées au *Bulletin*.

Résolutions.

M. le Président invite les membres présents à examiner la situation faite à la Société par la diminution des ressources, résultant de la disparition d'un grand nombre de nos confrères, et par l'augmentation des dépenses d'impression.

Après l'exposé de la situation et un échange de vues auquel prennent part les assistants, les résolutions suivantes sont arrêtées :

1° La cotisation de 10 francs donnant droit aux *Mémoires* et au *Bulletin* ne sera pas majorée ; par contre, la cotisation réduite de 6 francs, d'ailleurs tombée de fait peu à peu en désuétude, sera supprimée à dater du 1er janvier 1920. En conséquence, tous les membres recevront à l'avenir le *Bulletin*.

2° De mensuel, le *Bulletin* deviendra trimestriel à partir du prochain fascicule.

3° Il ne sera plus envoyé de convocations individuelles. Les dates des séances seront indiquées dans le *Bulletin* ; l'ordre du jour, annoncé dans la presse locale.

Procès-verbal de la séance du vendredi 14 novembre 1919.

Présidence de M. Pierre Boyé, président.

Le procès-verbal de la dernière séance est lu et adopté.

Communication.

Le comte Paul de Hennequin de Villermont a adressé une lettre de remerciements à l'occasion de son admission comme membre titulaire.

Nécrologie.

Il est donné avis du décés de M. Augustin Picaudé, contrôleur principal en retraite de l'Octroi de Nancy, décédé à Nancy, le 26 octobre 1919, dans sa 82e année ; et de celui de M. Henri Welschinger, de l'Académie des Sciences morales et politiques, décédé à Paris, le 3 novembre, à l'âge de 71 ans.

Admissions.

MM. Jean Divoux, Henri Hunzicker, Jean Mauljean et Émile Monal sont admis comme membres titulaires.

Présentations.

Sont présentés en la même qualité : Mme A. **Vincent**, 82, rue du Faubourg-Stanislas, par MM. Justin Favier, René Wiener et Pierre Boyé ; MM. Georges **Baumont**, professeur au collège, 3, rue d'Alsace, Saint-Dié, par MM. Émile Duvernoy, Charles Sadoul et A. Pierrot ; Pierre **Maire**, professeur au collège de Lunéville, bibliothécaire municipal, par MM. le docteur Paul Briquel, Charles Sadoul et Pierre Boyé ; **Tarnus**, directeur de l'École Didion, 12, rue Braconnot, par MM. Charles Dessez, Émile Duvernoy et Pierre Boyé.

Renouvellement du Bureau.

L'ordre du jour appelle le renouvellement du Bureau, en fonction depuis cinq années par suite des événements.

M. le Président déclare le scrutin ouvert ; après avoir rappelé que les Bibliothécaire-Archiviste, Bibliothécaire adjoint et Trésorier sont élus pour trois ans, il invite les membres présents à y prendre part.

Le dépouillement donne les résultats suivants : Votants, 18 ; majorité absolue, 10.

Obtiennent :

1º Pour les fonctions de Président : M. Pierre Boyé, 17 voix, 1 bulletin blanc.

Pour les fonctions de Vice-Président : M. Justin Favier, 17 voix ; M. le comte de Mahuet, 1 voix.

Pour les fonctions de Secrétaire annuel : M. Edmond des Robert, 17 voix, 1 bulletin blanc.

Pour les fonctions de Secrétaires adjoints : M. Émile Duvernoy, 18 voix; M. Marcel Maure, 18 voix.

2º Pour les fonctions de Bibliothécaire-Archiviste : M. Paul Laprevote, 18 voix.

Pour les fonctions de Bibliothécaire adjoint : M. Charles Sadoul, 18 voix.

Pour les fonctions de Trésorier : M. le commandant Thouvenin, 18 voix.

En conséquence, la composition du Bureau n'est pas modifiée, sauf en ce qui concerne les fonctions de Bibliothécaire-Archiviste auxquelles a été appelé M. Paul Laprevote à la suite de la démission de M. Georges Goury.

Lectures.

M. Pierre Boyé donne lecture du travail de M. Edmond Bruwaert sur les *Rue et quartier de la Boudière, à Nancy, au temps des Callot (1552-1666)*.

M. Pierre Boyé lit encore une note de M. l'abbé Eugène Mangenot sur *Un Manuscrit qui a passé de Lorraine à Saint-Pétersbourg*, et fait suivre cette lecture d'une communication complémentaire sur *l'Origine du petit fonds Zaluski à la Bibliothèque de Nancy*, résultat de ses recherches personnelles.

MÉMOIRES

Observations sur l'image de Notre-Dame de Montaigu adaptée à la Lorraine.

Je voudrais apporter mon contingent d'observations sur les intéressantes questions que soulève la planche, relative au pélerinage de Notre-Dame de Montaigu, où l'on remarque un écu à trois chevrons et deux croix de Lorraine, accostées chacune du monogramme de nos ducs Charles III et Charles IV. Avant d'être reproduite en réduction dans notre *Bulletin* (1), elle avait été donnée en grandeur naturelle dans quelques exemplaires de l'ouvrage de M. le commandant Thouvenin sur Laneuve-ville-devant-Nancy, publié il y a deux ans (2) ; et, dès lors, des doutes m'étaient venus, dont j'ai entretenu quelques-uns de nos confrères. Depuis, ces doutes se sont trouvés confirmés et je crois qu'il convient de les exposer.

Cette planche est-elle, dans son premier état, un original gravé pour le célèbre pèlerinage brabançon, ou une copie faite soit en Belgique, soit en Lorraine ? Je n'en sais rien au juste. Mais je suis convaincu que les croix de Lorraine et les monogrammes sont une surcharge. Afin de les placer, un ouvrier — on ne peut guère le qualifier d'artiste — a probablement usé, pour les aplanir, les endroits où il voulait loger ces emblèmes lorrains : il a fait disparaitre à peu près les tailles qui s'y trouvaient, puis il a surgravé tant bien que mal, — plutôt mal que bien, — les deux croix, qui ne sont même point égales entre elles, et les monogrammes, dont ceux de dextre se distinguent à peine. Il est possible aussi que l'ouvrier ait copié, relativement bien, une gravure rapportée de Montaigu ; dans sa copie, il aura réservé latéralement deux vides pour y mettre ces croix et ces monogrammes, ce qu'il n'a su faire que d'une façon très grossière et malhabile. Ce n'est pas ainsi que, dans une composition

(1) *B. S. A. L.*, 1912, p. 197 : article de M. Edmond DES ROBERT, *Image de dévotion à l'effigie de Notre-Dame de Montaigu.* — *B. S. A. L.*, 1914, p. 64 : article de M. Émile VAN HEURCK, d'Anvers : *Une dévotion de Lorraine à Notre-Dame de Montaigu.*

(2) Commandant T.-E. THOUVENIN : *Monographie historique de Laneuveville-devant-Nancy*, Nancy, 1912, in-4°, illustré. — Je crois que la planche dont il s'agit n'est jointe qu'aux exemplaires tirés sur papiers de choix, où elle est mise en regard de la page 112.

originale, on aurait figuré ces emblèmes nationaux ; ils se montreraient en lieu plus honorable, sans doute disposés sur des cartouches et non relégués dans des emplacements de fortune, seuls endroits libres où le graveur a pu les colloquer.

Tout au contraire, l'écusson à trois chevrons est nettement tracé et d'un dessin correct ; la place qu'il occupe, au-dessous de l'auréole de la statue, paraît logique ; et, conformément à une habitude de l'époque, il est suspendu, par un cordon, à un clou planté dans le tronc de l'arbre sur lequel se voit l'image miraculeuse. — Le type de la Vierge (1), l'arbre, le paysage, les deux hommes en prière, les béquilles ou autres instruments servant aux estropiés, tout cela se retrouve à peu près sur les deux autres gravures du même pélerinage reproduites dans notre *Bulletin* (2) ; on revoit sur l'une le pélerin agenouillé, mains jointes, avec son « bourdon », et l'autre nous offre un cul-de-jatte qui explique, à mon avis, le personnage mal dessiné de dextre. Le paysage est antérieur à 1627, puisque l'on n'y voit pas l'église considérable construite à cette époque (3).

Outre l'écusson, il y a quelques différences à citer, mais qui ne sont pas opposées, bien au contraire, à l'opinion que l'original de la planche a été fait pour le sanctuaire de Montaigu. L'image de la Vierge est encadrée dans un ovale formé d'un chapelet et d'une auréole ; ce chapelet se compose de six dizaines de petits grains, séparées par

(1) Contrairement aux deux autres gravures du pélerinage de Montaigu données à titre de comparaison par M. van Heurck dans le même article, → contrairement aussi à la coutume, — sur la planche lorraine, la Vierge tient le sceptre de la main gauche et porte l'enfant Jésus sur le bras droit. — Il y a là l'une de ces inversions sans importance qui sont fréquentes dans les copies : l'artiste, par distraction, copie l'image en « positif », oubliant qu'elle sera reproduite en « négatif ».

(2) *B. S. A. L.*, 1914, p. 65 et 67.

(3) Émile VAN HEURCK, *l. c.*, p. 64.

des grains plus gros : il convient de voir là, ce me semble,
le chapelet dit de sainte Brigitte, qui est celui des Croisiers (1). Cet ordre, autrefois très nombreux en Belgique,
avait-il une maison à Montaigu? Au-dessus de l'auréole
et comme entourant le tronc de l'arbre, se remarque une
sorte de couronne chargée de trois petites roses. Sur le
bord supérieur de la gravure, on lit : O MARIE MERE DE
DIEV PRIE (2) POVR NOVS. — Enfin, au bas existe, sur
quatre lignes, une inscription qui a sûrement été imitée
ou retouchée maladroitement : au bout de la seconde
ligne, on a abusivement allongé d'un E le mot *but*, alors
que, sans doute, on commençait à prononcer le *t*, qui
antérieurement ne sonnait point; aux deux lignes suivantes, il semble que l'on ait eu l'étrange intention de
changer en un E l'S final de *nous* et de *vous ;* et, pour
terminer, il y a comme dernière lettre un E, alors que,
eu égard à la rime, il fallait *Maria* et non *Marie*. Cette
dernière lettre est très nette, ce qui donne à penser que
nous sommes en présence d'une copie un peu libre.

Avec les rectifications indiquées, nous avons un quatrain, en vers de huit pieds, dont on ne peut dire que les
rimes soient riches, — mais le peuple n'était pas exigeant
sous ce rapport, — et qu'il est permis de qualifier de
« libertin », car on doit constater le manque de vers à
rimes féminines. Le voici en forme :

> *Nostre Dame de Montaigu,*
> *Secoure(z)-nous au dernier but,*
> *Quant la mort nous assaillira.*
> *Je vous salue, o Maria.*

Il nous faut aborder une question importante : pour

(1) Ce chapelet comporte un appendice, comme le chapelet
ordinaire ; mais je crois qu'on l'omet souvent dans les images où cet
instrument de prière forme un encadrement.

(2) Il faut mettre un accent sur l'E, ou suppléer un Z : dans les
prières en français, les catholiques ne tutoyaient plus la Vierge à
cette époque, sinon en vers.

quel sanctuaire lorrain l'image a-t-elle reçu l'adjonction de notre croix nationale et des monogrammes de nos ducs ? M. le commandant Thouvenin et M. Edmond des Robert n'ont d'abord pensé qu'à la chapelle, avec ermitage, de Montaigu, sur le territoire de Laneuveville et dont on trouve trace dès 1608. Mais, ainsi que l'a rappelé M. van Heurck, il y avait à Nancy même, en l'église du Noviciat des Jésuites, une chapelle plus célèbre et apparemment plus ancienne, consacrée à pareille dévotion, sous un vocable non plus topographique, mais religieux : Notre-Dame de Foy (1). La princesse Antoinette de Lorraine, fille du duc Charles III, duchesse de Juliers, de Clèves et de Berg, l'avait fait construire en souvenir de la guérison miraculeuse, — hélas, trop momentanée, — de son frère le cardinal de Lorraine, dont la santé fut toujours déplorable et qui mourut à l'âge de quarante ans, en 1607 (2).

Il se pourrait donc que la gravure dont nous nous occupons, et telle que nous l'avons, remonte au règne du duc Charles III (mort en 1608) et qu'elle se rapporte à la chapelle de l'église des Jésuites. Cependant, si l'on considère son imperfection artistique, on sera plutôt, je présume, porté à croire qu'elle date des temps troublés du duc Charles IV (3), où les maux épouvantables qui, à différentes reprises, ont affligé la Lorraine disposèrent ses habitants, et en particulier ceux de Nancy, à se vouer

(1) C'est, du moins, ainsi que l'appelle M. van Heurck, d'après « HAMON, *Notre-Dame de France, ou histoire du culte de la Sainte Vierge en France*, Paris, 1866, t. VI, p. 17. » Mais je crois que, d'habitude, on disait plutôt : chapelle de Montaigu ; v. Chr. PFISTER et E. BOCQUILLON cités plus loin. — D'autre part, le pèlerinage à Notre-Dame de Foy, également en Belgique, est bien connu.

(2) Le voyage du cardinal Charles à Montaigu a eu lieu vers 1602 : v. Chr. PFISTER, *Histoire de Nancy*, t. II, p. 677-678, et E. BOCQUILLON, *Une Maison de Retraites fermées à Nancy, au XVIIIe siècle*, s. d. (1910), p. 18. — Sur les mêmes faits, v. LIONNOIS, *Histoire de Nancy*, t. III, p. 189-191.

(3) Il a régné, avec intermittences, de 1624 à 1675.

à la Sainte Vierge et à vénérer plusieurs de ses images les plus célèbres. D'ailleurs, je ne vois rien qui permette de dire que notre gravure se rapporte plus spécialement à la la chapelle de Laneuveville ou à celle des Jésuites de Nancy.

M. E. des Robert a émis une hypothèse, qui nous fait revenir sur l'écu aux trois chevrons (1). Un tel blason convient à la fameuse famille de Bassompierre ; aussi, notre confrère a-t-il pensé que cet écusson pourrait se rapporter à Charles de Bassompierre, marquis de Remoi-ville, — colonel d'un des régiments de Charles IV, marié en 1644 à Henriette d'Haraucourt-Chambley, — ou bien à son frère Anne-François, marquis de Bassompierre, grand écuyer de Lorraine, bailli de Vosges, tué en duel en 1646(2); M. van Heurck a songé à des personnages plus anciens de cette famille.

Mais on ne voit pas à quel propos l'un des gentils-hommes cités par M. E. des Robert aurait fait mettre l'écu de ses armes sur l'image dont il s'agit ; outre, je ne crois pas qu'ils l'eussent laissé dépourvu de la couronne de marquis. Et tout autre membre de la même famille, qui n'aurait pas possédé de titre, eût exigé, sans doute, qu'on surmontât l'écu d'un casque, comme il était alors d'usage pour les maisons de la chevalerie.

De plus, je l'ai dit : cet écusson me paraît être partie intégrante de la planche dans son état primitif. Serait-il celui d'une personne morale de Montaigu, — communauté civile ou religieuse, confrérie, corporation, etc., — ou

(1) Si la notation est conforme à la règle suivie depuis le second quart du XVIIe siècle, cet écu est : *d'argent à trois chevrons de gueules*; c'est bien là le blason de la famille de Bassompierre. Mais il se pourrait que la règle ne fût pas encore établie à l'époque où la gravure a été faite ; il y aurait encore à voir si l'auteur de l'adaptation lorraine de la planche n'a point modifié les hachures, en s'imaginant que cet écu se rapportait à l'illustre famille de notre duché.

(2) Edmond DES ROBERT, *l. c.*, p. 198.

d'une famille dont un membre aurait fait acte de dévotion, peut-être payé la gravure ? J'ai consulté sur ce point M. Alphonse de Witte, le savant secrétaire de la « Société royale de Numismatique » de Bruxelles, qui, a propos de médailles religieuses, s'est occupé de Notre-Dame de Montaigu (1). Il a eu l'obligeance de me répondre (septembre 1912) qu'il ne connaissait pas l'image dont je lui parlais ; mais, ajoutait-il, l'écusson placé au-dessous de la Vierge « se retrouve sur une petite croix-reliquaire qui m'a jadis été vendue par un prêtre comme étant de Montaigu en Brabant ». C'est donc de ce côté qu'il y aurait à diriger les recherches. Quoiqu'il en soit, cette gravure est un très curieux souvenir de la dévotion des habitants de Nancy, et sans doute de tous les Lorrains, à Notre-Dame de Montaigu, qu'ils invoquaient en deux chapelles, l'une, dite (peut-être) Notre-Dame de Foy, à l'église du Noviciat des Jésuites, l'autre, dite de Montaigu, isolée, avec ermitage, sur le territoire de Laneuveville (2).

8 avril 1914.   L. GERMAIN de MAIDY.

(1) A. de Vitie, *La Médaille religieuse en Belgique*, dans le *Bulletin de l'Académie royale d'Archéologie* (Anvers), 1910 ; v. p. 84.

(2) M. le commandant Thouvenin (*op. cit.*, p. 112) a reproduit le texte d'un acte de 1771 relatif au « dépôt du cœur du prince Clément de Lorraine » et au « transport dudit cœur ainsi que des autres princes et princesses qui étaient dans le caveau de la chapelle de Notre-Dame de Montaigu, érigé(e) en l'église actuelle du Collège-Université » (l'église du Noviciat des Jésuites, supprimés en Lorraine vers ce moment). L'auteur a cru que ce cœur avait été déposé à la chapelle de l'ermitage et les corps de ces personnages inhumés dans le même petit édifice ; il s'agirait d'un transport de cette chapelle à l'église des Jésuites. Mais cela n'est pas exact : la chapelle en question est la chapelle de Montaigu qui existait dans cette église et le transport a été fait à l'église des Cordeliers, à la suite de l'expulsion des Jésuites et de l'affectation de leur Noviciat à un Collège. — Le prince Clément était le fils aîné du duc Léopold. — Cf. Chr. Pfister, *Hist. de Nancy*, t. II, p. 878.

Je profite de l'occasion pour faire une petite rectification : j'ai dit récemment (*B. S. A. L.*, 1913, p. 238, note 4) que « Notre-Dame de Grâce » était le vocable de la chapelle de la maison de retraite au

Maison natale de Jacques Callot.

La notice publiée dans le *Bulletin* de mai 1914 sur les *Demeures des Callot à Nancy* devait, comme il était à souhaiter, appeler des communications qui précisent, si même elles ne fixent définitivement, la maison où a dû naître le célèbre graveur des *Misères de la guerre*.

En 1589, le père de Jacques, Jean Callot, pas encore poursuivant d'armes, mais archer de Son Altesse et marié depuis deux ans, s'était logé rue de la Boudière (1) dans une maison habitée, un demi-siècle durant, par l'échevin Nicolas Maimbourg et restée en possession de cette famille. Où se trouvait exactement cet immeuble Maimbourg que la notice situait entre les n°s 25 et 29 de la Grande-Rue actuelle, immédiatement au nord de la maison de l'orfèvre Vallée ?

M. le Dr Donnadieu, de Nancy, qui s'est intéressé à ce problème, vient de le résoudre en montrant que le n° 29, qui appartient aujourd'hui à M. le Dr Malvy, appartenait depuis longtemps et jusqu'en 1802 à la famille de Rennel (2). Or, si l'on reprend le rôle municipal des taxes de 1636 (3), on y lit la liste suivante, du nord au

Noviciat des Jésuites ; j'avais dans la mémoire une indication un peu ambigüe de la brochure que j'ai citée de M. DAVIN (*Notre-Dame de Grâce*, 1901, p. 39). Mais M. E. BOCQUILLON (*Une Maison de Retraites fermées à Nancy, au XVIIIe siècle*, s. d., 1910, p. 18, note 2) montre que le vocable en question s'appliquait à l'église même du Noviciat ; il l'établit par un texte du P. François POIRÉ, recteur de ce Noviciat, de 1622 à 1626, *La Triple couronne de la Mère de Dieu*, Paris, 1630, t. I, p. 451.

(1) Arch. de M.-et-M., B. 7296.

(2) Etude Bermont : Acte du 24 Messidor an X. — Vente par Elisabeth-Françoise Rennel, femme de Henry-Charles Cholet, à Pierre de la Girouzière d'une maison entre le citoyen Duval et dame Lambillon d'Abancourt. Françoise Rennel tenait la maison de son père par le partage fait entre ses cohéritières le 5 Pluviose, an VII.

(3) Arch. municip. CC. III, rôle de 1636, 2e Quartier, Vieille-Ville.

sud, des contribuables qui habitaient, comme propriétaires ou comme locataires, cette partie de la Grande-Rue :

> Nord.
>
> Veuve Noble Girmont,
> Noble Charles Caboat,
> Noble Prud'homme,
> François François, tonnelier,
> Jessé des jardins,
> Joseph Solevard,
> Jean Burin, carrossier,
> Jean Henry, palefrenier,
> Noble Gabriel Maimbourg, (en 1589, Jean Callot),
> Thomas Croulot, tailleur,
> Marin Vallier (Vallée), orfèvre,
> Noble Rennel,
> Sud.

Étant établi que l'immeuble Rennel est aujourd'hui le
n° 29, l'immeuble Vallée est au n° 31, l'immeuble
Maimbourg-Callot au n° 33. C'est donc au coin sud de la
Grande-Rue et de la ruelle du Duc-Antoine que vivait le
père de Jacques Callot à la veille de la naissance de
l'illustre artiste.

La contre-épreuve en est aisément faite : la comptabilité
des cens de la collégiale Saint-Georges, Arch. de M.-et-M.,
G. 666, f° 11 et G. 674, montre que le n° 35, coin nord de
la ruelle, autrefois partie de l'hôpital Saint-Julien, avait
été acquis par Jean Caboat vers 1588 et était, en 1636,
occupé par Charles Caboat et le maître des requêtes
Prud'homme qui avaient pour voisine immédiate au nord
une veuve de Girmont. Le tonnelier, le carrossier, le
palefrenier habitaient évidemment la ruelle que les
agents du fisc interpolaient dans le rôle de la rue principale. Le tailleur Croulot était locataire soit de Vallée,
soit de Maimbourg.

Il n'y a pas à s'étonner que les Rennel soient restés

aussi longtemps en possession du n° 29. Ils conservèrent aussi pendant plus de deux siècles (1580-1801) le n° 30, de l'autre côté de la chaussée — la maison aux dalles commémoratives de Charles le Téméraire — et ils s'en défirent à la même époque : une des venderesses dans les deux cas était la même personne, Françoise de Rennel, femme Cholet.

Edmond BRUWAERT.

Monnaie au nom de « NANCIACO ».

Le rapport du professeur Keune, directeur du musée de Metz, pour les années 1909-1912, qui a paru au début de 1914 (1), mentionne l'acquisition d'une monnaie mérovingienne en or de Nanciacum trouvée près de Woippy. On n'en connaissait encore que l'unique exemplaire de l'ancienne collection de Ponton d'Amécourt aujourd'hui au Cabinet des médailles de la Bibliothèque nationale, dont nous avons un moulage placé dans la vitrine des jetons de la Chambre de Ville, salle de Nancy, au Musée lorrain.

Le professeur Keune a bien voulu nous promettre, avec la notice qu'il a publiée dans *Bericht der rom.-germ. Kommission des K. archæol. Instituts*, une reproduction de la monnaie trouvée par hasard et isolément près de Woippy et qui serait une variété de celle du Cabinet des médailles. Mais nous croyons devoir faire connaître sans plus attendre, sauf à y revenir, une découverte qui est d'un intérêt capital pour notre histoire locale.

(1). *Muséum der Stadt Metz. — Bericht über des Sammlungen für die Reischnungsjahre 1909-1912. — Aus dem Verwaltungsbericht der Stadt Metz für die Rechnungsjahre 1909-1912,* — Metz, 1914, in-4.

En effet le Triens du Cabinet des médailles, qui porte à l'avers, autour d'un buste diadémé, le nom de lieu Nanciaco et au revers le nom du monétaire Medoald entourant une croix sur deux degrés, a été décrit avec d'autres monnaies mérovingiennes de la région de l'Est, Bourgogne et Austrasie, dans le premier volume (1866) de *l'Annuaire de la Société française de numismatique*, p. 153 et pl. viii n° 84, par Ch. de Ponton d'Amécourt qui n'en indique pas la provenance. L'attribution à Nancy pouvait en être discutée, quand la découverte du cimetière barbare de la rue des Goncourt, en 1895, vint singulièrement la fortifier en démontrant l'existence, au viie siècle, d'une population vivant agglomérée aux alentours de la butte qui domine le ruisseau de Laxou et qui a porté plus tard la commanderie des Chevaliers de Saint-Jean de Jérusalem dite du Viel-Aître, c'est-à-dire du vieux cimetière, d'où le ruisseau, l'étang et le quartier ont tiré leur nom, et en reculant ainsi de plusieurs siècles l'origine de Nancy que les historiens lorrains ne faisaient pas remonter au-delà du xie siècle.

Il est évident que la découverte dans la banlieue de Metz d'un second exemplaire du Triens au nom de Nanciaco ne permet plus guère d'en contester l'attribution à Nancy ; il paraît donc définitivement établi qu'il y avait déjà, aux viie et viiie siècles, sur l'emplacement de notre ville, un centre d'habitation assez important pour qu'on y perçût l'impôt et battît monnaie. C'est à ce titre que nous avons cru devoir signaler cette découverte en regrettant qu'un pareil document ne soit pas entré au Musée historique lorrain (1).

R. M.

(1) Cette note a été écrite avant le mois d'août 1914.

Le bâtard Aubert de Lorraine.

Dans le *Bulletin* de 1913, p. 249, M. Edmond des Robert a fait connaître divers documents relatifs à un certain Aubert, bâtard de Lorraine, qui vivait dans la seconde moitié du xive siècle, et qui pourrait être ou le neveu ou le fils du duc Raoul (1329-1346) ; il nous apprend que ce personnage avait épousé en 1356 Alix de Haraucourt et que, malgré la tache de sa naissance, il tenait une place honorable dans la noblesse lorraine.

Voici une nouvelle charte qui nous renseigne un peu mieux sur cet Aubert, sans cependant nous faire savoir, ce qui serait essentiel, de qui il était le fils ; elle se trouve dans les titres provenant de la cure d'Essey-lès-Nancy (1). C'est un extrait, en date du 2 mars 1397, n. st., du testament de « Monseignour Aubert, bastarde l'anney (aîné) de Loherenne, chevalier, sire d'Ascey (Essey) devant Nancey en partie ». Nous ignorons quelle est la date du testament même, mais il semble qu'elle n'est pas de beaucoup antérieure à cet extrait qui, en tout cas, doit avoir été exécuté avant la mort du testateur, car le nom de celui-ci, plusieurs fois répété dans l'acte, n'est nulle part accompagné d'une de ces mentions : *défunt,* ou *de bonne mémoire,* ou *dont Dieu ait l'âme,* alors en usage. Ce document nous apprend donc qu'Aubert a prolongé sa vie jusque tout à la fin du xive siècle, et nous rappelle qu'il était seigneur d'Essey-lès-Nancy (2). Aubert confirme à l'église de ce village les dons qu'il lui a faits jadis pour célébrer son anniversaire. Il pourvoit aussi aux anniversaires « de damme Aulix et de dame Agnel, meis dous femmes » ; ainsi, il a été marié

(1) Arch. de M.-et-M., G. 1045, orig. parchemin, en français.

(2) Nous le savions déjà par H. Lepage, *Comm. Meurthe,* t. I, p. 306, 330, où nous lisons qu'Aubert acquit cette terre en 1367 et en 1379, et qu'en 1375, le duc lui concéda l'affouage dans le bois d'Amance pour sa maison d'Essey.

deux fois et le nom de baptême de sa première femme l'identifie sûrement à celui dont M. des Robert nous apprend le mariage avec Alix de Haraucourt, car il serait extraordinaire qu'au même temps deux Aubert de Lorraine eussent épousé chacun une femme du nom d'Alix. Enfin, il donne aux trois églises d'Essey, de Saint-Max et de Dommartemont le vin pour dire la messe, qu'elles devront prendre dans sa vigne d'Essey, dite *la vigneulle*.

Subsidiairement, cette charte nous indique qu'au xive siècle, l'église d'Essey était déjà consacrée à saint Georges et celle de Dommartemont à saint Martin (1), comme maintenant encore; qu'en 1397, le curé d'Essey-lès-Nancy s'appelait Richard de Challegney (Chaligny); enfin, que le notaire qui a dressé le testament du bâtard Aubert et qui en délivre le présent extrait est Comauld Bonefoy, d'Essey, prêtre, tabellion à Nancy. Pour ces indications multiples, elle méritait bien d'être analysée ici.

Et nous analyserons encore deux autres documents, dont nous trouvons les cotes dans l'étude précitée de M. des Robert, et qui, sans concerner spécialement le bâtard Aubert de Lorraine, ne laissent pas de le nommer au passage. Il semble probable, mais non pas certain, que c'est toujours le même personnage qui figure dans tous ces textes. Le premier, du 8 décembre 1376, est un accord au sujet de Novéant-sur-Moselle entre divers seigneurs, parmi lesquels Aubert, bâtard de Lorraine (2). Le second, de la vigile de saint Georges, c'est-à-dire du 22 avril 1379, est un mandement du duc Jean Ier à ses conseillers au sujet de son alliance avec l'évêque de Metz; parmi ces conseillers, il nomme « Mgr Aubert, bestard de Loher [regne], maistre de nostre hostel (3) ».

E. DUVERNOY.

(1) Dommartemont vient du reste de *Domnus Martinus*, et non pas du nom du dieu Mars, comme le croyait Beaulieu.

(2) Arch. de M.-et-M., B. 747, n° 67 en déficit; analyse dans B. 453.

(3) *Ibid.*, B. 601, n° 19, orig. parchemin en français.

Les lignes de pierres dans les forêts de l'Est.

Les lignes de pierres, sortes de petits vallums, présentant des formes indéterminées et parfois bizarres, existant dans les forêts de notre région, et notamment sur le plateau de la Haye, ont, depuis longtemps, attiré l'attention des archéologues, et bien des opinions ont été émises à à leur sujet : enceintes sacrées, sépultures, limites d'héritages, etc.

Lors d'une dernière excursion dans les Hautes Vosges, j'ai été frappé, notamment à Gérardmer, au-dessus de la Vierge de la Creuse, de rencontrer, en terrain découvert, des lignes de pierres rappelant singulièrement celles de nos forêts.

D'après les renseignements recueillis près de personnes sérieuses de la région, ces lignes de pierres ayant éveillé mon attention proviennent simplement de défrichements. — Chaque fois qu'un propriétaire veut cultiver un bout de terrain nouveau, il en enlève les pierres et les dépose en pourtour, en donnant au dépôt, ainsi constitué, la forme d'un tas de cailloux allongé, plus ou moins aplati, forme qui rappelle très bien celle d'un mur en pierres sèches écroulé. On peut se rendre compte de ce que devient, en assez peu de temps, un mur qui tombe en ruine de lui-même, sur place, pierre à pierre, en examinant certaines parties de celui du Parc Lattier, près du fort de Frouard.

Quand le propriétaire veut agrandir la surface cultivable de son héritage, il recommence l'opération en choisissant, naturellement, les parties de terrain ayant le plus de terre arable, ce qui amène la production de lignes de pierres formant des enceintes successives de formes indéterminées, enceintes parfois complètes ou simplement amorcées, présentant les dispositions les plus variées.

Nous pensons que les lignes de pierres de nos forêts ne sont, en général, que le produit d'un travail semblable, remontant, soit à une époque où leurs emplacements n'étaient pas boisés, soit, s'ils l'étaient, à une époque où on aurait tenté des essais de déboisements et de défrichements partiels en vue de cultures, cultures ensuite abandonnées à cause de leur faible rendement ou pour toutes autres raisons, et dont la forêt envahissante a pris ou repris possession.

Ceci expliquerait fort bien pourquoi ces lignes de pierres n'ont rien, ou presque rien livré aux recherches des archéologues qui les ont fouillées.

Une observation qui pourrait, peut-être, donner une date approximative aux lignes de pierres de nos forêts me semble devoir être faite ici.

En général, non loin de ces lignes de pierres, existent des mardelles dont l'exploration a livré seulement des débris ne remontant, pour la plupart, qu'au moyen âge (poteries vernissées, notamment).

Ne pourrait-on en conclure que les dites lignes proviennent de défrichements et d'essais de culture entrepris lors d'exodes des habitants des villages voisins à la suite des guerres ou des épidémies alors si nombreuses ?

Par cette note, je tenais seulement à éveiller l'attention sur ce point de vue, et je serais heureux si elle pouvait amener ceux de mes confrères qui s'intéressent à cette question, à faire eux-mêmes des recherches et des constatations qui permettraient, peut-être, de la trancher définitivement.

A. POIROT.

CHRONIQUE

Versements de membres perpétuels.

Une somme de 200 francs ayant été remise en son nom, dans les conditions prévues par la délibération du 8 avril 1891, M. Gustave Goury, avocat à la Cour d'appel de Nancy, membre de la Société, mort à Vichy le 6 novembre 1914, a été inscrit au nombre des membres perpétuels (décembre 1914).

A effectué pareil versement et, en conséquence, est devenu également membre perpétuel : M. l'abbé Léon Jérôme, vicaire général de Nancy, membre de l'Académie de Stanislas (avril 1917).

Monuments historiques.

Le *Bulletin* de 1913, p. 251, a fait connaître, après son vote par la Chambre, la loi sur les monuments historiques, antiquités et objets d'art. Cette loi a été votée également par le Sénat, le 31 décembre 1913, et publiée dans le *Journal officiel* du 4 janvier 1914. Le *Recueil des actes administratifs* de Meurthe-et-Moselle de 1914, p. 534-536, donne le texte d'une circulaire ministérielle sur l'application de cette loi.

Un arrêté du 7 mars 1916 a classé comme monument historique la chapelle du lycée Henri Poincaré à Nancy.

BIBLIOGRAPHIE

— M. Max Prinet dans un tirage à part de 22 p. du t. LXXV des *Mémoires de la Société nationale des antiquaires de France* signale les : *Sceaux prétendus lorrains de l'ancienne collection Charvet* (Paris, 1919). Ces sceaux sont au nombre de quatre ; plus exactement trois sceaux et un contre-sceau.

I. Il s'agit d'abord du sceau d'Accurse de Pazzi, collecteur apostolique (XVe siècle) dont les armes : *d'azur semé de*

*croisettes recroisettées au pied fiché d'or, à deux dauphins
adossés du même, brochant sur le tout,* avaient été confondues avec celles bien connues du duché de Bar. De cette
similitude les rédacteurs des deux catalogues de la collection
Charvet (1), qui n'avaient pu déchiffrer correctement l'inscription entourant le sceau, avaient émis l'opinion que ce sceau avait
dû servir à un collecteur du Pape au duché de Bar.

II. Du XVᵉ siècle, le second sceau, aux armes de Bourgogne
moderne, écartelées de Bourgogne ancien à l'écu de Flandre sur
le tout, avait été attribué à la gruerie de Briey, tandis qu'il
s'agit en réalité du « *seel de la gruerie de Buxy* ». L'auteur
propose, avec vraisemblance, l'identification de ce Buxy avec le
chef-lieu de canton de ce nom du département de Saône-et-Loire.

III. Le troisième sceau, de la fin du XVᵉ siècle, est celui de
Christophe de Longwy, chevalier, seigneur de Rahon.

M. Prinet établit facilement que cette famille de Longwy
tirait son nom d'un village du canton de Chemin, arrondissement de Dôle, département du Jura, et non de la cité lorraine du
même nom. Cette erreur n'est pas spéciale aux catalogues de la
collection Charvet et a déjà été commise maintes fois. La maison
de Longwy qui portait : *d'azur à la bande d'or*, descendait de
Mathé de Chaussin, seigneur de Longwy en Franche-Comté, qui
vivait en 1280. De même Rahon est ici une localité du canton
de Chaussin, aussi de l'arrondissement de Dôle.

IV. En dernier lieu est mentionné un contre-sceau, du
XIVᵉ siècle (?) ayant appartenu à un membre de cette même
famille.

Nous devons être reconnaissants à M. Max Prinet d'avoir porté
à notre connaissance ces rectifications.

E. R.

— Le *Bulletin* de 1914, p. 72, a signalé le t. V du *Recueil des
bas-reliefs, statues et bustes de la Gaule romaine,* par
M. Émile Espérandieu, consacré en partie à la Lorraine. Le

(1) Le premier catalogue fut rédigé en 1872 par M. Jules Charvet
lui-même sous le titre de : *Description des collections de sceaux,
matrices de M. E. Dongé,* nom supposé. Le second, dont l'auteur
serait M. Guillaume Frœhner avait pour titre : *Collection Charvet,
médailles, antiquités, sceaux-matrices,* Paris, 1883.

t. VI de ce grand ouvrage a paru en 1915 et revient sur notre province.

— Dans la *Revue des Deux Mondes* du 1er octobre 1914, p. 281-294, un savant mort ces jours derniers, Jacques FLACH, discute ceci : *La première réunion à l'Allemagne de la Lorraine et de l'Alsace était-elle fondée en droit public ?* Cette première réunion s'est effectuée aux IXe et Xe siècles, au cours des partages carolingiens, par un abus de la force, au mépris du droit, des sentiments et des affinités du peuple de ces pays. Pour cet exposé, M. Flach utilise les travaux bien connus de notre confrère, M. Robert Parisot, dont il fait un éloge mérité.

— Dans la *Revue historique* de mai 1915, p. 41-76, M. Augustin FLICHE étudie la vie et les œuvres du cardinal Humbert, né sans doute en Lorraine au début du XIe siècle, qui se fit moine à Moyenmoutier, y composa des vies de saint Hidulphe et saint Dié, puis fut appelé à Rome par saint Léon IX, y écrivit divers traités en faveur de cette réforme de l'Église que devait réaliser Grégoire VII et mourut vers 1061.

— Dans le *Bulletin d'histoire économique de la Révolution* de 1913 (paru seulement en 1915), p. 447-468, M. Albert DENIS retrace le régime des subsistances à Toul, en analysant des arrêtés dont le premier est du 13 mars 1790, le dernier du 15 avril 1795.

— Dans le *Bulletin philologique et historique* du Comité des travaux historiques, 1916, p. 227-270, M. Chr. PFISTER publie des *Extraits d'un mémoire de l'intendant Charles Colbert sur les Trois-Évêchés (1664)*. Ce Charles Colbert est le frère du grand Colbert, Jean-Baptiste. Il fut intendant des Trois-Évêchés de 1661 à 1663, et composa, après sa sortie de charge, ce mémoire où il parle surtout du clergé des trois villes épiscopales, des aliénations de domaines faites par les évêques, du commerce, des places fortes acquises sur l'Espagne en 1659 et sur la Lorraine en 1661 et réunies à la province des Trois-Évêchés.

— Dans le *Bulletin arcnéologique* du même Comité, trois études à signaler : en 1914, p. cxxxii, M. Jules Beaupré décrit une enceinte rectangulaire découverte par lui dans le bois de Thélod (canton de Vézelise), et qui n'est pas un ouvrage militaire, mais une enceinte sacrée. En 1917, p. xcv, M. Jacques de Font-Réaulx signale une inscription romaine à Chef-Haut (canton de Mirecourt). En 1918, p. 12-18, le lieutenant Picard et le médecin-major Dubreuil-Chambardel exposent leurs fouilles dans le cimetière mérovingien de Saint-Ferju à Haréville (canton de Vittel), où ils ont retrouvé des squelettes, des vases, des armes, des ornements en fer et en bronze ; ces fouilles ont été assez fructueuses pour que M. Camille Jullian en ait entretenu l'Académie des inscriptions dans sa séance du 8 mars 1918.

MUSÉE HISTORIQUE LORRAIN

COMITÉ

Dans la séance du 12 décembre 1919, M. l'abbé Léon Jérôme, vicaire général de Nancy, membre de l'Académie de Stanislas, a été élu membre de Comité du Musée historique lorrain.

LEGS

Par M. René Mougenot, vice-consul d'Espagne, capitaine au 69e R. I., tué à l'ennemi, à Frescati-Vitrimont, le 1er septembre 1914 :

Portrait de son trisaïeul Nicolas Mougenot, de Nancy, par lui-même ;

Épée des Gardes du corps de Stanislas (épée wallone, portant gravées sur la lame les armes de Stanislas et l'inscription : *Garde du Corps / du Roy / de Pologne*) ;

Seize groupes et statuettes en biscuit de porcelaine et de faïence dite « terre de Lorraine », des manufactures de Niderviller, Lunéville, Saint-Clément, Toul, Sarreguemines, Longwy ;

Nombreuses pièces en porcelaine et faïence de fabrication étrangère à la Lorraine. (Section III) ;

Cruche faïence, décor polychrome, dite Bacchus ;

51 assiettes et 4 plats, faïence décorée, de provenance lorraine (Section V.)

— M. Jean-Joseph Hasse, professeur honoraire d'École normale, mort à Nancy, le 24 décembre 1918 :

Grand bureau, chêne sculpté et marqueté, travail lorrain de style populaire, daté : *1798.* (Section V.)

DONS

Section I

Par le **335ᵉ régiment d'Infanterie** et l'intermédiaire de M. le préfet Mirman : Objets trouvés dans les fouilles du cimetière mérovingien du Mont-Saint-Jean (commune de Sivry, canton de Nomeny), exécutées en 1918 sous la direction de M. le docteur Barot, médecin-major.

— L'Officier du génie, directeur des travaux, et l'intermédiaire de M. le préfet Mirman : Outils, écailles en cuivre et en fer, et objets divers provenant d'un atelier d'armurier (époque gallo-romaine) découvert lors de l'établissement d'un chemin dans la forêt de Bathelémont en 1917.

— le marquis de Vaugiraud et l'intermédiaire de M. Jules Beaupré : Épée de bronze trouvée dans une tranchée creusée à la côte de Gugney.

Section II

Par M. Émile Badel, publiciste : Monnaies et médailles diverses, françaises et étrangères.

— M. Eugène Corbin : Écu d'or de Louis XIII, frappé en 1616 à Rouen, trouvé avec un petit trésor de monnaies françaises et étrangères, au mois de juillet 1915, en forêt de Champenoux. La moitié de la trouvaille revenant aux inventeurs a été vendue à leur profit, le 19 septembre suivant, par les soins de M. le préfet Mirman ; l'autre moitié a été revendiquée par l'Administration des Domaines, la forêt étant domaniale.

— M. Marius Paulme, expert à Paris, et l'intermédiaire du docteur Donnadieu : Médaillon en bronze à l'effigie de A.-M. de Chaumont, marquis de La Galaizière, chancelier de Lorraine, *1737,* par Fontaine, provenant de la succession de la duchesse d'Avaray, vente du 6 juin 1919 à Paris.

Section III

Par le Directeur de la circonscription pénitentiaire de Nancy : Taque aux armes de France ; taque ayant pour sujet une jardinière ; deux costières de poêle représentant Minerve (xviiie siècle) ; le tout provenant des locaux transformés de la Maison d'arrêt de Nancy.

— M. André, architecte : Linteau de fenêtre à claveau sculpté en rocailles, provenant de l'immeuble sis à Nancy, rue Saint-Georges, no 11.

— le colonel Bertrand, du 234e R. I., et l'intermédiaire de M. le préfet Mirman : Taque aux armes de Clermont-Tonnerre et Luxembourg, provenant d'une maison ruinée de Champenoux.

— M. Pierre Bossert, notaire à Épinal, en souvenir de son père et par l'intermédiaire de M. Émile Badel : Petite vitrine moderne en bois sculpté par Cornille, représentant un des arcs de Jean Lamour aux fontaines de la place Stanislas à Nancy.

— Mme Bourguignon : Coupe en cuivre ornée du buste de Charles le Téméraire.

— le docteur Paul Briquel, à Lunéville : Quatre poids en fonte de 1, 2 et 4 onces.

— M. Brouant, entrepreneur : Puits en forme de niche ornée de sculptures (xviiie siècle), provenant de la maison sise à Nancy, rue de la Charité, no 13. Différentes pièces de ferronnerie de portes et de fenêtres (xviie et xviiie siècles) provenant du même immeuble.

— le docteur Collin, à Paris : Médaillon de Stanislas par Lallemand, dans un encadrement ancien en bois sculpté et doré de l'époque Louis XV ; le médaillon est entouré de branches de laurier et surmonté de la couronne royale.

— M. Ducret, greffier de paix à Lunéville : Clé ancienne.

— M. Eugène de l'Escale : Plat en ancienne faïence de Strasbourg.

— le docteur Frénot, à Mirecourt : Deux tableaux peints par son oncle M. Klein : les ruines de Pierre-Percée et le Chêne des partisans.

— MM. Gaspar et Mosser : Tableau corporatif représentant la promenade du bœuf gras sur la place Stanislas à Nancy (vers 1840).

Mme DE LA GIRAUDIÈRE : Taque aux armes de Nancy ; quatre taques aux armes de Stanislas.

— le général PARISOT, en souvenir et selon les intentions de Mlle GRANDVILLE, décédée à Nancy, 2, rue Montesquieu : Portrait du dessinateur J.-J. Grandville, peint par Gomien.

— M. Augustin PICAUDÉ, ancien contrôleur principal de l'octroi : Jardinière en ancienne faïence de Niderviller, décorée en camaïeu rose de paysages et de fleurs (xviiie siècle).

— Mme SPIRE, en souvenir de M. Kinsbourg, son père : Grand poêle alsacien moderne.

— Mlle TISSERANT : Taque aux armes de Charles-Joseph Barette, conseiller en la Cour souveraine de Lorraine et Barrois.

SECTION IV

Par M. Émile BADEL : Gravure populaire représentant le maréchal Oudinot s'emparant d'une pièce de canon au passage du Mincio ;

Deux acquêts sur parchemin, avec timbre de la Ferme de Lorraine et Barrois ;

Fragment de parchemin portant la signature de François-Louis-Anne-Marie de Lorraine, abbé de Notre-Dame de Montierender (1701) ; sceau plaqué en papier.

— M. J. LIEURE, économe du lycée Condorcet à Paris : Épreuve de premier-état du portrait de François de Médicis, par Callot.

— M. Charles SADOUL : Dessin original de J. Barilli, peintre du duc Léopold, pour le plafond de l'église Saint-Roch de Nancy, aujourd'hui détruite.

— M. Mathias SCHIFF, artiste-peintre : Dessin à la plume du donateur : portes de l'ancien hospice Saint-Julien de Nancy et de sa chapelle.

COLLECTION DE LA GUERRE

Par l'ÉTAT-MAJOR DE LA VIIIe ARMÉE ; MM. Léon MIRMAN, préfet de Meurthe-et-Moselle, puis commissaire de la République en Lorraine, PREVEL, maire de Metz, Émile BADEL, LAPOINTE, Edmond DES ROBERT :

Bombes incendiaires et autres engins tombés sur Nancy, Pont-à-Mousson et Toul ; pièces diverses et insignes d'avions allemands abattus dans la zone du Grand Couronné (l'un d'eux porte les signatures autographes des as de l'escadrille des

Cigognes : *Guynemer*, *Heurteaux*, etc.) ; lance-flammes, fusils, casques, grenades, etc. ; girouette de l'église de Limey ; fragment d'une des cloches de l'église de Flirey ; collection considérable d'affiches, photographies et documents divers.

Section V

Par le docteur Paul Briquel : Boites d'allumettes anciennes des fabriques de Remelfing et Wissembourg ;

Un lot important de 350 médailles religieuses.

— Mme Paul Briquel : Pantin de théâtre enfantin (Restauration).

— M. Georges Demeufve : Bassinoire en cuivre jaune ; deux crémaillères, fer forgé ; volet d'armoire sculpté ; potence fer forgé, support de lampe.

— M. Paul Laprevote : Deux bénitiers, biscuit émaillé, fabrication de Niderviller ;

Fourchette à rôti, fer forgé.

— M. Verdeaux, gardien au Musée : Plusieurs cannes sculptées, art rustique.

DÉPOT

Section III

Par l'Administration des monuments historiques et l'intermédiaire de M. Paul Charbonnier, architecte :

Groupe en pierre dit « de Gethsemani », représentant Jésus défaillant, soutenu par saint Pierre et saint Jean. Cette œuvre importante, de l'école des Richier, se trouvait sous un édicule au fond du jardin de l'ancien grand séminaire diocésain.

ACQUISITIONS

Section V

Grand coffre en sapin, décor polychrome, provenance : Hautes Vosges.

Fer à repasser, fer forgé ; pelle à tarte, fer gravé, travail de Plombières,

Figure en fer forgé ayant servi à des pratiques de sorcellerie.

Fer à marquer, gravé du cor de saint Hubert, dont se servaient les guérisseurs pour soigner la rage.

Bénitier, terre cuite émaillée.

Bulletin de la Société d'archéologie lorraine.
Octobre-décembre 1919.

ARMOIRIES

DE LA

VILLE DE NANCY

A l'occasion des décorations que la ville de Nancy vient d'obtenir et qu'elle sera fière de joindre à son blason, la Société d'archéologie lorraine a pensé qu'il était opportun de publier un dessin des armoiries de la cité conforme aux règles de l'art héraldique.

L'artiste à qui est due cette composition, notre confrère M. René Wiener, dont le talent est si apprécié, a conservé, pour l'écu proprement dit, le type adopté depuis longtemps par la ville. Les détails en avaient été fixés d'après les données de l'original conservé aux Archives municipales. Mais il a eu soin de remplacer la couronne murale qu'on y avait ajoutée et qui était ici une hérésie héraldique, par la couronne ducale qui rappelle mieux l'origine de cette sorte d'anoblissement de Nancy.

Pour accrocher la croix de la Légion d'honneur et la Croix de guerre, sans toucher à l'écu et sans l'alourdir d'un cartouche fantaisiste et inutile, M. René Wiener s'est servi avec habileté de la branche de chêne et de la branche de laurier qui servent d'encadrement.

Les personnes peu familiarisées avec le sens des pointillés et de la direction des hachures dans un dessin héraldique, et qui désirent connaître avec précision les *émaux*, c'est-à-dire les couleurs de chacune des pièces de ces armoiries, trouveront prochainement au Musée lorrain, salle de Nancy, un exemplaire du dessin que nous reproduisons, mais de dimensions beaucoup plus grandes, que l'artiste a colorié avec le plus grand soin.

————

NON·INVLTVS·PREMOR·

TABLE DES MATIÈRES

Procès-verbaux des séances.

Mémoires.

Chronique.

Bibliographie.

Musée historique lorrain.

Planches et figures.

Par suite d'une erreur d'impression due à l'interruption de la publication du *Bulletin* pendant la guerre, les pages 145-168 sont représentées deux fois dans ce volume (nᵒˢ de juillet 1914 et d'août-septembre 1919).

Pour la Commission de rédaction, le Président : PIERRE BOYÉ.

L'imprimeur-gérant : A. CRÉPIN-LEBLOND, 21, rue Saint-Dizier, Nancy.